世界初の三カ国語訳

論語 论语 RONGO

日中英対訳【新版】

発刊に寄せて

孔 祥 林（こう しょうりん）

孔子直系第75代当主

『論語』はいつの時代にあってもベストセラー。"中国の聖書"ともいわれ、東方儒教の経典でもあり、世界的古典名著の中でも最も有名な古典です。『論語』は孔子の弟子が孔子の言行と談話を整理した記録で、その思想は人生の叡智と哲理はもとより、測りきれない文学的価値もあります。

中国では「『論語』半分で天下が治まる」といわれています。世渡り、哲学などの内容を含む『論語』は、政治活動の理念において、人間関係も多元化し、情勢が目まぐるしく変化している今日では、最も必要とされる古典です。

昔から今日まで、中国人は世渡りの面でも、政治・社会活動の面でも、孔子思想の影響を深く受けてきています。『論語』は孔子思想の集大成であり、修身や治国を行う教科書でもあるのです。

孔子は中国の思想家、哲学家、教育家であり、その偉大な思想と人格は本書『論語』の中にすべて浮き彫りにされています。中国文化を理解するにはまずは儒学を学び、『論語』を読むことが必要です。

儒学はすなわち人類学、人間に関する学問です。儒学と『論語』は人々に人間の本質、人間としての道徳基準、行動の規範を教えると同時に、人々の社会実践法を指導するものです。

今年の孔子生誕2569周年にあたって、これまでに日本の経営者10万人近くの方がたに読まれている本書を、心の漢方薬として再び発行するものです。

孔子の語録の粋を集めた『論語』は、貴方が生活の中でぶつかる問題や悩みを解決してくれます。また世界観の形成にも役立ち、さらに貴方の思想を充実させ、人生の日々を楽しく過ごさせてくれます。

前序

孔祥林 (孔 健)

孔子直系第75代当主

《论语》是史上经久不衰的畅销书，是「中国的圣经」，东方儒教的经典，古今名著的至高之作，为世界文明史上最能指明人类社会发展的标志性灯塔。《论语》一书，是孔子的弟子记叙孔子的言行及谈话的记录，不仅充满了人生的睿智与哲理，其文学价值，亦是相当卓绝，难以估量的。《论语》忠实地反映出孔子的高尚人格，坚定的操守，博大精深而光明磊落的生平。

「半部论语治天下」。《论语》包含着为人处世、哲学、从政等真理，在国家关系、社会关系和人际关系呈多元化发展、世间瞬息万变的今天，立身处世之道是人人必修课，而《论语》应首选为最佳奠基良书，孔子思想启迪了中华民族的精神世界，从古至今，中国人无论在立身处世还是在政治社会方面，皆深受孔子的影响。而《论语》，既是孔子智慧的集大成，又为修身齐家治国的法宝。

孔子是中国的思想家、哲学家、教育家，其伟大思想与精神在这部书中表露无遗。如要学习中国文化，就要了解儒教；要想知道孔子，不可不读《论语》也。儒学即人学，归根到底是关于人的学问，儒学和《论语》告诉您人的本质以及做人的道德标准和行动规范，指导人们进行社会实践。

「天不生仲尼，万古如长夜」。在历史的长河里，没有任何一位人物能像孔子那样对中国历史产生如此深刻久远的影响；没有一门学说能像孔子所创立的儒学那样占据国家社会意识形态的主导地位历经两千多年而不衰。

今年是孔子诞辰 2569 周年，为了纪念孔子，将这部已经发行近十万部、遍及中日两国及世界的、中英日《论语》再次出版，以献给读者。因为熟读《论语》，会对您生活和心灵遇到的实际问题给予解答；对您的人生观产生莫大的帮助；并且丰富您的思想领域；让您在感悟中愉快充实地渡过生命的每一天。

At publication of new book:

Kong Xianglin (Kong Jian)

The 75th family head who is in Confucius's descendants

Lun Yu, an all-time best seller, is referred to as the bible of China. It is the holy scripture of Confucianism in the eastern world and the truly the most famous classic among world classics.

It is a record of Confucius acts and words compiled by his disciples and is full of the wisdom from life and philosophy. It has immeasurable literary values.

In China, they say several words from this book can well manage the people. The book filled with worldly and reflective wisdom is to be read now to keep the political principle in a world where people are annoyed in complex human relationships and surrounded with rapidly changing circumstances.

Since the old days to the present, Chinese people have been deeply influenced by Confucianism in every aspect of life from life's wisdom to sociological and political thought. This book is a textbook truly on ethics and politics.

Confucius was a thinker, philosopher and educator, and his profound thought and personality are expressed directly and indirectly in this book. Those who want to understand the Chinese culture must first learn Confucianism and read *Lun Yu*.

Confucianism is a study on human beings. It deals with anthropology in this sense. Confucianism and *Lun Yu* will tell us what we are, what we are to be, and how we act in the human society.

In celebrating 2569 years since the birth of Confucius, the book that has been read by nearly 100,000 entrepreneurs in Japan, will be reissued as medicine for the mind.

Lun Yu will help you solve problems and troubles you may face in everyday life. It will also help you establish your own Weltanschauung (world view) and enrich your thought and life.

序

　孔子の道は、日月が天に上り、江河が地面を流れるように、萬世の手本を作り上げ、百代経っても常に新しい。「文化の理想を発展させ、生命の行方を明らかにし、生活規範を樹立する」ことを志とし、「人類生活の基本原理」及び「人類文化の共同基礎」を釈明した。百代が経っても変わらず、世界中どこにでも適用できる。

　孔子の道は『論語』にある。「『論語』を半部精読すれば、天下を治められる」決して虚言ではない。『論語』の教えをまとめると、人を為し、学を求め、政を為し、師に従うの四つになる。この四つは古今の通義であり、天地の常経である。ちょっとの間も離れられない。それから離れれば、徳が修めず、学が通じない恐れがある。義を聞いてもそれに従うことができず、不善がであっても改めることができない。これこそ諸悪の源で、堕落の根源である。『論語』の奥義は、仁を本とし、義を重んじ、礼を実践し、智を尊び、信を基とし、和を貴ぶ。この六つは、道徳の基本であるのみならず、天下を教化し、万国を協和させる基礎とも言える。

　孔子思想の普遍的価値は、国際社会においても評価される。ノーベル賞受賞者が1982年にパリ宣言において提唱した後に、ユネスコが2005年に「孔子教育賞」を設立した。時間と民族の壁を越え、世界において広く知れ渡り、親しまれる。グローバル化が素早く進んでいる現在、東西文化の衝突も激しくなっている。儒家の精神では中庸を一番に重んじている。万物は互いに害を与えずに育ち、共に相反することなく道を進む。自分を生きるには、まず他人を生きらせなければならない；自分を実現するには、まず他人を実現させなければならない。己の欲せざる所は人に施すことなかれ。文化の同一性を作り、人類の運命共同体を実現するには、それに従わなければならない。

　中国と日本は一衣帯水の隣国であり、両国の友情は古く長い歴史を

持っている。孔子第77代孫孔徳成氏のいうように「江川の洙水と泗水は（二つの川として流れるが）源は同じ、況してや同州にいながら疎遠な他人であることはあろうか？」世界大同を実現するには、まず人類の運命共同体を実現しなければならない；人類の運命共同体を実現するには、まずアジア共同体を実現しなければならない；アジア共同体を実現するには、まず東アジア共同体を実現しなければならない；東アジア共同体の実現には、孔子の道の実践はその第一歩である。孔子の道は『論語』にある。

　子曰く、人能く道を弘む、道人を弘むに非ず。中英日韓の四か国語言語の『論語』の編纂は、必ず孔子の道を広げ、中日の友好を実現する道の中において不朽なる盛事となるに違いない。

　　　孔子直系第七十七代孫、世界孔子後裔聯誼総会会長　孔徳墉　序

序

孔子之道，如日月经天，江河行地，树万世之师表，亘百代而常新。以"显扬文化理想，揭示生命方向，建立生活规范"为职志，所阐明者为"人类生活之基本原理"及"人类文化之共同基础"，行诸百世而不易，推诸四海而皆准。

孔子之道，首在《论语》，语谓"半部论语治天下"者，良非虚言。《论语》所教者：为人、求学、为政、从师，此四者，古今之通谊，天地之常经，不可须臾离也。离之，则德有不修之恐，学有不讲之虞，闻义不能徙，不善不能改，此诸恶之渊薮，颓废之根源也。《论语》之精髓，以仁为本、以义为重、以礼为用、以智为尊、以信为基、以和为贵，此六者，非唯道德之根本，尤为化成天下协和万邦之基础。

孔子思想之普世价值，广为国际社会认同，诺奖得主于 1982 年以巴黎宣言倡导于前，联合国教科文组织复于 2005 年设置"孔子教育奖"于后，跨越时空之局限，突破民族之藩篱，远博遐迩，寰宇亲尊。方今世界，全球一体化进程迅速展开，东西文化冲突日趋激烈，儒家精神，首重中庸，万物并育而不相害，道并行而不相悖，己欲立而立人，己欲达而达人，己所不欲，勿施于人，建立文化认同、实现人类命运共同体，实必由之。

中日两国，一衣带水，友好交往，源远流长，仍如孔子七十七代孙孔德成先生所言"江川洙泗源同流，况是同洲岂异人？"欲实现世界大同，先要实现人类命运共同体；欲实现人类命运共同体，先要实现亚洲共同体；欲实现亚洲共同体，先要实现东亚共同体；东亚共同体之实现，首在践行孔子之道，孔子之道首在《论语》。

子曰，人能弘道，非道弘人。中英日韩四国语《论语》之编纂，必将成为弘扬孔子之道、实现中日友好之不朽盛事。

孔子直系第七十七代孙、世界孔子后裔联谊总会会长 孔德墉 谨序

Foreword

The Way of Confucius, like the sun and the moon rise to the heaven, the rivers flow through the ground, making a model of a world, is always new even after hundreds of years. With the aim of "Developing ideals of cultural, clarifying the direction of life, establishing standards of life", it makes clear of "the basic principles of human life" and "the common foundation of human culture". It can be applied to anywhere in the world and has not changed for hundreds of years.

The Way of Confucius is summarized in the Analects of Confucius, the saying "After reading half of the Analects of Confucius you can rule the world" is true. It teaches how to be a person, to study, to govern, to follow a teacher in the Analects of Confucius. It's still widely used from ancient times to the present, and cannot be forgot for even a moment. Once it's forgotten, there is a fear that the virtue cannot be kept and the knowledge cannot be passed on. Even if you listen to the righteousness, you cannot obey it, even if there is evil, you cannot change it. That is the source of all evil and the root of corruption. The essence of the Analects of Confucius is based on benevolence, righteousness, ritual, wisdom, respect, faith, and peace. These six things are not only the fundamental of morality, but also can be said to be the foundation to educate the world and to bring the world together.

The universal value of Confucius Thought is also appreciated in the international world. UNESCO established the "The UNESCO Confucius Prize for Literacy" in 2005 after the Nobel laureate advocated it in the Paris Declaration in 1982. Beyond time and ethnic barriers, it is widely known and familiar in the world. Currently globalization is progressing rapidly, and the conflict between East and West culture is also intensifying. In the spirit of Confucius, moderation is most respected. All things can grow without harming each other, and all people can go along their own road without conflict. To live yourself, you must first make others live; to realize yourself, you must first make others realize. Do not do to others what you would not have others do to you. To create a cultural identity and realize the community of shared future for mankind, we must obey it.

China and Japan are close neighbors separated by only a strip of water, the friendship between two countries has a very long history. As the seventy-seven generations of Confucius, Kong Decheng, says "The Shu river and Si river flow (as two rivers), but the source is the same; furthermore, how can we be different while living in the same world? " To create a world of universal harmony, we must first create the community of shared future for mankind. To create the community of shared future of mankind, we must first create the community of shared future of Asian; to create the community of shared future of Asian, we must first create the community of shared future of east Asian; to create the community of shared future of east Asian, the first is to practice the Way of Confucius, and the Way of Confucius is in the Analects of Confucius.

The Confucius said, "People elevate the Way. The Way does not elevate people." The compilation of the Analects of the four king languages of Chinese, English, Japanese and Korean will surely become an immortal event to promote the Way of Confucius and the friendship between China and Japan.

> The seventy-seven generations of Confucius,
> President of the World Confucius Association
> Kong Deyong

目次

発刊に寄せて ・・・・・・・・・ 3

凡例 ・・・・・・・・・・・ 13

学而第一 ・・・・・・・・・ 15

為政第二 ・・・・・・・・・ 29

八佾第三 ・・・・・・・・・ 49

里仁第四 ・・・・・・・・・ 71

公冶長第五 ・・・・・・・・ 89

雍也第六 ・・・・・・・・・ 113

述而第七 ・・・・・・・・・ 137

泰伯第八 ・・・・・・・・・ 163

子罕第九 ・・・・・・・・・ 181

郷党第十 ・・・・・・・・・ 207

先進第十一 ・・・・・・・・ 227

顔淵第十二 ・・・・・・・・ 253

子路第十三 ・・・・・・・・ 279

憲問第十四 ・・・・・・・・ 307

衛霊公第十五 ・・・・・・・ 345

季氏第十六 ・・・・・・・・ 375

陽貨第十七 ・・・・・・・・ 395

微子第十八 ・・・・・・・・ 421

子張第十九 ・・・・・・・・ 437

堯曰第二十 ・・・・・・・・ 459

付録 ・・・・・・・・・・・ 469

あとがき ・・・・・・・・・ 486

凡例

（1）本書は『論語』の中国語原文、日本語読み（書き下し）、日本語訳、中国語（現代）訳、英語訳からなる3カ国語の対訳から成っている。原文の意味（主旨）を尊重したために、日本語訳、中国語訳、英語訳間の表現が一致していない場合もある。

（2）原文の中国語は、中国で出版された各種の『論語訳注』に依拠し、さらにそれぞれの長所を取り入れ、誤字や句読点をもチェックしたうえで構成したものであり、本書の総編集責任者の孔子直系第75代子孫・孔祥林が『論語』の原文を十分に吟味したうえでまとめ、表現した。また、字体は簡体字で表示した。

（3）日本語読みは、典型的な読み方を伝えることに主眼を置き、各種の日本語版の『論語』を参考にし、元の意味を正しく分かりやすくするように配慮した。また、原文の中国語との相関性をより理解しやすいように、すべての漢字にルビをつけた。

（4）付録として、孔子の生涯年表、孔子の家系図、春秋時代の諸国図、そして、孔子の関連図版を付けた。

（注）本書での表現、翻訳はすべて孔子直系第75代子孫としての孔祥林の責任編集（解釈）でまとめたもので、従来の『論語』関連書籍類を否定するものではない。

発刊に寄せて

【学而第一】

Gakuji-daiichi

学而第一

― 原文 1-1 ―

子曰, "学而时习之, 不亦说乎? 有朋自远方来, 不亦乐乎? 人不知而不愠, 不亦君子乎?"

●日本語読み

子曰く、学びて時にこれを習う、亦説ばしからずや。朋あり、遠方より来る、亦楽しからずや。人知らずして愠みず、亦君子ならずや。

●日本語訳

孔子がおっしゃった。

「学んだことを時に応じて実習するのは、楽しいことではないか！ 志を同じくする者が遠くから訪れるのは、嬉しいことではないか！ 人に認められなくても恨まない、これまた君子らしいことではないか！」

●中国語訳

孔子说, "学识了并且时常去温习实践, 不是很愉快吗? 志同道合的朋友从远方来, 不也很快乐吗? 即使人家不了解我的学识, 我也不怨怒, 不就是君子的风范吗?"

●英語訳

The Master said, "To learn something and regularly practice it — is it not a joy? To have schoolfellows come from distant states — is it not a pleasure? Not to blame when men do not accept you — is it not like a gentleman?"

― 原文 1-2 ―

有子曰、"其为人也孝弟、而好犯上者、鲜矣；不好犯上、而好作乱者、未之有也。君务本、本立而道生。孝弟也者、其为仁之本与！"

●日本語読み

有子曰く、其の人と為りや、孝弟にして上を犯すことを好む者は鮮なし。上を犯すことを好まずして乱を作すことを好む者は、未だこれ有らざるなり。君子は本を務む。本立ちて道生ず。孝弟なる者は其れ仁の本たるか。

●日本語訳

有子が言った。

「父母によく仕え、目上の人を敬うといった人柄で、上に逆うことを好む者は滅多にいない。上に逆うことを好まないのに乱を起こすのを好む者は、絶対にいない。君子は根本問題に力を注ぐ。根本が確立されてこそ、道が生じてくる。孝と弟こそ、真の仁の根本と言えよう」

●中国語訳

有子说、"那种孝顺父母、尊敬兄长的人、却喜欢冒犯上级、是极少的；不喜欢冒犯上级却喜欢造反的人、是没有的。一个有心世道的君子、致力于根本的问题、根本建树起来、仁道由此而生。"孝"和"弟"、应该是行仁的根本吧！"

●英語訳

Master You said, "Those who are filial to their parents and obedient to their elders brothers but are apt to defy their superiors are rare indeed; those who are not apt to defy their superiors, but are apt to stir up a rebellion simply do not exist. The gentleman applies himself to the roots. Only when the roots are well planted will the Way grow. Filial piety and brotherly obedience are perhaps the roots of humanity, are they not?"

― 原文 1-3 ―

子曰，"巧言令色，鮮矣仁！"

●日本語読み

子曰く、巧言令色、鮮なし仁。

●日本語訳

孔子がおっしゃった。

「巧みな言葉を遣い、顔色をよくして人の機嫌をとるのは、仁者の心に欠ける」

●中国語訳

孔子说，"花言巧语，伪颜假色，这类人就缺少仁爱之心了。"

●英語訳

The Master said, "Sweet words and a pleasing countenance have indeed little humanity in them!"

― 原文 1-4 ―

曾子曰，"吾日三省吾身――为人谋而不忠乎？ 与朋友交而不信乎？ 传不习乎？"

●日本語読み

曾子曰く、吾日に三たび吾が身を省る。人の為に謀りて忠ならざるか、朋友と交わりて信ならざるか、習わざるを伝うるか。

●日本語訳

曾子が言った。

「私は毎日三度も自分を反省する。人のために誠意が欠けたことはなかったか。友達と交わって誠実であったろうか。伝授された学問をしっかり習得したであろうか、と」

●中国語訳

曾子说，"我每天三番反省自己，我替人家谋事尽心竭力吗？ 与朋友交往诚实守信吗？ 老师传授的学业，用心研习了吗？"

●英語訳

Master Zeng said, "I daily thrice examine myself. In counseling men, have I not been wholeheartedly sincere? In associating with friends, have I not been truthful to my word? In transmitting something, have I not been proficient?"

― 原文 1-5 ―

子曰，"道千乘之国，敬事而信，节用而爱人，使民以时。"

●日本語読み

子曰く、千乗の国を道びくに、事を敬して信、用を節して人を愛し、民を使うに時を以てす。

●日本語訳

孔子がおっしゃった。

「諸侯の国を治めるには、政治を慎重に執り行って、信頼を得る。費用を節約して人民を愛する。人民を使役するには農閑期を選ぶ」

●中国語訳

孔子说，"领导拥有兵车千辆的国家，从政要谨慎不苟，取信于民；节省费用，爱护人民；征调劳力放在农闲时节。"

●英語訳

The Master said, "In governing a thousand-chariot state, be reverent to your duties and truthful; Economize expenditure and love men; Employ the people at proper times."

― 原文 1-6 ―

子曰、“弟子入則孝、出則弟、謹而信、泛愛衆、而親仁。行有余力、則以学文。”

●日本語読み

子曰く、弟子、入りては則ち孝、出でては則ち弟、謹みて信あり、汎く衆を愛して仁に親しみ、行いて余力あれば、則ち以て文を学ぶ。

●日本語訳

孔子がおっしゃった。

「若者は、家では父母によく仕え、外では目上の人を敬う。言行は謹んで信を守る。広く人々を愛し、仁の人に近づく。なお余力があったら、詩書礼楽を学ぶべきである」

●中国語訳

孔子说，“年轻人，在家应孝顺父母，在外要尊敬兄长；言行谨慎诚信；博爱大众，亲近仁人。在躬行实践之后，如还有余力就要学习《诗》《书》《礼》《乐》。”

●英語訳

The Master said, "Younger brothers and sons should be filial to their parents at home, obedient to their elder brothers abroad; discreet and truthful, love all the multitude and keep close to humane men. If, after practicing these, they have energy to spare, they should employ it to acquire culture."

― 原文 1-7 ―

子夏曰、“賢賢易色；事父母、能竭其力；事君、能致其身、与朋友交、言而有信。雖曰未学、吾必謂之学矣。”

●日本語読み

子夏曰く、賢を賢として色に易え、父母に事えて能く其の力を竭

し、君に事えて能く其の身を致し、朋友と交わるに言いて信あらば、未だ学ばずと曰うと雖も、吾は必ずこれを学びたりと謂わん。

●日本語訳

子夏が言った。

「賢徳を尊び、美色を軽んじ、父母には力の限り尽くし、主君には命がけで服し、友達と交わっては決して欺かない。このような人ならば、教育はないと言っても、私はこれこそ本当の学問のある人だと断言できる」

●中国語訳

子夏说，"一个人能崇尚贤德，轻视美色；侍奉父母，能竭尽心力；服事国君，能鞠躬尽瘁；结交朋友，能诚信不欺。这种人虽自谦没受过教育，我也认定他是有学之士。"

●英語訳

Zi-Xia said, "One who loves worthy men instead of beautiful women; who, in serving his parents, can exert all his energy; who, in serving the sovereign, can exhaust his talent; and who, in associating with friends, is truthful to his word — although others may say he has not learnt, I will surely say that he has."

── 原文 1-8 ──

子曰，"君子不重，则不威；学则不固。主忠信，无友不如己者。过，则勿惮改。"

●日本語読み

子曰く、君子、重からざれば則ち威あらず。学べば則ち固ならず。忠信を主とし、己に如かざる者を友とすること無かれ。過てば則ち改むるに憚ること勿れ。

●日本語訳

孔子がおっしゃった。

「君子は軽々しいと威厳がない。学問をすれば、頑固でなくなる。忠信を第一とし、自分と合わない者とは決して友達になるな。過ちがあったら、速やかに改めよ」

●中国語訳

孔子说，"君子若不自尊自重，则没有威严；即使学习，也不会巩固。要以忠诚守信为主，切勿结交不如自己的人。有了过错，就不要怕改正。"

●英語訳

The Master said, "If a gentleman is not grave, he will not be awe-inspiring. If he learns, he will not be benighted. He keeps wholehearted sincerity and truthfulness as his major principles and does not befriend those beneath him. When he makes a mistake, he is not afraid to correct it."

── 原文 1-9 ──

曾子曰，"慎终，追远，民德归厚矣。"

●日本語読み

曾子曰く、終わりを慎しみ遠きを追えば、民の徳、厚きに帰す。

●日本語訳

曾子が言った。

「上に立つ者が死者を厚く弔い、先祖を忘れずに祭れば、人々の品徳は自然と厚くなるだろう」

●中国語訳

曾子说，"谨慎送终，追念远祖，自然会使民众品德归于忠厚。"

●英語訳

Master Zeng said, "Show genuine grief at a parent's death, keep offering sacrifices to them as time goes by, and the people's moral character shall be reinforced."

― 原文 1-10 ―

子禽问于子贡曰，"夫子至于是邦也，必闻其政，求之与？
抑与之与？"子贡曰，"夫子温、良、恭、俭、让以得之。夫子
之求之也，其诸异乎人之求之与？"

●日本語読み

子禽、子貢に問いて曰く、夫子の是の邦に至るや、必ず其の政を
聞く。これを求めたるか、抑々これを与えたるか。子貢曰く、夫
子は温良、恭、俭讓、以てこれを得たり。夫子のこれを求むや、
其れ諸れ人のこれを求むるに異なるか。

●日本語訳

子禽が子貢に聞いた。「先生はどこの国に行かれても、必ずそ
の国の政治について相談を受けられます。自ら求めてのことで
しょうか、それとも先方から持ちかけられたからでしょうか」。
子貢は言った。「先生は温和・善良、言葉遣いも丁重、倹約家で、
出しゃばったことはされないので、自然とそうなるのだ。先生は
政治を尋ねられても、人の答え方とはまったく異なっている」

●中国語訳

子禽向子贡问道，"先生每到一个国家，一定要了解那个国家的政
事，是自己央求得来的呢？ 还是人家告诉他的呢？"子贡说，
"先生是用温和、善良、恭敬、俭朴、谦让的美德得来的。先生求
闻其政，大概与别人的方法不同吧？"

●英語訳

Zi-qin asked of Zi-gong, "When the Master arrives in a certain state,
he always learns about its government. Does he seek it, or is it offered
to him?"

Zi-gong said, "The Master obtains it through gentleness,
benevolence, respectfulness, frugality, and deference. The way the

Master seeks it is perhaps different from the way others seek it, is it not?"

── 原文 1-11 ──

子曰，"父在，观其志；父没，观其行；三年无改于父之道，可谓孝矣。"

●日本語読み

子曰く、父在せば其の志を観、父没すれば其の行いを観る。三年、父の道を改むること無きを、孝と謂うべし。

●日本語訳

孔子がおっしゃった。

「父親の生きている間は、その子供たちの心がけをよく見て、父親が亡くなった後は子供たちが何を行っているかを見ればよい。足かけ三年の服喪の間、亡父のしきたりを変えなければ、孝行の道を歩んでいると言えよう」

●中国語訳

孔子说，"父亲在世，观其儿女们的志向；父亲离世，便观其儿女们的行为；三年不改变父亲的准则，便可说履行孝道了。"

●英語訳

The Master said, "When his father was alive, he observed his aspirations; when his father died, he observed his deeds. If, for three years, he does not change his father's Way, he may be said to be filial."

── 原文 1-12 ──

有子曰，"礼之用，和为贵。先王之道，斯为美。小大由之，有所不行，知和而和，不以礼节之，亦不可行也。"

●日本語読み

有子曰く、礼の用は和を貴しと為す。先王の道も斯れを美と為す。小大これに由るも行われざる所あり。和を知りて和すれども

礼を以てこれを節せざれば、亦行わるべからず。

●日本語訳

有子が言った。

「礼を行うには、調和がとれているのが大切である。昔の先王の国を治める道も調和を重んじ、事の大小に関係なくそれに従った。しかしそれだけではいけない。調和を重んじてばかりいても、礼によって節しなければ、やはりうまくはゆかない」

●中国語訳

有子说，"礼的作用，是处事和谐为贵。古代先王治国之道，也以此为美好，大小事情都遵循礼而行之。但也有行不通的地方，那就是只知道和谐可贵而一味追求和谐，却不以礼来节制和谐，亦不可行啊。"

●英語訳

Master You said, "In the application of the rituals, harmony is most valuable. Of the Way of the former kings, this is the most beautiful part, if it is small or great master. But if you keep pursuing harmony just because you know harmony, and do not use the rituals to regulateit, it will not work."

── 原文 1-13 ──

有子曰，"信近于义，言可复也。恭近于礼，远耻辱也。因不失其亲，亦可宗也。"

●日本語読み

有子曰く、信、義に近づけば、言復むべし。恭、礼に近づけば、恥辱に遠ざかる。因ること、其の親を失わざれば、亦宗とすべし。

●日本語訳

有子が言った。

「信義を守ることが道理にかなっていれば、約束も果たしやすい。人に対する恭敬な態度も、礼節に合っていれば恥をかくこと

はない。頼りになる人がみな親しい関係になれば、信頼できるようになる」

●中国語訳

有子说，"信用符合道义，诺言就可以兑现。恭敬合乎礼节，就不致遭受羞辱。依靠关系密切的人，也就靠得住了。"

●英語訳

Master You said, "Only when your truthfulness is close to righteousness can you keep a promise; only when your respectfulness is close to the rituals can you keep humiliation away; only when you love those akin to you are you worthy of esteem."

— 原文 1-14 —

子曰，"君子食无求饱，居无求安，敏于事而慎于言，就有道而正焉，可谓好学也已。"

●日本語読み

子曰く、君子は食飽かんことを求むること無く、居安からんことを求むること無し。事に敏にして言に慎み、有道に就きて正す。学を好むと謂うべきのみ。

●日本語訳

孔子がおっしゃった。

「君子は飽食や安居を求めるのを人生の目標としてはならない。 すばやく仕事には努めるが、言葉を慎み、道をわきまえた人の教えを請う。その人は学問を好む人だと言えるのである」

●中国語訳

孔子说，"一个君子能不以饱食、安居为人生的目标，敏捷处事而言语谨慎，接近有道德的人以匡正自己，这可以算得上好学了。"

●英語訳

The Master said, "The gentleman, in eating, does not seek satiety, in dwelling, does not seek comfort; He is brisk in action and discreet in speech. He goes to those who possess the Way for rectification. Such a man may be said to love learning indeed."

― 原文 1-15 ―

子贡曰，"贫而无谄，富而无娇，何如？"子曰，"可也；未若贫而乐，富而好礼者也。"
子贡曰，"《诗》云：'如切如磋，如琢如磨'，其斯之谓与？"子曰，"赐也，始可与言《诗》已矣，告诸往而知来者。"

●日本語読み

子貢曰く、貧しくして諂うこと無く、富みて驕ること無きは、如何。子曰く、可なり。未だ貧しくして道を楽しみ、富みて礼を好む者には若かざるなり。子貢曰く、詩に云う、切するが如く磋するが如く、琢するが如く磨するが如しとは、其れ斯れを謂うか。子曰く、賜や、始めて与に詩を言うべきのみ。諸れに往を告げて来を知る者なり。

●日本語訳

子貢が言った。「貧乏であっても卑屈にならず、金持ちになっても傲慢にならない、と言うのはいかがでしょうか？」。孔子が答えて言われた。「それでもよいが、貧乏であっても道を楽しみ、金持ちになっても礼を好む方がもっとよい」。
子貢がさらに聞いた。「『詩経』にある≪切磋し琢磨するが如く≫ということを言うのでしょうか？」。孔子が言われた。「そうだ、今お前とは共に『詩経』について語り合えるようになった。お前は一を聞いて十を知り、過去を知って未来を悟ることができるようだ」

●中国語訳

子贡说，"贫穷毫无谄媚，富有毫无骄横，怎么样？"孔子说，"可以了，却不如贫穷而乐于行道，富有而好于守礼的人呀。"
子贡说，"《诗经》上说的'如切如磋，如琢如磨'，大概就是这

个意思吧？"孔子说，"对呀，现在可以跟你讨论《诗经》了，你能举一反三，从已知推求到未知了。"

●英語訳

Zi-gong said, "A man who is poor but does not flatter, or rich but does not swagger — what do you think of him?"

The Master said, "Commendable, but not so good as one who is poor but delights in the Way, or rich but loves the rituals."

Zi-gong said, "*Poetry* says: 'Like carving, like filing; Like chiseling, like polishing.' Is this what it means?"

The Master said, "Ci, I can begin to discuss *Poetry* with you now. For when I tell you what is past, you know what is to come."

── 原文 1-16 ──

子曰，"不患人之不己知，患不知人也。"

●日本語読み

子曰く、人の己を知らざることを患えず、人を知らざることを患う。

●日本語訳

孔子がおっしゃった。

「人が自分を認めてくれないのを心配するより、自分が人を認めないことの方を心配せよ」

●中国語訳

孔子说，"不忧虑别人不了解自己，但忧虑自己不了解别人。"

●英語訳

The Master said, "Do not worry about men not knowing you; rather, worry about incapability and ignorance."

【為政第二】

Isei-daini

為政第二

― 原文 2-1 ―

子曰，"為政以德，譬如北辰，居其所而衆星共之。"

●日本語読み

子曰く、政を為すに徳を以てすれば、譬えば北辰の其の所に居て衆星のこれに共うがごとし。

●日本語訳

孔子がおっしゃった。

「道徳によって国を治めるのは、北極星が定まった方位にあり、満天の星がそれを中心に運行するようなものである」

●中国語訳

孔子说，"以道德来统率国政，就像北极星端坐在一定方位上，而满天星斗都环绕它运行。"

●英語訳

The Master said, "He who conducts government with virtue may be likened to the North Star, which, seated in its place, is surrounded by multitudes of other stars."

― 原文 2-2 ―

子曰，"《诗》三百，一言以蔽之，曰，'思无邪'。"

●日本語読み

子曰く、詩三百、一言以てこれを蔽う、曰く思い邪なし。

●日本語訳

孔子がおっしゃった。

「『詩経』の三百篇、これを一言で凝縮すれば『邪な心なし』ということである」

●中国語訳

孔子说，"诗经三百首，一句话可以概括，那就是'无邪念'！"

●英語訳

The Master said, "The three hundred poems in *Poetry* may be covered in one phrase: 'Without deviating.'"

― 原文 2-3 ―

子曰，"道之以政，齐之以刑，民免而无耻；道之以德，齐之以礼，有耻且格。"

●日本語読み

子曰く、これを道くに政を以てし、これを斉うるに刑を以てすれば、民免れて恥ずること無し。これを道くに徳を以てし、これを斉うるに礼を以てすれば、恥ありて且つ格し。

●日本語訳

孔子がおっしゃった。

「法律・政令によって人民を導き、刑罰・規則によって粛正する。こうすれば、彼らは法網をくぐり抜けるのを恥と思わなくなる。徳によって人民を教化し、礼によって取り仕切る。このようにすれば、彼らは恥を知るばかりか、自ずから正しくなるようになる」

●中国語訳

孔子说，"用法律政令来引导人民；用刑罚规章来整顿人民，这样，他们可以苟免刑罚而没有廉耻之心。用道德来教化民众；用礼教来统一民众，这样他们不但懂得羞耻，而且能格守规矩。"

●英語訳

The Master said, "If you govern them with decrees and regulate them with punishments, the people will evade them but will have no sense of shame. If you govern them with virtue and regulate them with the rituals, they will have a sense of shame and flock to you."

― 原文 2-4 ―

子曰、"吾十有五而志于学、三十而立、四十而不惑、五十而知天命、六十而耳順、七十而従心所欲、不逾矩。"

●日本語読み

子曰く、吾十有五にして学に志す。三十にして立つ。四十にして惑わず。五十にして天命を知る。六十にして耳順う。七十にして心の欲する所に従って、矩を踰えず。

●日本語訳

孔子がおっしゃった。

「私は十五歳の時学問を志し、三十歳にして学なって、世渡りができるようになった。四十歳で事の道理に通じて迷わなくなり、五十歳にして天命の理を知った。六十歳では何を聞いてもその是非を判別でき、七十歳になった今は思いのまま振る舞っても道を外さなくなった」

●中国語訳

孔子说，"我十五岁有志于学业，到了三十岁学问有成，能够立身处世；四十岁通畅事理而不疑惑；五十岁得知天赋使命；六十岁可听其言，判明是非；七十岁随心所欲，不越规矩。"

●英語訳

The Master said, "At fifteen, I bent my mind on learning; at thirty, I was established; at forty, I was free from delusion; at fifty, I knew the decree of Heaven; at sixty, my ears became subtly perceptive; at seventy, I was able to follow my heart's desire without overstepping the rules of propriety."

― 原文 2-5 ―

孟懿子问孝。子曰，"无违。"樊迟御，子告之曰，"孟孙问孝于我，我对曰，无违。"樊迟曰，"何谓也？"子曰，"生，事之以礼；死，葬之以礼，祭之以礼。"

●日本語読み

孟懿子、孝を問う。子曰く、違うこと無し。樊遅、御たり。子これに告げて曰く、孟孫、孝を我に問う、我対えて曰く、違うこと無しと。樊遅曰く、何の謂いぞや。子曰く、生けるにはこれに事うるに礼を以てし、死すればこれを葬るに礼を以てし、これを祭るに礼を以てす。

●日本語訳

孟懿子が孝行について尋ねた。孔子が答えて言われた。「礼節を違えないようにすることです」。後に樊遅が御者を務めた時、孔子が言われた。「孟孫（孟懿子）が私に孝行について聞いたので、『礼節を違えないように』と答えておいたよ」。樊遅が「どういう意味ですか？」と聞くと、孔子はこう言われた。「父母の在世中は礼をもって仕え、死んでからは、葬る時にも祭る時にも礼を尽くす。これが孝行というものだよ」

●中国語訳

孟懿子问孝。孔子回答说，"不要违背礼节！"。樊迟为孔子赶车，孔子告诉他说，"孟孙曾向我问孝；我回答说'不要违背礼节'。"樊迟说，"这是什么意思呢？"孔子说，"父母在世时，要依礼服侍他们；父母过世后，要依礼送葬，祭祀他们。"

●英語訳

When Meng Yi-zi asked about filial piety, the Master said, "Do not act contrary." When Fan Chi was driving, the Master said to him, "When Meng-sun asked me about filial piety, I replied, 'Do not act contrary.' "Fan Chi said, "What do you mean?" The Master said,

"When your parents are alive, serve them in accordance with the rituals; when they die, bury them in accordance with the rituals; offer sacrifices to them in accordance with the rituals."

── 原文 2-6 ──

孟武伯问孝。子曰，"父母唯其疾之忧。"

●日本語読み

孟武伯、孝を問う。子曰く、父母には唯其の疾をこれ憂えしめよ。

●日本語訳

孟武伯が孝行について尋ねた。孔子はこう言われた。「子は、病気になって両親に心配をかけることがないようにすることこそ孝行というものだよ」

●中国語訳

孟武伯问孝。孔子说，"一个人，如果能使他的父母只为他的疾病担忧，那就可以算作孝了。"

●英語訳

When Meng Wu-bo asked about filial piety, the Master said, "As for your parents, what they should worry about most is your illness."

── 原文 2-7 ──

子游问孝。子曰，"今之孝者，是谓能养。至于犬马，皆能有养；不敬，何以别乎？"

●日本語読み

子游、孝を問う。子曰く、今の孝は是れ能く養うを謂う。犬馬に至るまで皆能く養うこと有り。敬せずんば何を以て別たん。

●日本語訳

子游が孝行について尋ねた。孔子はこう言われた。「今孝行と言えば、父母を養うことだけを言っている。しかし犬や馬でも人間同様養っているではないか。もし養うだけで敬わなければ、犬や

馬が養うのと人間が父母を養うのとどのように区別したらよいのかね？」

●中国語訳

子游问孝。孔子说，"世俗所谓孝，是指赡养父母。其实，人连犬马都能养活；如果对父母只养而不敬，那么养犬马和养父母如何加以区别呢？"

●英語訳

When Zi-you asked about filial piety, the Master said, "Nowadays filial piety merely means being able to feed one's parents. Even dogs and horses are being fed; without reverence, how can you tell the difference?"

── 原文 2-8 ──

子夏问孝。子曰，"色难。有事，弟子服其劳;有酒食，先生馔，曾是以为孝乎？"

●日本語読み

子夏、孝を問う。子曰く、色難し。事あれば弟子其の労に服し、酒食あれば先生に饌す。曽ち是れを以て孝と為さんや。

●日本語訳

子夏が孝行について尋ねた。孔子はこう言われた。「敬愛の心が表情にまで表れているのが肝心だ。何か事があった場合、若者が労をとったり、酒食があればまず年長者に供したりする、こんなことだけで孝行と言えるだろうか？」

●中国語訳

子夏问孝。孔子说，"和颜悦色事亲难！有事，作子弟的尽力代劳，有酒有肴，让年长者先尽享用，难道这就算是尽孝吗？"

●英語訳

When Zi-xia asked about filial piety, the Master said, "Facial expression is most difficult. When there are chores, the young peoples render their services; when there is wine and food, the seniors drink and eat. Can this alone be considered filial piety?"

― 原文 2-9 ―

子曰、"吾与回言終日，不違如愚。退而省其私，亦足以发，回也不愚。"

●日本語読み

子曰く、吾回と言うこと終日、違わざること愚なるが如し。退きて其の私を省れば、亦以て発するに足れり。回や愚ならず。

●日本語訳

孔子がおっしゃった。

「私が一日中顔回に講義をしていても、何も異論を唱えず、まるで愚か者のようである。彼が退いてから、他の門人と討論して、その言葉や行いを観察してみると、相手を啓発するに足るだけのものがある。顔回は決して愚かではないよ」

●中国語訳

孔子说，"我整天给颜回讲学，他从不提出反驳意见，像个蠢人。等他退下，观察其表现行为，却也能发挥，可见颜回并不愚蠢。"

●英語訳

The Master said, "Once I talked with Hui all day; he never contradicted me, as if stupid. When he left, I observed him in private and found that he was able to elucidate. Hui is not at all stupid."

― 原文 2-10 ―

子曰、"视其所以，观其所由，察其所安。人焉瘦哉？人焉瘦哉？"

●日本語読み

子曰く、其の以す所を視、其の由る所を観、其の安ずる所を察すれば、人焉んぞ廋さんや、人焉んぞ廋さんや。

●日本語訳

孔子がおっしゃった。

「人の一挙一動を見て、これまでの経歴を詳しく観察し、動機を分析すると、その考えが分かる。どうしてその人の本性は隠しおおせられるだろうか？決して隠しおおせないものなのだよ」

●中国語訳

孔子说，"审视他的所作所为，纵观他的由来经历，考察他的动机心志，安于什么不安于什么。这个人怎能掩盖得了呢？这个人怎能掩盖得了呢？"

●英語訳

The Master said, "See what a man does; contemplate the path he has traversed; examine what he is at ease with. How, then, can he conceal himself? How, then, can he conceal himself?"

― 原文 2-11 ―

子曰，"温故而知新，可以为师矣。"

●日本語読み

子曰く、故きを温めて新しきを知る、以て師と為るべし。

●日本語訳

孔子がおっしゃった。

「かつて学んだ知識を復習すれば、新しい収穫、新しい発見がある。このようにすれば人の師となることができる」

●中国語訳

孔子说，"温习过去所学的知识，能有新收获，新发现，这样就可以当老师了。"

●英語訳

The Master said, "He who keeps reviewing the old and acquiring the new is fit to be a teacher."

― 原文 2-12 ―

子曰，"君子不器。"

●日本語読み

子曰く、君子は器ならず。

●日本語訳

孔子がおっしゃった。

「君子は単に物を盛るための食器のように一つのことだけに役立つようであってはならない」

●中国語訳

孔子说，"君子不能像器皿，只有一种用途，而应博学多解。"

●英語訳

The Master said, "The gentleman is not a utensil, only can use in one way."

― 原文 2-13 ―

子贡问君子。子曰，"先行其言而后从之。"

●日本語読み

子貢、君子を問う。子曰く、先ず其の言を行い、而して後にこれに従う。

●日本語訳

子貢が君子とはどのようにすればよいかを尋ねた。孔子が答えて言われた。「まず実行することで、言葉はその次で、最後までやり遂げることだよ」

●中国語訳

子贡问怎样做一个君子。孔子说，"先做，然后再说，并贯彻到底。"

●英語訳

When Zi-gong asked about the gentleman, the Master said, "His action goes first; his words then follows it."

― 原文 2-14 ―

子曰，"君子周而不比，小人比而不周。"

●日本語読み

子曰く、君子は周して比せず、小人は比して周せず。

●日本語訳

孔子がおっしゃった。

「君子は誰とでも親しみ合うが、お互いに馴れ合うことはない。小人はお互いに馴れ合うが、誰とも親しみ合うことはない」

●中国語訳

孔子说，"君子能普遍团结人而不互相勾结，小人互相勾结而不能普遍团结人。"

●英語訳

The Master said, "The gentleman is all-embracing and not partial; the small man is partial and not all-embracing."

― 原文 2-15 ―

子曰，"学而不思则罔，思而不学则殆。"

●日本語読み

子曰く、学んで思わざれば則ち罔し。思うて学ばざれば則ち殆し。

●日本語訳

孔子がおっしゃった。

「学んでも自分で考えなければ、茫漠とした中に陥ってしまう。空想だけして学ばなければ、誤って不正の道に入ってしまう」

●中国語訳

孔子说，"学习而不思考，就会陷入迷茫；只空想而不学习，那就会误入歧途。"

●英語訳

The Master said, "Learning without thinking is fruitless; Thinking without learning is perplexing."

― 原文 2-16 ―

子曰，"攻乎异端，斯害也已"

●日本語読み

子曰く、異端を攻むるは斯れ害のみ。

●日本語訳

孔子がおっしゃった。

「正統でない学説ばかり研究していると、どうしても害があるものだ」

●中国語訳

孔子说，"专门研究攻克异端学说，遗害无穷。"

●英語訳

The Master said, "To apply oneself to heretical theories is harmful indeed!"

― 原文 2-17 ―

子曰，"由，诲女知之乎！知之为知之，不知为不知，是知也。"

●日本語読み

子曰く、由よ、女にこれを知ることを誨えんか。これを知るをこれを知ると為し、知らざるを知らずと為せ。是れ知るなり。

●日本語訳

孔子がおっしゃった。

「仲由よ、お前に知るとはどのようなことか教えよう。知っている事は知っているとし、知らない事は知らないとする、これこそ本当に知るということである」

●中国語訳

孔子说，"仲由，我教你怎样求知吧！知道就是知道，不知道就是不知道，这才是真正的求知呢。"

●英語訳

The Master said, "You, do you understand what I have taught you? If you understand it, say you understand it. If you do not understand it, say you do not understand it. That is knowledge."

― 原文 2-18 ―

子张学干禄。子曰，"多闻阙疑，慎言其余，则寡尤，多见阙殆，慎行其余，则寡悔。言寡尤，行寡悔，禄在其中矣。"

●日本語読み

子張、禄を干めんことを学ぶ。子曰く、多く聞きて疑わしきを闕き、慎みて其の余りを言えば、則ち尤寡し。多く見て殆きを闕き、慎みて其の余りを行えば、則ち悔寡し。言に尤寡く行に悔寡ければ、禄は其の中に在り。

●日本語訳

子張がどのようにして俸禄を得たらよいかを尋ねた。孔子が答えて言われた。「できるだけ多くを聞き、疑わしいものはそのままにし、慎重に自信のあるものだけを語れば、過ちは少なくなる。できるだけ多くを見て、疑問はそのままにし、慎重に疑いのないものを実行すれば、後悔は少ない。言葉の誤りが少なく、行いに対する後悔が少なければ、自然と官職や俸禄が得られようになるだろう」

●中国語訳

子张问孔子怎样求得俸禄。孔子说，"多听闻，有疑问就保留，谨慎地谈出有自信的部分，就能减少错误；多见识，保留疑问，谨慎地实行其余能确信的部分，就能减少懊悔。发言少有过失，执行少有过错，官职俸禄就在其中了。"

●英語訳

When Zi-zhang asked how to seek an official's salary, the Master said, "Hear much, leave out what is doubtful, discreetly speak about the rest, and you shall make fewer mistakes. See much, leave out what is hazardous, discreetly practice the rest, and you shall have fewer regrets. If you make fewer mistakes in speech and have fewer regrets in action, an official's salary lies therein."

― 原文 2-19 ―

哀公问曰,"何为则民服?"孔子对曰,"举直错诸枉, 则民服;举枉错诸直, 则民不服。"

●日本語読み

哀公問うて曰く、何を為さば則ち民服せん。孔子対えて曰く、直きを挙げて諸を枉れるに錯けば則ち民服す。枉れるを挙げて諸を直きに錯けば則ち民服せず。

●日本語訳

哀公が尋ねて言った。「どのようにすれば人民は服従するでしょうか?」。孔子が答えて言われた。「正しい者を抜擢して邪悪な者の上に置けば、人民は信服するでしょう。邪悪な者を正しい者の上に置けば、人民は服従しないでしょう」

●中国語訳

哀公问道,"怎么样做才会使民众顺服?"孔子答道,"提拔正直者置于邪曲的人之上, 人民就会信服;将邪曲的人置于正直者之上,人民就不服了。"

●英語訳

Duke Ai asked, "What must we do to make the people obedient?" The Master replied, "Promote the upright, place them above the crooked, and the people shall be obedient. Promote the crooked, place them above the upright, and the people shall be disobedient."

― 原文 2-20 ―

季康子问，"使民敬、忠以劝，如之何？"子曰，"临之以庄，则敬；孝慈，则忠；举善而教不能，则劝。"

●日本語読み

季康子問う、民をして敬忠にして以て勧ましむるには、これを如何。子曰く、これに臨むに荘を以てすれば則ち敬す、孝慈なれば則ち忠あり、善を挙げて不能を教うれば則ち勧む。

●日本語訳

季康子が尋ねた。「人民に上を敬い、忠節を尽くし、勤労に励むようにさせるには、どのようにしたらよいでしょうか？」。孔子が答えて言われた。「厳粛な態度で人民に接すれば、自ら人民は敬うでしょう。目上の人や幼い者を慈しめば、自ら人民は忠節を尽くすでしょう。賢者を抜擢して能力の足りない者を教育すれば、自ら人民は勤労に励むでしょう」

●中国語訳

季康子问道，"要使民众诚敬、效忠并且奋勉向上，应该怎么办呢？"孔子说，"你以庄重而严肃的态度对待他们，那么人民就诚敬；你抚老爱幼，他们就会效忠；推举善长的人而教育能力差的人，他们就会奋勉向上。"

●英語訳

Ji Kang-zi asked, "How do you make the people reverent, loyal, and mutually encouraging?" The Master said, "If you preside over them with dignity, they will be reverent; if you are filial and loving, they will be loyal; if you promote the good and instruct the incapable, they will be mutually encouraging."

― 原文 2-21 ―

或谓孔子曰，"子奚不为政？"子曰，"《书》云，'孝乎惟孝，友于兄弟，施于有政。'是亦为政，奚其为为政？"

●日本語読み

或るひと孔子に謂いて曰く、子奚ぞ政を為さざる。子曰く、書に云う、孝なるかな惟れ孝、兄弟に友に、有政に施すと。是れ亦政を為すなり。奚ぞ其れ政を為すことを為さん。

●日本語訳

ある人が孔子に尋ねた。「あなたはどうして政治に携わらないのですか？」。孔子が言われた。「『尚書』では、"孝行なるかな、親に孝行し、兄弟とも仲良くすれば、その結果が政治にも及んでくる"と言っています。これも政治に参与していることなのであって、どうして政治に携わる必要がありましょう？」

●中国語訳

有人问孔子，"夫子为什么不去从政？"孔子说，"《尚书》上说，'孝呀，只有孝顺父母最重要，再对兄弟能友爱，把这些风气影响到政治中去。'这也就是参与政治了，为什么要为官才算是从政呢？"

●英語訳

Someone said to The Master, "Sir, why do you not participate in government?" The Master said, "*History* says, 'How exceedingly filial you are! And how kind to your younger brothers! You can extend this to the officialdom.' — That is also participating in government. Why must one personally participate in government?"

― 原文 2-22 ―

子曰，"人而无信，不知其可也。大车无輗，小车无軏，其
何以行之哉？"

●日本語読み

子曰く、人にして信なくんば、其の可なることを知らざるなり。
大車輗なく小車軏なくんば、其れ何を以てかこれを行らんや。

●日本語訳

孔子がおっしゃった。

「人として信義を重んじないのは、その人がどうしたら立身出世
できるかを知らないからだ。馬車の轅にくびきがなければ、どう
してそれを走らせることができようか？」

●中国語訳

孔子说，"做人却不讲信义，我不知道怎么可以立身出世。大车没
有輗，小车没有軏，如何行动呢？"

●英語訳

The Master said, "If a man is not truthful, I do not know how he
can get along. A big cart without the hinges, or a small cart without
the pins — how can one make it run?"

― 原文 2-23 ―

子张问，"十世可知也？"子曰，"殷因于夏礼，所损益可知也；
周因于殷礼，所损益可知也。其或继周者，虽百世可知也。"

●日本語読み

子張問う、十世知るべきや。子曰く、殷は夏の礼に因る。損益
する所知るべきなり。周は殷の礼に因る、損益する所知るべきな
り。其れ或いは周を継ぐ者は、百世と雖も知るべきなり。

●日本語訳

子張が尋ねた。「今後十世代先のことは予知できるでしょう

45　　為政第二

か？」。孔子が答えて言われた。「殷代は夏代の礼制を継承していて、廃止したものと増設したものを知ることができる。周代は殷代の礼制を踏襲していて、その廃止したものと増設したものを知ることができる。今後周代を継ぐ国があるとしても、同様に百世代後の礼制は予知できる」

●中国語訳

子张问道，"今后十代的世事能够预先知道吗？"孔子说，"殷代继承夏代的礼制，废除的和增设的，都还可以知道；周代沿袭殷代的礼制，其废除的和增设的也都可以知道。今后有朝代继承周的作法，即使一百代，大概也是可以知道的。"

●英語訳

Zi-zhang asked, "Ten dynasties hence, are things predictable?" The Master said, "The Yin followed the rituals of the Xia; what hasbeen reduced and augmented is known to us. The Zhou followed the rituals of the Yin; what has been reduced and augmented is known to us. Whoever may succeed the Zhou, even a hundred dynasties hence, things are predictable."

― 原文 2-24 ―

子曰、"非其鬼而祭之、谄也。见义不为、无勇也。"

●日本語読み

子曰く、其の鬼に非ずしてこれを祭るは、諂いなり。義を見て為ざるは、勇なきなり。

●日本語訳

孔子がおっしゃった。

「自分が祭るべき先祖でもないのに、それを祭るのは単なるへつらいに過ぎない。義を見て当然行うべきことと知りながら、それを実行しないのは臆病者である」

●中国語訳

孔子说，"不该祭祀的鬼神，却去祭祀它，就是阿谀谄媚啊！眼见

合乎道义的事也不挺身而出，就是懦弱无勇啊！"

●英語訳

The Master said, "To offer sacrifices to spirits other than those of your own ancestors is flattery. To see something you ought to do and not to do it is want of courage."

為政第二

【八佾第三】

Hachiitsu-daisan

八佾第三

― 原文 3-1 ―

孔子谓季氏，"八佾舞于庭，是可忍也，孰不可忍也！"

●日本語読み

孔子、季氏を謂う、八佾、庭に舞わす、是れをも忍ぶべくんば、孰れをか忍ぶべからざらん。

●日本語訳

孔子が季氏を非難して、こう言われた。「天子だけに許された六十四人による八佾の舞を自分の廟の庭で行っているが、こんなことが許されるなら、何でも許されてしまうことになるではないか？」

●中国語訳

孔子批评季氏说，"他竟然用六十四人在家庙庭院中表演天子享用的八佾舞蹈，这样的事情能容忍，还有什么不能容忍呢？"

●英語訳

The Master said of Ji Shi, "Eight rows of dancers danced in his court. If this could be tolerated, what could not be tolerated?"

― 原文 3-2 ―

三家者以《雍》彻。子曰，"'相维辟公，天子穆穆，'奚取于三家之堂？"

●日本語読み

三家者、雍を以て徹す。子曰く、相くるは維れ辟公、天子穆穆と。奚ぞ三家の堂に取らん。

●日本語訳

孟孫・叔孫・季孫の三家では先祖の祭を行う時、天子の礼に用い

られる『雍』の詩を歌わせた。孔子が言われた。「『雍』の詩に『諸侯が丁重に祭を助け、天子が慎み深く祭を執り行われる』とあるが、これがどうして三家の広間にふさわしいと言うのか？」

●中国語訳

孟孙、叔孙、季孙三家彻祭时用《雍》诗。孔子说，"《雍》诗上说，'诸侯恭敬助祭，天子肃穆主祭。'这样的诗句怎能用在这三家的厅堂上呢？"

●英語訳

The men of the three houses removed the offerings singing *Harmony*. The Master said, "'Assisted by the various princes, The Son of Heaven stands reverent and majestic. How could this apply to the hall of the three houses?"

── 原文 3-3 ──

子曰，"人而不仁，如礼何？人而不仁，如乐何？"

●日本語読み

子曰く、人にして仁ならずんば、礼を如何。人にして仁ならずんば、楽を如何。

●日本語訳

孔子がおっしゃった。

「人として仁徳がないのに、どうして礼儀について説くことができようか？人として仁徳がないのに、音楽が何になろうか？」

●中国語訳

孔子说，"做人却没有仁德，他怎么能实行礼呢？做人却没有仁心，他如何运用乐呢？"

●英語訳

The Master said, "If a man is not humane, what can he do with the rituals? If a man is not humane, what can he do with music?"

― 原文 3-4 ―

林放問礼之本。子曰，"大哉問！礼，与其奢也，寧倹；喪，
与其易也，寧戚。"

●日本語読み

林放、礼の本を問う。子曰く、大なるかな問うこと。礼は其の奢
らんよりは寧ろ倹せよ。喪は其の易めんよりは寧ろ戚め。

●日本語訳

林放が礼の根本について尋ねた。孔子が言われた。「これは非常
に重要な質問だ！礼には、お金をかけるより、慎ましくするのが
よい。葬儀では、万端整えるより、むしろ哀悼の意を深くするほ
うがよい」

●中国語訳

林放请问礼的本质。孔子说，"这个问题意义重大呀！在礼仪上，
与其奢侈，宁可俭朴；在丧事上，与其繁缛，宁可悲痛。"

●英語訳

When Lin Fang asked about the essence of the rituals, the Master
said, "What an enormous question! In the rituals, frugality is
preferred to extravagance; in mourning, excessive grief is preferred
to light-heartedness."

― 原文 3-5 ―

子曰，"夷狄之有君，不如諸夏之亡也。"

●日本語読み

子曰く、夷狄の君あるは、諸夏の亡きに如かざるなり。

●日本語訳

孔子がおっしゃった。
「立ち遅れた夷狄などの部族には君主があっても、君主のいない
中華諸国の方がまだましだ」

●中国語訳

孔子说，"落后的夷狄等部族虽有君主，还不如华夏一时没有君主哩。"

●英語訳

The Master said, "Even the Yis and Dis have regard for their sovereigns, unlike the various states of Xia, which have none."

― 原文 3-6 ―

季氏旅于泰山。子谓冉有曰，"女弗能救与？"对曰，"不能。"子曰，"呜呼！曾谓泰山不如林放乎？"

●日本語読み

季氏、泰山に旅す。子、冉有に謂いて曰く、女救うこと能わざるか。対えて曰く、能わず。子曰く、嗚呼、曽ち泰山を林放にも如かずと謂えるか。

●日本語訳

季氏が泰山の神を祭ろうとした。孔子が冉有に言われた。「お前はこの非礼のことを止められないのか？」。冉有は「できませんでした」と答えた。孔子が言われた。「ああ、何ということだ！泰山の神が礼について林放にも及ばないと言うのか！」

●中国語訳

季氏（以天子礼）去祭祀泰山。孔子对冉有说，"你不能劝阻吗？"冉有回答说，"不能。"孔子说，"呜呼！难道泰山之神还不如林放（那样的懂礼）吗！"

●英語訳

When Ji Shi was about to perform the Display Sacrifice at Mount Tai, the Master said to Ran You, "Could you not stop it?" Ran You replied, "No, I could not." The Master said, "Alas! Is it possible that Mount Tai is not as good as Lin Fang?"

─ 原文 3-7 ─

子曰、"君子无所争。必也射乎！揖让而升，下而饮。其争也君子。"

●日本語読み

子曰く、君子は争う所なし。必ずや射か。揖譲して升り下り、而して飲ましむ。其の争いは君子なり。

●日本語訳

孔子がおっしゃった。

「君子は人と争うことはないが、もし争うとすればそれは競射の時くらいだろう。お互いに礼をして堂に登り、競射が終わるとお互いに酒を酌み交わす。いかにも君子らしい争いではないか」

●中国語訳

孔子说，"君子与人无争，如果有所争，那就是比赛射箭吧！互相作揖谦让后升堂比试，下堂来，罚输者饮酒。那种竞赛也属君子之争。"

●英語訳

The Master said, "Gentlemen have nothing to contend for. If an exception must be cited, it is perhaps in archery. They cup their hands and yield the way to each other before ascending and descending. Then they drink. Even in contention, they are gentlemanly."

─ 原文 3-8 ─

子夏问曰，"'巧笑倩兮，美目盼兮，素以为绚兮'，何谓也？"子曰，"绘事后素。"曰，"礼后乎？"子曰，"起予者商也！始可与言《诗》已矣。"

●日本語読み

子夏問うて曰く、巧笑倩たり、美目盼たり、素以て絢を為すとは、

54　八佾第三

何の謂いぞや。子曰く、絵の事は素を後にす。曰く、礼は後か。子曰く、予を起こす者は商なり。始めて与に詩を言うべきのみ。

●日本語訳

子夏が尋ねた。「『艶やかな笑顔は人を迷わせ、美しい瞳は気品に満ち、あたかも真っ白な地に絵を描いたようである』と言う詩は、どういう意味でしょうか？」。孔子が言われた。「まず白色の生地があって、後にそれに絵を描く」。子夏はさらに尋ねた。「では、礼は仁義の後に生まれるものですか？」。孔子が喜んで言われた。「子夏よ、私の言わんとするところを言い当ててくれた。今やっとお前と『詩経』について語り合えるようになったな」

●中国語訳

子夏问道，"'妖媚的笑颜多么迷人呀，美丽的眸子更富神韵呀，好像洁白的质地上绘着图画啊'诗经上这三句诗是什么意思？"孔子说，"先画白描，然后添彩上色。"子夏说，"礼义是产生在仁爱之后的吗？"孔子说，"能启发我的是子夏呀，现在可以跟你谈《诗经》了。"

●英語訳

Zi-xia asked, "'Dimpled are her charming smiles! Crystal-clear are her beautiful eyes! To a white ground are added colours bright.'What does it mean?" The Master said, "Painting comes after a white ground." Zi-xia said, "So the rituals come after too?" The Master said, "Zi-xia, you are the one to elucidate my ideas! I can begin to discuss *Poetry* with you now."

原文 3-9

子曰，"夏礼，吾能言之，杞不足征也；殷礼，吾能言之，宋不足征也。文献不足故也。足，则吾能征之矣。"

●日本語読み

子曰く、夏の礼は吾能くこれを言えども、杞は徴とするに足らざ

るなり。殷の礼は吾能くこれを言えども、宋は徴とするに足らざるなり。文献、足らざるが故なり。足らば則ち吾能くこれを徴とせん。

●日本語訳

孔子がおっしゃった。

「夏の時代の礼制については、私ははっきり説明できるが、その後代の杞の国については証明できない。殷の時代の礼制も私ははっきり説明できるが、その後代の宋の国については証明できない。人証も物証も不足しているためで、もし文献さえ十分にあれば、私はそれらを証明してみせるのだが」

●中国語訳

孔子说，"夏代的礼，我能说明白，不过它的后代杞国不足以作证明；殷代的礼，我也能讲清楚，它的后代宋国不足以作证明。人证物证不足的缘故，若是文献充足，我就可以引以为证了。"

●英語訳

The Master said, "The rituals of the Xia, I can discourse on them. I went to Qi, but they could not provide enough evidence. The rituals of the Yin, I can discourse on them. I went to Song, but they could not provide enough evidence, either. That is because they did not have enough literature and worthy men left. If they did, I would be able to prove it."

── 原文 3-10 ──

子曰，"禘，自既灌而往者，吾不欲观之矣。"

●日本語読み

子曰く、禘、既に灌してより往は、吾これを観ることを欲せず。

●日本語訳

孔子がおっしゃった。

「魯の国で天子が行う始祖を祭る大礼で、私は最初の献酒の儀式

を見たが、それより後は二度と見たくない」

●中国語訳

孔子说，"鲁国举行天子的祭始祖大礼，我看到第一、二次献酒以后，就不想再看下去了。"

●英語訳

The Master said, "What comes after the first libation in the Di Sacrifice, I have no wish to observe."

—— 原文 3-11 ——

或问禘之说。子曰，"不知也；知其说者之于天下也，其如示诸斯乎！"指其掌。

●日本語読み

或るひと禘の説を問う。子曰く、知らざるなり。其の説を知る者の天下に於けるや、其れ諸れを斯に示すが如きかと。其の掌を指す。

●日本語訳

ある人が禘の祭の意義について尋ねた。孔子は、「私には分かりません。禘の礼を分かる人が天下を治めれば、物をここに乗せて見るようなものでしょう」と言われて、自分の掌を指さした。

●中国語訳

有人问禘祭的道理。孔子说，"不知道，知道禘礼的人对于治理天下，恐怕就了如指掌了！"边说边指着自己的手掌。

●英語訳

Someone asked the purport of the Di Sacrifice. The Master said, "I do not know. He who knows its purport will find the affairs under Heaven as if displayed here." And he pointed at his palm.

― 原文 3-12 ―

祭如在，祭神如神在。子曰，"吾不与祭，如不祭。"

●日本語読み

祭ること在すが如くし、神を祭ること神在すが如くす。子曰く、吾祭に与らざれば、祭らざるが如し。

●日本語訳

先祖を祭る時には、祖先が実際そこにいるように振る舞い、百神を祭る時には、神が実際にそこにいるように振る舞う。孔子は、「私は祭に参加しないと、お祭りしたような気がしない」と言われた。

●中国語訳

祭祖先，好像祖先真在，祭鬼神，好像鬼神活现。孔子说，"我没有参与的祭祀，如同没有祭祀一样。"

●英語訳

When offering sacrifices, he felt as if the spirits were present; when offering sacrifices to the gods, he felt as if the gods were present. The Master said, "If I did not participate in a sacrifice, it would beas if no sacrifice had been offered."

― 原文 3-13 ―

王孙贾问曰，"'与其媚于奥，宁媚于灶'，何谓也？"子曰，"不然，获罪于天，无所祷也。"

●日本語読み

王孫賈問うて曰く、其の奥に媚びんよりは、寧ろ竈に媚びよとは、何の謂いぞや。子曰く、然らず。罪を天に獲れば、祷る所なきなり。

●日本語訳

王孫賈が尋ねた。「『奥の間の神棚を拝むより、かまど神のご機

嫌をとれ』という諺がありますが、これはどういう意味でしょうか？」。孔子が言われた。「この諺は間違っています。天帝に罪を犯したら、どのように祈ってもご利益はありません」

●中国語訳

王孙贾问道，"'与其讨好屋子西南角的神，不如巴结灶王爷'，这两句话是什么意思？"孔子说，"这话不对，若是得罪了上天，向任何神祈祷也无济于事了。"

●英語訳

Wang-sun Jia asked, " 'It is better to flatter the Kitchen God than to flatter the Interior God. What does it mean?"
The Master said, "It is not so. If one has sinned against Heaven, there is no one to pray to."

― 原文 3-14 ―

子曰，"周监于二代，郁郁乎文哉! 吾从周。"

●日本語読み

子曰く、周は二代に監みて郁郁乎として文なるかな。吾は周に従わん。

●日本語訳

孔子がおっしゃった。

「周の礼儀制度は夏・殷両代を参考にしたものであるが、なんと色とりどりで輝かしい制度であろうか！私も周の礼制を受け継ごう」

●中国語訳

孔子说，"周朝的礼仪制度借鉴了夏、商两代，多么丰富齐备的文明制度啊! 我遵从周礼。"

●英語訳

The Master said, "The Zhou, as compared with the two previous dynasties, ― how magnificent is its culture! I follow the Zhou!"

― 原文 3-15 ―

子入太庙，每事问。或曰，"孰谓鄹人之子知礼乎？入太庙，每问事。"子闻之，曰，"是礼也。"

●日本語読み

子、大廟に入りて、事ごとに問う。或る人の曰く、孰か鄹人の子を礼を知ると謂うや、大廟に入りて、事ごとに問う。子これを聞きて曰く、是れ礼なり。

●日本語訳

孔子は宗廟に入られると、いちいち係りの役人に尋ねた。ある人が「誰が叔梁紇の息子（孔子）が礼儀に明るいなどと言ったのか？宗廟に入るといちいち係りの者に聞いている」と言った。孔子はこれを聞いてこう言われた。「これは礼儀作法なのだ」

●中国語訳

孔子进了太庙，对每件事情都要问一问。有人便说，"谁说叔梁纥的儿子知礼呢？他进了太庙，事事都向别人请教。"孔子听到这番话后却说，"这正是知礼呀！"

●英語訳

When the Master entered The Founding Father's Temple, he inquired about everything. Someone said, "Who says the son of the man of Zou County knows the rituals? When he entered the Founding Father's Temple, he inquired about everything." The Master, on hearing this, said, "Such are the rituals."

― 原文 3-16 ―

子曰，"'射不主皮'，为力不同科，古之道也。"

●日本語読み

子曰く、射は皮を主とせず。力の科を同じくせざるが為なり。

60　八佾第三

<ruby>古<rt>いにしえ</rt></ruby> の<ruby>道<rt>みち</rt></ruby>なり。

●日本語訳

孔子がおっしゃった。

「弓矢の試合では、皮の的を貫く強さは二の次である。人それぞれ力が異なるからである。これが昔からの弓矢の儀礼である」

●中国語訳

孔子说，"比射箭，不一定穿透皮靶子，因为各人力气不同，这是古人行射礼的规矩。"

●英語訳

The Master said, "'Archery does not stress penetrating the hide.' For manual labor was divided into different levels. Such was the way of the ancients."

― 原文 3-17 ―

子贡欲去告朔之饩羊。子曰，"赐也，尔爱其羊，我爱其礼。"

●日本語読み

<ruby>子貢<rt>しこう</rt></ruby>、<ruby>告朔<rt>こくさく</rt></ruby>の<ruby>餼羊<rt>きようひつじ</rt></ruby>を<ruby>去<rt>さ</rt></ruby>らんと<ruby>欲<rt>ほっ</rt></ruby>す。<ruby>子<rt>し</rt></ruby><ruby>曰<rt>いわ</rt></ruby>く、<ruby>賜<rt>し</rt></ruby>や、<ruby>女<rt>なんじ</rt></ruby>は<ruby>其<rt>そ</rt></ruby>の<ruby>羊<rt>ひつじ</rt></ruby>を<ruby>愛<rt>おし</rt></ruby>む、<ruby>我<rt>われ</rt></ruby>は<ruby>其<rt>そ</rt></ruby>の<ruby>礼<rt>れい</rt></ruby>を<ruby>愛<rt>おし</rt></ruby>む。

●日本語訳

子貢が毎月一日を告げる礼に用いる生けにえの羊を廃止しようとした時、孔子が言われた。「子貢よ、お前はその生きた羊を惜しんでいるが、私はこの礼が廃るのが惜しいのだ」

●中国語訳

子贡欲免去每月初一告祭祖庙所用的活羊，孔子说，"对呀！你可惜那只活羊，我爱惜那种礼节。"

●英語訳

Zi-gong wanted to dispense with the raw sheep for the prayer ceremony on the first day of each moon. The Master said, "Ci, you grudge your sheep; I grudge my rituals."

― 原文 3-18 ―

子曰，"事君尽礼，人以为谄也。"

●日本語読み

子曰く、君に事うるに礼を尽くせば、人以て諂えりと為す。

●日本語訳

孔子がおっしゃった。

「主君に仕えて、臣下の礼を尽くしていると、人々はこれを諂いだと言う」

●中国語訳

孔子说，"服侍君主，一切依照臣下礼节行事，人们认为这是谄媚。"

●英語訳

The Master said, "He who serves the sovereign fully in conformity with the rituals is considered by others a flatterer."

― 原文 3-19 ―

定公问，"君使臣，臣事君，如之何？"孔子对曰，"君使臣以礼，臣事君以忠。"

●日本語読み

定公問う、君、臣を使い、臣、君に事うること、これを如何。孔子対えて曰く、君、臣を使うに礼を以てし、臣、君に事うるに忠を以てす。

●日本語訳

魯の定公が尋ねられた。「主君が臣下を使い、臣下が主君に仕えるには、どうあるべきですか？」。孔子が答えて言われた。

「主君は礼によって臣下を使い、臣下は主君に忠誠心をもって仕えることです」

●中国語訳

鲁定公问道，"君主差使用臣下，臣下服侍君主，应该怎样做？"

孔子回答，"君主应依礼差使臣下，臣下应忠诚服事君主。"

●英語訳

Duke Ding asked, "The sovereign employing the officials, the officials serving the sovereign — how should it be done?"

The Master replied, "The sovereign should employ the officials in accordance with the rituals; the officials should serve the sovereign with loyalty."

—— 原文 3-20 ——

子曰，"《关雎》乐而不淫，哀而不伤。"

●日本語読み

子曰く、関雎は楽しみて淫せず、哀しみて傷らず。

●日本語訳

孔子がおっしゃった。

「『関雎』という詩は楽しんではいるが、その楽しみに溺れず、哀しんではいるが、物哀しくはない」

●中国語訳

孔子说，"《关雎》这诗，欢快而不淫荡，悲哀而不伤感。"

●英語訳

The Master said, "*The Melodious Chirping of the Fish Hawks* is joyous but not wantonly so, melancholy but not injuriously so."

—— 原文 3-21 ——

哀公问社于宰我。宰我对曰，"夏后氏以松，殷人以柏，周人以栗。曰，使民以栗。"子闻之，曰，"成事不说，遂事不谏，既往不咎。"

●日本語読み

哀公、社を宰我に問う。宰我、対えて曰く、夏后氏は松を以てし、殷人は柏を以てし、周人は栗を以てす。曰く、民をして戦栗せし

むるなり。子これを聞きて曰く、成事は説かず、遂事は諫めず、既往は咎めず。

●日本語訳

魯の哀公が宰我に土地神の位牌は何の木で作ったらよいか尋ねられた。宰我はこう答えた。「夏の時代には松を、殷の時代には柏を、周の時代には栗を用いました。栗で作るというのは、国民を戦慄させるという意味が含まれています」。孔子はこの話を聞いて言われた。「できてしまったことは言うまい、終わったことは今更諫めはしない、過去のことは追及しない」

●中国語訳

鲁哀公向宰我问，古代神社的木主，用的是什么木料。宰我说，"夏代用松木，殷代用柏木，周代用栗木，并说意思是民众害怕得战战栗栗。"孔子听了，说，"已成的事不再议论，结束的事不再谏阻，已经过去的事不再追究。"

●英語訳

When Duke Ai asked Zai Wo about the wooden tablet for the God of Earth, Zai Wo replied, "The Xia emperor used pine; the Yin sovereign used cypress; the Zhou sovereign used chestnut, meant to make the people tremble."

The Master, on hearing this, said, "What has been done, do not justify; what is irrevocable, do not dispute; what is past, do not censure."

― 原文 3-22 ―

子曰、"管仲之器小哉！"或曰、"管仲倹乎？"曰、"管氏有三帰、官事不摂、焉得倹？""然則管仲知礼乎？"曰、"邦君樹塞門、管氏亦樹塞門；邦君為両君之好、有反坫、管氏亦有反坫。管氏而知礼、孰不知礼？"

●日本語読み

子曰く、管仲の器は小なるかな。或るひと曰く、管仲は倹なるか。曰く、管氏に三帰あり、官の事は摂ねず、焉んぞ倹なるを得ん。然らば則ち管仲は礼を知るか。曰く、邦君、樹して門を塞ぐ、管氏も亦樹して門を塞ぐ。邦君、両君の好を為すに反坫あり、管氏も亦反坫あり。管氏にして礼を知らば、孰か礼を知らざらん。

●日本語訳

孔子がおっしゃった。「管仲は人物が小さいなあ！」。ある人が尋ねた。「管仲が倹約家だったからですか？」。孔子が答えて言われた。「管仲は三つの豪邸を持ち、それぞれ専門の係に仕事をやらせていた。どうしてそれが倹約家と言えようか？」。「それでも管仲は礼が分かっていたのではないですか？」。さらに孔子は言われた。「君主の大門の前に目隠し塀が立っているが、管仲の門前にも目隠し塀が立っている。君主は外国の王をもてなすために、広間に献酬の杯を置く台を備えていたが、管仲の家にも備えられていた。これでも管仲が礼をわきまえていると言うなら、世の中に礼を知らない者などおるまい」

●中国語訳

孔子说，"管仲的器量小呀！"就有人问，"管仲节俭吗？"孔子说，"管仲占有三处豪宅，下边的官员从不兼职，怎么算得节俭呢？""那么管仲懂礼吗？"孔子说，"国君在门外树立屏门，管仲门前也树立有屏门。国君为邀结外国的君主，在厅堂上建有放置酒具的反坫，管仲家也有反坫。管仲懂礼的话，谁还不懂礼？"

65　　八佾第三

●英語訳

The Master said, "Guan Zhong's capacity was small indeed!"

Someone said, "Guan Zhong was frugal, was he not?"

The Master said, "Guan Zhong had three households, and his house officers performed no additional duties other than their own. How could he be considered frugal?"

"However, Guan Zhong knew the rituals, did he not?"

The Master said, "The prince of the state had a screen wall erected; Guan Zhong, too, had a screen wall erected. The prince of the state, in promoting amity with another, had an earthen stand for returning drinking vessels; Guan Zhong, too, had an earthen stand for returning drinking vessels. If Guan Zhong knew the rituals, who does not know the rituals?"

― 原文 3-23 ―

子语鲁大师乐，曰，"乐其可知也：始作，翕如也；从之，纯如也，皦如也，绎如也，以成。"

●日本語読み

子魯の大師に楽を語りて曰く、楽は其れ知るべきのみ。始めて作すに翕如たり。これを従ちて純如たり、皦如たり、繹如たり。以て成る。

●日本語訳

孔子が魯の国の楽長と音楽の演奏について話された時、言われた。「音楽は理解できます。演奏が始まると、さまざまな楽器の音が一斉に起こり、続いてそれが調和し、音色が明るくなり、音声が絶え間なく続いて終わる。こうして曲ができあがるのでしょう」

●中国語訳

孔子和鲁国大师谈论音乐演奏的道理，说，"音乐是可以懂得的，开始演奏热烈，展开时清纯和谐，接着，音节精粹，节奏明朗清

晰，旋律演绎延绵，最后以此成乐。"

●英語訳

The Master spoke to the Senior Music Master of Lu on musical performance, saying, "Musical performance is easy to understand: When it begins, it rises in stirring concert; when it goes into full swing, it is pure, distinct, and continuous until the finale."

── 原文 3-24 ──

儀封请见，曰，"君子之至于斯也，吾未尝不得见也。"从者见之。出曰，"二三子何患于丧乎？天下之无道也久矣，天将以夫子为木铎。"

●日本語読み

儀の封人、見えんことを請う。曰く、君子の斯に至るや、吾未だ嘗て見ることを得ずばあらざるなり。従者これを見えしむ。出でて曰く、二三子、何ぞ喪することを患えんや。天下の道なきや久し。天将に夫子を以て木鐸と為さんとす。

●日本語訳

儀邑の関守が孔子に面会を求めて言った。「ここに来られる聖人に、私はお目にかからないことはありません」。孔子の連れの弟子が孔子との面会を計らった。さて退出してから言った。「みなさん、先生が官位を失われたことを心配なさるな。世の中に正道が行われなくなって久しいことです。天は先生を世の中を警醒する木鐸として、正しい道を後世に伝えさせようとしております」

●中国語訳

仪邑的封疆官员请求见孔子，说道，"凡到这里的君子，我从没有不见的。"跟随孔子的弟子请求孔子接见了他。他见过孔子后，出来说，"你们何必忧虑夫子失去官职呢，天下混乱无道已久，我看上天就要叫夫子出来做醒世的木铎，垂教世人，传播正道。"

●英語訳

The frontier warden of Yi County requested an interview, saying, "Of all the gentlemen that visited this place, none has denied me an interview." Whereupon, the followers ushered him in. On coming out, he said, "Gentlemen, why worry about the loss? Long indeed has the empire lost the Way! Heaven shall use the Master as a wooden bell."

── 原文 3-25 ──

子謂《韶》，"盡美矣，又盡善也。"謂《武》，"盡美矣，未盡善也。"

●日本語読み

子、韶を謂く、美を尽くせり、又善を尽くせり。武を謂く、美を尽くせり、未だ善を尽くさず。

●日本語訳

孔子は『韶』の楽について言われた。「何と美しいことか、その上何とすばらしいことか」。さらに『武』の楽について言われた。「美しいことこの上ないが、すばらしさは及ばない」

●中国語訳

孔子谈论《韶》乐时说，"美极了，又极尽完善了。"认为《武》乐，"美极了，却未极完善。"

●英語訳

The Master said of *The Succession*, "Exceedingly beautiful! And exceedingly good!" He said of *Military Exploits*, "Exceedingly beautiful! But not exceedingly good."

━━ 原文 3-26 ━━

子曰，"君上不宽，为礼不敬，临丧不哀，吾何以观之哉？"

●日本語読み

子曰く、上に居て寛ならず、礼を為して敬せず、喪に臨みて哀しまずんば、吾何を以てかこれを観んや。

●日本語訳

孔子がおっしゃった。

「上に立っても寛大さがなく、礼を行う時も敬虔さがなく、葬式に出ても哀悼の意が見られない。こんな者のどこに見所があると言うのか？」

●中国語訳

孔子说，"居于高位的人不宽宏大量，行礼的时候不严肃认真，参加丧礼的时候又不悲哀。这种样子，我怎么能看得下去呢？"

●英語訳

The Master said, "Seated on high, he is not lenient; performing the rituals, he is not reverent; confronting mourning, he is not grief-stricken — How can I bear to look at all this!"

八佾第三

【里仁第四】

Rijin-daishi

里仁第四

—— 原文 4-1 ——

子曰，"里仁为美，择不处仁，焉得知？"

●日本語読み

子曰く、仁に里るを美しと為す。択んで仁に処らずんば、焉んぞ知なることを得ん。

●日本語訳

孔子がおっしゃった。

「住むには、仁徳の風のあるところが良い。住むところを選ぶのに情が厚いところを放棄するのは、どうして賢明なことと言えようか？」

●中国語訳

孔子说，"居家，选邻里有仁德之风为佳。选择住地，不在仁厚之处，怎能算得上聪明呢？"

●英語訳

The Master said, "To live among humane men is good. Not to live among humane men — how can one be considered wise?"

—— 原文 4-2 ——

子曰，"不仁者不可以久处约，不可以长处乐。仁者安仁，知者利仁。"

●日本語読み

子曰く、不仁者は以て久しく約に処るべからず。以て長く楽しきに処るべからず。仁者は仁に安んじ、知者は仁を利とす。

●日本語訳

孔子がおっしゃった。

「仁徳のない人は、長く逆境に耐えることはできず、また、長く
安楽を享受することもできない。仁徳のある人は、仁の道に安住
し、聡明な人は仁の道をどこに施したらよいか分かっている」

●中国語訳

孔子说，"没有仁德的人，不可以久处困境，也不可以长处安乐。
有仁德的人自然地去行仁道，而聪明的人知道施仁道的利处。"

●英語訳

The Master said, "An inhumane man cannot long abide in privation,
nor can he long abide in comfort. A humane man is at ease with
humanity; a wise man benefits from humanity."

― 原文 4-3 ―

子曰，"惟仁者能好人，能恶人。"

●日本語読み

子曰く、惟仁者のみ能く人を好み、能く人を悪む。

●日本語訳

孔子がおっしゃった。

「仁徳のある人だけが、本当に人を愛したり、人を憎んだりする
ことができる」

●中国語訳

孔子说，"唯有仁人，能慎重地去喜爱人，严谨地去讨厌人。"

●英語訳

The Master said, "Only a humane man is capable of loving men,
and capable of hating men."

― 原文 4-4 ―

子曰，"苟志于仁矣，无恶也。"

●日本語読み

子曰く、苟に仁に志せば、悪しきこと無し。

●日本語訳

孔子がおっしゃった。

「人がもし仁に志そうとしさえすれば、悪いところはなくなるだろう」

●中国語訳

孔子说，"一个人如果能立志实行仁道，则有利而无害。"

●英語訳

The Master said, "If you bend your mind on humanity, you are free from evil."

── 原文 4-5 ──

子曰，"富与贵，是人之所欲也；不以其道得之，不处也。贫与贱，是人之所恶也；不以其道得之，不去也。君子去仁，恶乎成名？君子无终食之间违仁，造次必于是，颠沛必于是。"

●日本語読み

子曰く、富と貴きとは、是れ人の欲する所なり。其の道を以てこれを得ざれば、処らざるなり。貧しきと賎しきとは、是れ人の悪む所なり。其の道を以てこれを得ざれば、去らざるなり。君子、仁を去りて悪くにか名を成さん。君子は食を終うるの間も仁に違うこと無し。造次にも必ず是に於いてし、顛沛にも必ず是に於いてす。

●日本語訳

孔子がおっしゃった。

「富貴は人は誰でも欲するものであるが、正当な方法で得たものでなければ、君子は認めない。貧賎は人は誰でも嫌うものであるが、いやしくも不正な方法で富貴を得ようとするなら、君子は貧賎に甘んじるものだ。君子が仁を捨てて、どうして君子と言えようか？君子はいつまでも仁と共にあり、たとえ忙しい時も、困窮

して一家離散するような時もそうでなくてはならない」

●中国語訳

孔子说，"富与贵，是人们所欲求的，不用正当的办法得到，君子不会接受。贫与贱，是人们所厌恶的，不用正当的办法获得富贵，君子摆脱不了贫贱。君子离开仁，怎能成名呢？君子永远与仁同在，仓猝匆忙时如此，颠沛流离时也如此。"

●英語訳

The Master said, "Wealth and rank are what men desire: If you come by them undeservingly, you should not abide in them. Poverty and lowliness are what men loathe: If you come by them undeservingly, you should not abandon them. If a gentleman abandons humanity, how can he fulfill that name? A gentleman will not, for the space of a meal, depart from humanity. In haste and flurry, he always adheres to it; in fall and stumble, he always adheres to it."

― 原文 4-6 ―

子曰，"我未见好仁者，恶不仁者。好仁者，无以尚之；恶不仁者，其为人矣，不使不仁者加乎其身。有能一日用其力于仁矣乎？我未见力不足者。盖有之矣，我未之见也。"

●日本語読み

子曰く、我未だ仁を好む者、不仁を悪む者を見ず。仁を好む者は、以てこれに尚うること無し。不仁を悪む者は、其れ仁を為す。不仁者をして其の身に加えしめず。能く一日も其の力を仁に用いること有らんか、我未だ力の足らざる者を見ず。蓋しこれ有らん、我未だこれを見ざるなり。

●日本語訳

孔子がおっしゃった。

「私はこれまで仁を好む者にも、不仁を憎む者にも出会ったことがない。仁を好む者は、仁を最高と見ている。不仁を憎む者は、

75 里仁第四

決して不仁の者を自分に近づけない。一日でも仁に全力を尽くす者で力不足を感ずるような人を見たことがない」

●中国語訳

孔子说，"我没有见到真正喜欢仁和真正厌恶不仁的人；喜欢仁的人，把仁看得高于一切；厌恶不仁的人，他对待仁，只是不让不仁的事沾染他。我没有看见过有谁真有一天竭诚用力去行仁而力量不足的！也许有这样的人吧，但我从未见过。"

●英語訳

The Master said, "I have never seen anyone who loves humanity, nor one who hates inhumanity. One who loves humanity places nothing above it; one who hates inhumanity, in practicing humanity, never allows anyone inhumane to affect his person. Is there anyone who can, for a single day, exert his energy on humanity? I have never seen any whose ability is insufficient. There may be such people; only I have not seen any."

── 原文 4-7 ──

子曰，"人之过也，各于其党。观过，斯知仁矣。"

●日本語読み

子曰く、人の過つや、各々其の党に於いてす。過ちを観て斯に仁を知る。

●日本語訳

孔子がおっしゃった。

「人の過ちはその素質と関係があり、その過ちを観察するだけでその人に仁徳があるかないかが分かるものだ」

●中国語訳

孔子说，"人的过错与其品性、素质有关，各归其类，只要考察其过错，便可知这个人有没有仁德了。"

●英語訳

The Master said, "People's faults may be related to their respective kind. In observing faults, you get to know the man."

── 原文 4-8 ──

子曰、"朝聞道、夕死可矣！"

●日本語読み

子曰く、朝に道を聞かば、夕に死すとも可なり。

●日本語訳

孔子がおっしゃった。

「朝に真の道を悟ることができたら、その晩死んでも本望だ」

●中国語訳

孔子说，"早晨悟得真理仁道，即使当晚死去也是值得的。"

●英語訳

The Master said, "If, in the morning, I should hear about the Way, in the evening, I would die contented!"

── 原文 4-9 ──

子曰、"士志于道、而耻恶衣恶食者、未足与议也。"

●日本語読み

子曰く、士、道に志して、悪衣悪食を恥ずる者は未だ与に議るに足らざるなり。

●日本語訳

孔子がおっしゃった。

「知を求める者が仁義の道を志しながら、衣食の粗末なことを恥じるようでは、どうして道を語るに値しようか」

●中国語訳

孔子说，"求知者立志于仁义之道，却又以粗衣粝食为羞，这样的人怎么值得和他论道呢。"

●英語訳

The Master said, "One who aspires after the Way but is ashamed of poor clothes and poor food is not worth discoursing with."

― 原文 4-10 ―

子曰、"君子之于天下也，无适也，无莫也，义之与比。"

●日本語読み

子曰く、君子の天下に於けるや、適も無く、莫も無し。議にこれ与に比しむ。

●日本語訳

孔子がおっしゃった。

「君子は天下の人や物事に対して、親疎の区別なく、厚さ薄さを問わず、ただ正しい道筋に従った行いだけをすればよい」

●中国語訳

孔子说，"君子对天下的人和事不分亲疏，无论厚薄，只要符合道义就依此行事。"

●英語訳

The Master said, "The gentleman, in his attitude toward all under heaven, neither favors anyone nor disfavors anyone. He keeps close to whoever is righteous."

― 原文 4-11 ―

子曰、"君子怀德，小人怀土，君子怀刑，小人怀惠。"

●日本語読み

子曰く、君子は徳を懐い、小人は土を懐う。君子は刑を懐い、小人は恵を懐う。

●日本語訳

孔子がおっしゃった。

「君子が道徳や教養を心がければ、小人は土地や家を守る。君子が刑法や法治にこだわれば、小人は恩恵にあこがれる」

●中国語訳

孔子说，"君子注重道德修养，小人贪图土地房屋；君子关心刑律法治，小人考虑恩惠得失。"

●英語訳

The Master said, "The gentleman cherishes virtue; the small man cherishes land. The gentleman cherishes institutions; the small man cherishes favors."

── 原文 4-12 ──

子曰，"放于利而行，多怨。"

●日本語読み

子曰く、利に放りて行えば、怨み多し。

●日本語訳

孔子がおっしゃった。

「利害ばかりで行動すれば、必ずや多くの怨恨が生まれるだろう」

●中国語訳

孔子说，"做事唯利是图，必招众多怨恨。"

●英語訳

The Master said, "Acting solely in pursuit of profit will incur much resentment."

── 原文 4-13 ──

子曰，"能以礼让为国乎？何有！不能以礼让为国，如礼何？"

●日本語読み

子曰く、能く礼譲を以て国を為めんか、何か有らん。能く礼譲を以て国を為めずんば、礼を如何。

●日本語訳

孔子がおっしゃった。

「礼譲で国を治められるだろうか？これが何の難しいことがあろ

う！礼譲で国を治められなければ、どうして礼譲に対処できよう？」

●中国語訳

孔子说，"能以礼让来治国吗？这有什么困难呢！不能以礼让来治国，那将怎样对待礼呢？"

●英語訳

The Master said, "If you can govern a state with courtesy and deference, what difficulty do you have in conducting state affairs? If you cannnot govern a state with courtesy and deference, what can you do with the rituals?"

── 原文 4-14 ──

子曰，"不患无位，患所以立。不患莫己知，求为可知也。"

●日本語読み

子曰く、位なきことを憂えず、立つ所以を憂う。己を知ること莫きを憂えず、知らるべきことを為すを求む。

●日本語訳

孔子がおっしゃった。

「官位のないのを憂えず、官位に適した資質があるかないかを心配するべきだ。人が自分を認めないのを恐れてはならないが、人が認めてくれる才能に値するかどうかを追求せよ」

●中国語訳

孔子说，"不愁没有职位，只愁没有任职的本领。不怕没有人了解自己，但求有值得别人认可的真才实学。"

●英語訳

The Master said, "Do not worry about having no title; rather, worry about whether you deserve to stand in that title. Do not worry about nobody knowing you; rather, seek to be worth knowing."

― 原文 4-15 ―

子曰，"参乎！吾道一以貫之。"曾子曰，"唯。"子出，門人問曰，"何謂也？"曾子曰，"夫子之道，忠恕而已矣。"

●日本語読み

子曰く、参よ、吾が道は一以てこれを貫く。曾子曰く、唯。子出ず。門人問うて曰く、何の謂いぞや。曾子曰く、夫子の道は忠恕のみ。

●日本語訳

孔子がおっしゃった。

「曽参よ、私の学説は最高の原則で貫いてきた」。曽子は「はい」と答えた。孔子が出て行かれてから、門弟たちが「先生のおっしゃった意味はどういうことですか？」と聞いた。曽子が答えて言った。「先生の教えは忠と恕に尽きるのです」

●中国語訳

孔子说，"曾参呀，我讲的仁道贯穿着一个基本思想。"曾子说，"是的。"孔子出去后，学生们问道，"这是什么意思？"曾子说，"夫子的仁道就是忠、恕罢了。"

●英語訳

The Master said, "Well, Master Zeng, my Way is threaded together in one string."

Master Zeng said, "Right."

When the Master went out, the pupils asked, "What did he mean?" Master Zeng said, "The Master's Way consists in wholehearted sincerity and like-hearted considerateness, that is all."

― 原文 4-16 ―

子曰，"君子喻于义，小人喻于利。"

●日本語読み

子曰く、君子は義に喩り、小人は利に喩る。

●日本語訳

孔子がおっしゃった。

「君子は正義に通じ、小人は私利ということで理解する」

●中国語訳

孔子说，"君子通晓大义，小人懂得私利。"

●英語訳

The Master said, "The gentleman is conversant with righteousness; the small man is conversant with profit."

― 原文 4-17 ―

子曰，"见贤思齐焉，见不贤而内自省也。"

●日本語読み

子曰く、賢を見ては斉しからんことを思い、不賢を見ては内に自ら省みる。

●日本語訳

孔子がおっしゃった。

「賢徳な人に会えば自分もそうありたいと思い、愚劣な者に会えば心の中で自らを省みるものだ」

●中国語訳

孔子说，"见到贤者，应该想向他看齐，见到不贤者，便应从内心自我反省。"

●英語訳

The Master said, "On seeing a worthy man, think of equaling him; on seeing an unworthy man, examine yourself inwardly."

── 原文 4-18 ──

子曰，"事父母几谏，见志不从，又敬不违，劳而不怨。"

●日本語読み

子曰く、父母に事うるには幾くに諫め、志の従わざるを見ては、又敬して違わず、労して怨みず。

●日本語訳

孔子がおっしゃった。

「父母に仕えて、もし彼らに過失があったら、それとなく諫めることだ。もし父母が聞き入れなくても、あくまでも丁重に、逆らわぬようにし、憂えても怨むことのないように」

●中国語訳

孔子说，"侍奉父母，如果他们有过失，要婉言劝阻。如果父母不听，也要恭恭敬敬，不加违抗，虽因此担忧但不要抱怨。"

●英語訳

The Master said, "In serving your parents, be gentle in remonstration. Seeing that they are not inclined to agree, remain reverent, and do not disobey them. Though weary, do not feel resentful."

── 原文 4-19 ──

子曰，"父母在，不远游，游必有方。"

●日本語読み

子曰く、父母在せば、遠く遊ばず。遊ぶこと必ず方あり。

●日本語訳

孔子がおっしゃった。

「父母が健在のうちは遠くに旅してはならない。もし遠くへ出かける時も、父母に行き先を知らせておかねばならない」

●中国語訳

孔子说，"父母在世，不出远门，若出远门，要让父母知道。"

●英語訳

The Master said, "When your parents are alive, do not travel far. If you do travel, be sure to have a regular destination."

― 原文 4-20 ―

子曰，"三年无改于父之道，可谓孝矣。"

●日本語読み

子曰く、三年、父の道を改むること無きを、孝と謂うべし。

●日本語訳

孔子がおっしゃった。

「三年の服喪の間亡父のやり方を変えなければ、孝行の道を歩んでいると言えよう」

●中国語訳

孔子说，"三年不改变父亲的为人准则，便可说履行孝道了。"

●英語訳

The Master said. "If, for three years, a man does not change his father's Way, he may be said to be filial."

― 原文 4-21 ―

子曰，"父母之年，不可不知也；一则以喜，一则以惧。"

●日本語読み

子曰く、父母の年は知らざるべからず。一は則ち以て喜び、一は則ち以て懼る。

●日本語訳

孔子がおっしゃった。

「父母の年は、子供として覚えていなければならない。一つには長寿を喜び、一つには老いるのを心配するためである」

●中国語訳

孔子说，"父母的年纪，做子女的不可不知道，一来知其长寿而高兴，二来为其衰老而担忧。"

●英語訳

The Master said, "Your parents' age you must remember in mind: on the one hand, with joy; on the other, with anxiety."

― 原文 4-22 ―

子曰、"古者言之不出、耻躬之不逮也。"

●日本語読み

子曰く、古者、言をこれ出さざるは、躬の逮ばざるを恥じてなり。

●日本語訳

孔子がおっしゃった。

「昔の君子が軽々しく言葉を出さなかったのは、自分の行いがそれに及ばないことを恥じてのことである」

●中国語訳

孔子说，"古代的君子从不轻易地发言表态，这是怕说到做不到而感到羞耻。"

●英語訳

The Master said, "The reason that the ancients would not speak words without thinking, because they thought it shameful not to live up to them."

― 原文 4-23 ―

子曰、"以约失之者鲜矣。"

●日本語読み

子曰く、約を以てこれを失する者は、鮮なし。

●日本語訳

孔子がおっしゃった。

85　里仁第四

「自らを戒めて失敗する人はほとんどいない」

●中国語訳

孔子说，"因为约束自己而失误的人，是很少的。"

●英語訳

The Master said, "Those who err through self-restraint are rare indeed."

― 原文 4-24 ―

子曰，"君子欲讷于言而敏于行。"

●日本語読み

子曰く、君子は言に訥にして、行に敏ならんと欲す。

●日本語訳

孔子がおっしゃった。

「君子は言葉がゆったりして慎み深くても、素早く実行しなくてはならない」

●中国語訳

孔子说，"君子要求说话谨慎郑重，做事敏捷勤快。"

●英語訳

The Master said, "The gentleman wishes to be slow in speech but quick in action."

― 原文 4-25 ―

子曰，"德不孤，必有邻。"

●日本語読み

子曰く、徳は孤ならず。必ず隣あり。

●日本語訳

孔子がおっしゃった。

「徳のある人は決して孤独ではなく、必ず志の同じ人がいるものだ」

●中国語訳

孔子说，“有道德的人不会孤单，必定会有志同道合的人。”

●英語訳

The Master said, "The virtuous are not solitary. They surely have neighbors."

—— 原文 4-26 ——

子游曰，“事君数，斯辱矣；朋友数，斯疏矣。”

●日本語読み

子游曰く、君に事うるに数々すれば、斯に辱しめられ、朋友に数々すれば、斯に疎んぜらる。

●日本語訳

子游が言った。

「君子に仕えて、あまりたびたび進言すると、侮辱を受けることになる。友達と交際して、あまりうるさく忠告すると、疎まれるようになるものだ」

●中国語訳

子游说，“侍奉君子，频繁谏阻，就会招惹侮辱；结交朋友，频繁劝告，就会导致疏远。”

●英語訳

Zi-you said, "Serving the sovereign intimately brings humiliation; associating with friends with intimately brings alienation."

里仁第四

【公冶長第五】

Kōyachō-daigo

公冶長第五

― 原文 5-1 ―

子謂公冶長，"可妻也，雖在縲絏之中，非其罪也"，以其子妻之。

●日本語読み
子、公冶長を謂く、妻すべきなり。縲絏の中に在りと雖も、其の罪に非ざるなりと。其の子を以てこれに妻す。

●日本語訳
孔子が公冶長のことをこう言われた。「あの男なら娘を嫁がせてもよい。牢に繋がれたことがあったが、彼に罪があったからではない」。そして自分の娘を彼に嫁がせた。

●中国語訳
孔子谈到公冶长说，"可以把女儿嫁给他。他虽曾坐过牢，却是无辜的"。便把自己的女儿嫁给了他。

●英語訳
The Master said of Gong-ye Chang, "He deserves to be wived. Although once bound in black ropes, he was not guilty of the crime." So he gave his daughter to him in marriage.

― 原文 5-2 ―

子謂南容，"邦有道不廢，邦無道免于刑戮"，以其兄之子妻之。

●日本語読み
子、南容を謂く、邦に道あれば廃てられず、邦に道なければ刑戮に免れんと。其の兄の子を以てこれに妻す。

●日本語訳

孔子が南容についてこう言われた。「国の政治が正しく行われている時には、官職が与えられ、国の政治が乱れている時でも、刑罰を受けるようなことはない」。そこで自分の兄の娘を彼に嫁がせた。

●中国語訳

孔子谈到南容时说，"在国家政治清明时，不会遭废弃，在国家政治混乱时，也不致招祸受刑罚"，于是就把自己的侄女嫁给了他。

●英語訳

The Master said of Nan Rong, "When the state possessed the Way, he was not cast out of office; when the state lost the Way, he was exempt from punishment and slaying." So he gave his elder brother's daughter to him in marriage.

── 原文 5-3 ──

子谓子贱，"君子哉若人！鲁无君子者，斯焉取斯？"

●日本語読み

子、子賤を謂く、君子なるかな、若き人。魯に君子なかりせば、斯れ焉にか斯れを取らん。

●日本語訳

孔子が子賤を評して言われた。「君子だな、あの男は！もし魯の国に君子がいなかったら、このように優れた徳を具えた者にはなれなかったのではないか？」

●中国語訳

孔子评论宓子贱说，"这人是真君子啊！鲁国如果没有君子，这样的优良品德从哪儿汲取的呢？"

●英語訳

The Master said of Zi-jian, "What a gentleman that man is! However, if there were no gentlemen in Lu, where could he have acquired all that?"

― 原文 5-4 ―

子貢問曰，"賜也何如？"子曰，"女，器也。"曰，"何器也？"
曰，"瑚璉也。"

●日本語読み

子貢、問うて曰く、賜や如何。子曰く、女は器なり。曰く、何の
器ぞや。曰く、瑚璉なり。

●日本語訳

子貢が尋ねた。「私はどのような人間でしょう？」。孔子が言わ
れた。「お前は器だよ」。子貢がさらに尋ねた。「どのような器
でしょうか？」。孔子が言われた。「宗廟で食べ物を盛る礼器は
貴重な器だよ」

●中国語訳

子贡问道，"我是怎样的人呢？"孔子说，"你成器了。"子贡说，"成
什么器了呢？"孔子说，"宗庙里盛粮食的瑚琏是贵重的器具。"

●英語訳

Zi-gong asked, "What do you think of me?" The Master said, "You
are a utensil." Zi-gong said, "What utensil?" The Master said, "A
precious bowl."

― 原文 5-5 ―

或曰，"雍也仁而不佞。"子曰，"焉用佞？御人以口給，屢
憎于人，不知其仁，焉用佞？"

●日本語読み

或るひと曰く、雍や、仁にして佞ならず。子曰く、焉んぞ佞を用
いん。人に禦るに口給を以てすれば、屢々人に憎まる。其の仁を
知らず、焉んぞ佞を用いん。

●日本語訳

ある人が言った。「冉雍は仁徳はあるが口下手だ」。孔子が言わ

れた。「どうして口上手である必要がありましょうや？巧みな弁舌で人と言い争うと、しばしば人の憎しみを買うものです。彼には仁徳があるかないか、私には分かりませんが、どうして弁舌が立つ必要がありましょう？」

●中国語訳

有人说，"冉雍有仁德却不会说道。"孔子说，"能说会道有什么用呢？巧嘴利舌地与人争辩，常常被人厌恶。他有没有仁德，我不清楚，但何必要能说会道呢？"

●英語訳

Someone said, "Yong is humane but not eloquent."

The Master said, "What does he need eloquence for? To confront people with a glib tongue often makes them detest you. I do not know about his being humane, but what does he need eloquence for?"

── 原文 5-6 ──

子使漆雕開仕。対曰、"吾斯之未能信。"子説。

●日本語読み

子、漆雕開をして仕えしむ。対えて曰く、吾斯れをこれ未だ信ずること能わず。子説ぶ。

●日本語訳

孔子が漆雕開に仕官させようとされたが、彼は辞退して言った。「私には仕官する自信がまだありません」。孔子はこれを聞かれて大変喜ばれた。

●中国語訳

孔子让漆雕开去做官，他却推辞道，"我对做官还没有信心。"孔子听了很高兴。

●英語訳

When the Master asked Qi-diao Kai to take office, the latter replied,

"Of that I am not very confident yet." The Master was pleased.

── 原文 5-7 ──

子曰、"道不行、乗桴浮于海。从我者、其由与？"子路聞
之喜。子曰、"由也好勇過我、无所取材。"

●日本語読み

子曰く、道行われず、桴に乗りて海に浮かばん。我に従わん者は、
其れ由なるか。子路これを聞きて喜ぶ。子曰く、由や、勇を好む
こと我に過ぎたり。材を取る所なからん。

●日本語訳

孔子がおっしゃった。

「私の主張が通らないのなら、筏にでも乗って海に出ようか。私
についてくるのは、たぶん子路ぐらいだろうか」。子路はこれを
聞いて大いに喜んだ。孔子が言われた。「子路は非常に勇敢で、
その気迫は私に勝るが、適度に立ち止まることを知らない」

●中国語訳

孔子说，"我的主张行不通了，就乘坐木筏漂流到海外去，愿跟随
我去的人，大概只有仲由吧。"子路听了很高兴。孔子说。"仲由确
实很勇敢，好勇之精神超过了我，但就是不知道如何剪裁自己。"

●英語訳

The Master said, "If the Way should fail to prevail, I would board a
raft and float to sea. The one to follow me would probably be Zi-lu."
Zi-lu, on hearing this, was pleased.
The Master said, "Zi-lu is braver than I, but that is not something to
recommend him."

― 原文 5-8 ―

孟武伯问子路仁乎？子曰，"不知也。"又问。子曰，"由也，千乘之国，可使治其赋也，不知其仁也。""求也何如？"子曰，"求也，千室之邑，百乘之家，可使为之宰也，不知其仁也。""赤也何如？"子曰，"赤也，束带立于朝，可使与宾客言也，不知其仁也。"

●日本語読み

孟武伯問う、子路、仁なりや。子曰く、知らざるなり。又問う。子曰く、由や、千乗の国、其の賦を治めしむべし、其の仁を知らざるなり。求や如何。子曰く、求や、千室の邑、百乗の家、これが宰たらしむべし、其の仁を知らざるなり。赤や如何。子曰く、赤や、束帯して朝に立ち、賓客と言わしむべし、其の仁を知らざるなり。

●日本語訳

孟武伯が子路は仁者であるかどうかを尋ねた。孔子が言われた。「分かりません」。彼がさらに尋ねたので、孔子は言われた。「子路と言う人間は軍事大国にあっては、軍政を管理できるでしょう。彼が仁者かどうかは分かりません」。孟武伯が重ねて尋ねた。「冉有はどうですか？」。孔子は言われた。「冉有と言う人間は大都市や軍事大国の大夫の領地では、執事を務めることができるでしょう。彼が仁者かどうかは分かりません」。孟武伯がまたまた尋ねた。「公西赤はどうでしょう？」。孔子は言われた。「公と言う人間は、礼服を着て、朝廷に立ち、賓客と応対させるとうまく交渉できるでしょう。彼が仁者かどうかは分かりません」

●中国語訳

孟武伯问子路是否有仁德。孔子说，"不知道。"他又追问，孔子说，"仲由这个人，如有一千辆兵车的国家，可让他去管理军务。至于

他有没有仁德我不晓得。"孟武伯说，"冉求怎么样呢？"孔子说，"求这个人，千户居民的诚邑、百乘兵车的大夫封地，可让他当总管，他有无仁德，我不知道。"孟武伯说，"公西赤怎么样呢？"孔子说，"赤这个人，穿着礼服，立于朝廷之上，可让他接待宾客，参与外交。至于他有没有仁德，我不知道。"

●英語訳

Meng Wu-bo asked, "Is Zi-lu humane?"

The Master said, "I do not know."

When he asked again, the Master said, "Zi-lu is one who, in a thousand-chariot state, may be engaged to command its army. I do not know about his being humance."

"What about Qiu?"

The Master said, "Qiu is one who, in a thousand-household county or a hundred-chariot fief, may be engaged to be its magistrate. I do not know about his being humane."

"What about Chi?"

The Master said, "Chi is one who, standing in court with a fastened sash, may be engaged to converse with guests of state. I do not know about his being humane."

― 原文 5-9 ―

子謂子貢曰，"女与回也孰愈？"対曰，"賜也何敢望回？回也聞一以知十，賜也聞一以知二。"子曰，"弗如也，吾与女弗如也。"

●日本語読み

子、子貢に謂いて曰く、女と回と孰れか愈れる。対えて曰く、賜や、何ぞ敢えて回を望まん。回や一を聞きて以て十を知る。賜や一を聞きて以て二を知る。子曰く、如かざるなり。吾と女と知かざるなり。

●日本語訳

孔子が子貢に言われた。「お前と顔回とではどちらが優れていると思うかね？」。子貢が答えて言った。「私がどうして顔回と比べものになりましょうか？顔回は一を聞いて十を知り、私は一を聞いて二を知るだけです」。孔子は言われた。「確かにお前は及ばないな。私もお前と同様に及ばないよ！」

●中国語訳

孔子对子贡说，"你和颜回比哪个更强些？"子贡答道，"我怎么敢和颜回相比呢？颜回能闻一知十，我只能闻一知二。"孔子说，"不如啊，我和你都不如啊！"

●英語訳

The Master said to Zi-gong, "Between you and and Hui, which is superior?" Zi-gong replied, "How dare I compare with Hui? Hui hears one thing and thereby knows ten. I hear one thing and thereby know two." The Master said, "You are not his equal. I agree with you: I am not his equal."

―― 原文 5-10 ――

宰予昼寝。子曰，"朽木不可雕也，粪土之墙不可朽也，于予与何诛？"子曰，"始吾于人也，听其言而信其行；今吾于人也，听其言而观其行。于予与改是。"

●日本語読み

宰予、昼寝ぬ。子曰く、朽木は雕るべからず、糞土の牆は朽るべからず。予に於いてか何ぞ誅めん。子曰く、始め吾人に於けるや、其の言を聴きて其の行を観る。予に於いてか是れを改む。

●日本語訳

宰予が昼間からぐっすり寝ていた。孔子が言われた。「朽ちた木には彫刻はできないし、汚れた土塀は白く塗れないと言うが、宰予のような男は叱る価値もない」。孔子はさらに言われた。「初

め私は人に対して、その言葉を聞いて、その行いを信じた。今は
人に対してその言葉を聞くだけでなく、その行いも観察するよう
になった。宰予の教訓があったから私の態度も変わったのだよ」

●中国語訳

宰予白天睡大觉。孔子说，"腐朽的木头不能雕琢，污秽的土墙不
能粉刷，对于宰予不值得责备呀。"孔子又说，"起初我对他人，听
其言谈，而相信其行为；现在我对他人，不仅听他的谈话，还要观
察他的行为。因为宰予的教训改变了我的态度。"

●英語訳

Zai Yu slept during the day. The Master said, "Rotten wood is
beyond carving; a dung-and-mud wall is beyond plastering. As for
Yu, what is the use of reprimanding him?"

The Master said, "At first, my attitude toward men was to hear their
words and believe in their deeds. Now my attitude toward men is
to hear their words and observe their deeds. It was due to Yu that I
have changed this."

―― 原文 5-11 ――

子曰，"吾未见刚者。"或对曰："申枨。"子曰。"枨也欲，
焉得刚？"

●日本語読み

子曰く、吾今だ剛者を見ず。或るひと対えて曰く、申枨と。子
曰く、枨や慾なり。焉んぞ剛なることを得ん。

●日本語訳

孔子がおっしゃった。

「私はまだ剛直で不屈な人間に会ったことがない」。ある人が答
えて言った。「申枨がおります」。孔子が言われた。「申枨は欲
が深い、どうして剛直などと言えようか？」

●中国語訳

孔子说，"我未见过刚强不屈的人。"有人答到，"申枨。"孔子说，"申

枨私欲太重，怎能做得到刚强不屈呢？"

●英語訳

The Master said, "I have never seen a steady man."

Someone said, "There is Shen Cheng."

The Master said, "Cheng is lustful. How could he be steady?"

── 原文 5-12 ──

子贡曰，"我不欲人之加诸我也，吾亦欲无加诸人。"子曰，"赐也，非尔所及也。"

●日本語読み

子貢曰く、我人の諸れを我に加えんことを欲せざるは、吾亦諸れを人に加うること無からんと欲す。子曰く、賜や、爾の及ぶ所に非ざるなり。

●日本語訳

子貢が言った。「私は人から強要されたくないことは、私も人に強要したくありません」。孔子が言われた。「子貢よ、それはお前にはまだできない事だよ」

●中国語訳

子贡说，"我不希望他人强加于我，我也不愿去强加于他人。"孔子说，"赐啊，这不是你所能做到的。"

●英語訳

Zi-gong said, "What I do not wish others to impose on me, I also do not wish to impose on others." The Master said, "Zi-gong, this is beyond your reach."

── 原文 5-13 ──

子貢曰，"夫子之文章，可得而聞也；夫子之言性与天道，
不可得而聞也。"

●日本語読み

子貢曰く、夫子の文章は、得て聞くべきなり。夫子の性と天道と
を言うは、得て聞くべからざるなり。

●日本語訳

子貢が言った。

「先生の文献面での学問に関しては私たちは教えを受ける機会は
あったが、人間性や天の道についてのお話はめったに聞くことは
できなかった」

●中国語訳

子贡说，"夫子关于文献方面的学问，我们是有机会听到和学到的，
夫子讲的人性与天道，我们却不容易听到了。"

●英語訳

Zi-gong said, "The Master's cultural accomplishments — we get to
hear them, but the Master's ideas on human nature and the Way of
Heaven — we hardly get to hear them."

── 原文 5-14 ──

子路有聞未之能行，唯恐有聞。

●日本語読み

子路、聞くこと有りて、未だこれを行うこと能わざれば、唯聞く
有らんことを恐る。

●日本語訳

子路は道理を聞いても、いまだに実行できないでいるうちは、さ
らに他のことを聞くのを恐れた。

●中国語訳

子路听到一个道理，若还未能实行，生怕又听到新的道理。

●英語訳

When Zi-lu heard something and had not been able to practice it as yet, he was apprehensive that he might hear something else.

── 原文 5-15 ──

子贡问曰，"孔文子何以谓之文也？"子曰，"敏而好学，不耻下问，是以谓之文也。"

●日本語読み

子貢問うて曰く、孔文子、何を以てかこれを文と謂うや。子曰く、敏にして学を好み、下問を恥じず、是を以てこれを文と謂うなり。

●日本語訳

子貢が尋ねた。「孔文子はなぜ"文"と言う贈名をされたのですか？」。孔子が言われた。「彼は聡明で学問を好み、上位にいても目下の者に教えを乞うことを恥としなかった。そこで"文"の字を贈名としたんだよ」

●中国語訳

子贡问道，"孔文子为什么谥为'文'呢？"孔子说，"聪明好学，居上位而不耻于向下求教，故以'文'字为谥号。"

●英語訳

Zi-gong asked, "Why was Kong Wen-zi called 'Wen'?"

The Master said, "Intelligent and fond of learning, not ashamed to consult his inferiors — that is why he was called 'Wen'."

― 原文 5-16 ―

子谓子产，"有君子之道四焉：其行己也恭，其事上也敬，
其养民也惠，其使民也义。"

●日本語読み

子、子産を謂く、君子の道四つ有り。其の己を行うや恭、その上
に事うるや敬、其の民を養うや恵、其の民を使うや義。

●日本語訳

孔子が子産を評して言われた。「彼には政治家として好ましい美
徳と規範が四つ具わっていた。すなわち、自らの行為は謙虚で慎
み深く、君主には丁重に仕え、民を養うに恵みをもって施し、人
民を公正で道理に基づいて使役した」

●中国語訳

孔子评论子产说，"他具有四项君子的处事准则：自身行为谦虚谨慎，
侍奉君主恭敬有礼，养育人民恩惠兼施，使役百姓公正合理。"

●英語訳

The Master said of Zi-chan, "He possessed four virtues of the
gentleman's Way: he conducted himself respectfully; he served the
sovereign reverently; he provided for the people beneficently; he
employed the people reasonably."

― 原文 5-17 ―

子曰，"晏平仲善与人交，久而敬之。"

●日本語読み

子曰く、晏平仲、善く人と交わる。久しくてこれを敬す。

●日本語訳

孔子がおっしゃった。

「斉の宰相晏平仲は人との交際が上手で、付き合えば付き合うほ
ど人は彼を尊敬するようになった」

●中国語訳

孔子说，"晏平仲善于与人交往，结交时间越久，别人越发敬重他。"

●英語訳

The Master said, "Yan Ping-zhong was good at making friends. Years later, they still revered him."

― 原文 5-18 ―

子曰，"臧文仲居蔡，山节藻棁，何如其知也？"

●日本語読み

子曰く、臧文仲、蔡を居く。節を山にし棁を藻にす、如何ぞ其れ知ならん。

●日本語訳

孔子がおっしゃった。

「臧文仲は占いに使う亀をいれるために、彩色した棟木と梁の豪華な部屋をつくった。これがどうして聡明な人と言えようか？」

●中国語訳

孔子说，"臧文仲建立的龟室，画栋雕梁，这怎么能说是聪明人呢？"

●英語訳

The Master said, "Zang Wen-zhong housed Cai in a hall with hills carved on the brackets of its capitals and aquatic plants painted on the columns of its beams. What do you think for his wisdom?"

― 原文 5-19 ―

子张问曰，"令尹子文，三仕为令尹，无喜色；三已之，无愠色。旧令尹之政，必以告新令尹。何如？"子曰，"忠矣。"曰，"仁矣乎？"曰，"未知；焉得仁？"

"崔子弑齐君，陈文子有马十乘，弃而违之。至于他邦，则曰，'犹吾大夫崔子也'。违之。之一邦，则又曰，'犹吾大

夫崔子也.' 违之。何如?" 子曰, "清矣。" 曰, "仁矣乎?"
曰, "未知, 焉得仁?"

●日本語読み

子張問うて曰く、令尹子文、三たび仕えて令尹と為れども、喜ぶ色なし。三たびこれを已めらるとも、慍れる色なし。旧令尹の政、必ず以て新令尹に告ぐ。如何。子曰く、忠なり。曰く、仁なりや。曰く、未だ知ならず、焉んぞ仁なることを得ん。崔子、斉の君を弑す。陳文子、馬十乗あり、棄ててこれを違る。他邦に至りて則ち曰く、猶吾が大夫崔子がごときなりと。これを違る。一邦に至りて、則ち又曰く、猶吾が大夫崔子がごときなりと。これを違る。如何。子曰く、清し。曰く、仁なりや。曰く、未だ知ならず、焉んぞ仁なることを得ん。

●日本語訳

子張が尋ねた。「楚の国の子文は三度宰相として仕えても、喜ぶようすはありませんでした。三度罷免されても、不平の色を現しませんでした。毎回彼は政務一切を後任者に引き継いだと言います。このような人物は如何でしょうか?」。孔子が言われた。「仕事にまじめで忠義を尽くしていると言える!」。子張がさらに尋ねた。「仁ではありませんか?」。孔子が言われた。「分からない、どうして仁と言えようか?」

子張がまた尋ねた。「崔杼が主君である斉の荘公を殺した時、陳文子には馬40頭分の領地がありましたが、それを棄てて斉の国を離れ、他国に行きましたが、『ここの為政者も自分の国の崔杼と同じだ』と言って、別の国に行き、また『ここの為政者も自分の国の崔杼と同じだ』と言って立ち去ったと言います。この人物は如何でしょうか?」。孔子が言われた。「清廉だね」。子張がさらに尋ねた。「仁と言えるでしょうか?」。孔子が言われた。

「分からない、これが仁と言えるだろうか？」

●中国語訳

子张问道，"楚国的子文三次出任宰相，并未喜形于色。三次被罢免，也无怨恨之色。每次他把一切政务全部告诉后任。这个人怎么样？"孔子说，"能尽职尽忠啊！"子张说，"能算得上仁吗？"孔子说，"不知道，这怎么能称得上仁呢？"子张说，"崔杼杀害了齐庄公，陈文子有马40匹，放弃不要，离开齐国，来到他国，说'这里的执政者如同我国的大夫崔杼'，就又离开了。来到另一个国家，又说'这里的执政者如同我国的大夫崔杼'，就又离开了。这个人怎么样啊？"孔子说，"清白。"子张说，"能算得上仁吗？"孔子说，"不知道，这怎么能算得上仁呢？"

●英語訳

Zi-zhang asked, "Prime Minster Zi-wen was thrice appointed prime minister and never showed any sign of joy. He was thrice dismissed and never showed any sign of resentment. The old prime minister's government decrees he always imparted to the new prime minister. What do you think of him?"

The Master said, "Loyal indeed."

Zi-zhang said, "Was he humane?"

The Master said, "I do not know. But how could he be considered humane?"

"The Viscount of Cui having assassinated the prince of Qi, Chen Wen-zi, who possessed ten teams of horses, abandoned them and left the state. On arriving in another, he said, 'They are just like our minister the Viscount of Cui.' Having left that state and arriving in a third, he again said, 'They are just like our minister the Viscount of Cui.' And again left it. What do you think of him?"

The Master said, "Pure indeed."

Zi-zhang said, "Was he humane?"

The Master said, "I do not know. But how could he be considered humane."

― 原文 5-20 ―

季文子三思而后行。子闻之，曰，"再，斯可矣。"

●日本語読み

季文子、三たび思いて而る後に行う。子、これを聞きて曰く、再びせば斯れ可なり。

●日本語訳

季文子は何度も考えてから実行したことを、孔子が後に聞かれて言われた。「二回考えれば十分だよ」

●中国語訳

季文子每件事都要再三考虑之后才行动。孔子听到后，说，"考虑两次就够了。"

●英語訳

Ji Wen-zi contemplated thrice before acting. The Master, on hearing this, said, "Twice was enough."

― 原文 5-21 ―

子曰，"甯武子，邦有道，则知;邦无道，则愚。其知可及也，其愚不可及也。"

●日本語読み

子曰く、甯武子、邦に道あれば則ち知、邦に道なければ則ち愚。其の知は及ぶべきなり、其の愚は及ぶべからざるなり。

●日本語訳

孔子がおっしゃった。

「甯武子と言う人は、国が太平の時はその聡明さと才智を発揮し、国が乱れている時は愚鈍のふりをする。彼の聡明さは他人も真似られるが、愚鈍さはとても真似られない」

●中国語訳

孔子说，"甯武子这个人，国家太平时，显露其聪明才智，国家昏

暗无道时，便佯装愚笨。他的聪明，别人能做得到，他的愚笨，别人却做不到了。"

●英語訳

The Master said, "Ning Wu-zi — when the state possessed the Way, he was wise; when the state lost the Way, he was stupid. His wisdom can be emulated, but his stupidity cannot be emulated."

― 原文 5-22 ―

子在陈，曰，"归与！归与！吾党之小子狂简，斐然成章，不知所以裁之。"

●日本語読み

子、陳に有りて曰く、帰らんか、帰らんか。吾が党の小子、狂簡、斐然として章を成す。これを裁する所以を知らざるなり。

●日本語訳

孔子が陳の国で言われた。「もう帰ろう！帰ろう！私が魯の国に残してきた弟子たちは大志を抱き進取の精神が旺盛で、文にも優れているが、どのようにして自らを正すかを知らないのだ！」

●中国語訳

孔子在陈国，说，"回去吧！回去吧！我留在鲁国的弟子们志大而富有进取心，道德文章，又都斐然可观，只是不知道如何裁度矫正自己哩！"

●英語訳

The Master, when in Chen, said, "Let us go home! Let us go home! Our young people at home are high-minded, simple, and endowed with brilliant talents. They do not know how to cut them."

― 原文 5-23 ―

子曰，"伯夷、叔齐不念旧恶，怨是用希。"

●日本語読み

子曰く、伯夷・叔斉、旧悪を念わず、怨み是を用て希なり。

●日本語訳

孔子がおっしゃった。

「伯夷・叔斉兄弟は過去の憎しみをいつまでも心に留めはしなかった。そのためこの世で怨恨など抱くことは稀だった」

●中国語訳

孔子说，"伯夷、叔齐两兄弟不记前嫌，所以怨恨他们的人也就少了。"

●英語訳

The Master said, "Bo-yi and Shu-qi never bore old grudges, resentment was therefore little."

── 原文 5-24 ──

子曰，"孰谓微生高直？或乞醯焉，乞诸其邻而与之。"

●日本語読み

子曰く、孰か微生高を直なりと謂う。或るひと醯を乞う。諸れを其の隣に乞いてこれを与う。

●日本語訳

孔子がおっしゃった。

「誰が微生高のような人間を正直をだと言ったのだろうか？ある人が彼に酢を借りに来た時、彼はないと言って、隣の家から借りて与えたと言うのに」

●中国語訳

孔子说，"谁说微生高这人直爽呢？有人向他借点儿醋，他说没有，转而向邻居那儿借来给人家。"

●英語訳

The Master said, "Who said Wei-sheng Gao was straightforward? When someone begged some vinegar of him, he begged some of his neighbor and gave it to the man."

― 原文 5-25 ―

子曰、"巧言、令色、足恭、左丘明耻之、丘亦耻之。匿怨
而友其人、左丘明耻之、丘亦耻之。"

●日本語読み

子曰く、巧言、令色、足恭なるは、左丘明これを恥ず、丘も亦
これを恥ず。怨みを匿して其の人を友とするは、左丘明これを
恥ず、丘も亦これを恥ず。

●日本語訳

孔子がおっしゃった。

「美辞麗句を並べる、顔色をうまくつくろう、控え目すぎる、と
言った態度を左丘明は恥としたが、私も恥とする。怨恨を隠して
表面上友好的に付き合うのを、左丘明は恥としたが、私も恥とす
る」

●中国語訳

孔子说，"花言巧语、和颜悦色、屈膝卑恭，这种态度，左丘明认
为可耻，我也认为可耻。隐匿怨恨而佯装友好，左丘明认为可耻，
我也觉得可耻。"

●英語訳

The Master said, "Sweet words, a pleasing countenance, and
excessive respectfulness — Zuo-qiu Ming deems it shameful; I also
deem it shameful. To conceal one's resentment against a person and
befriend him — Zuo-qiu Ming deems it shameful; I also deem it
shameful."

― 原文 5-26 ―

顔淵、季路侍。子曰，"盍各言尔志？"子路曰，"愿车马、衣裘与朋友共，敝之而无憾。"颜渊曰，"愿无伐善，无施劳。"子路曰，"愿闻子之志。"子曰，"老者安之，朋友信之，少者怀之。"

●日本語読み

顔淵・季路侍す。子曰く、盍ぞ各々爾の志を言わざる。子路曰く、願わくは車馬衣裘、朋友と共にし、これを敝るとも憾み無けん。顔淵曰く、願わくは善に伐ること無く、労を施すこと無けん。子路曰く、願わくは子の志を聞かん。子曰く、老者はこれを安んじ、朋友はこれを信じ、少者はこれを懐けん。

●日本語訳

顔回と子路が孔子のおそばにいた時、孔子が言われた。「どうだ、それぞれ自分の志すところを語ってみないか」。子路が言った。「車馬や衣服を友だちと共同で使い、傷んでも怨まないようになりたいものです」。顔回が言った。「自分の長所をひけらかしたり、自分の功績を言いふらしたりすることのないようにしたいものです」。子路が尋ねた。「どうか先生のお志をお聞かせください」。孔子が言われた。「年寄りからは安心され、友だちからは信頼され、若者からは慕われるようになりたいものだ」

●中国語訳

颜回和子路侍立在孔子身边。孔子说，"何不各自谈谈自己的志向。"子路说，"我愿把车马、衣裘与朋友共享，用坏了也不抱怨。"颜回说，"我希望不夸耀长处，不表白自己的功劳。"子路说，"愿听听老师的志向。"孔子曰，"使老年人得到安乐，使朋友得到信任，使年轻人受到关怀。"

●英語訳

When Yan Yuan and Zi-lu were in attendance, the Master said, "Why do you not each speak your aspirations?"

Zi-lu said, "I wish to share my carriage, horse, clothes, and furs with my friends and wear them out without regret."

Yan Yuan said, "I wish never to brag about my merits, nor to parade my achievements."

Zi-lu said, "We should like to hear your aspirations, sir."

The Master said, "I wish to comfort the old, be truthful to friends, and cherish the young."

── 原文 5-27 ──

子曰、"已矣乎，吾未见能见其过而内自讼者也。"

●日本語読み

子曰く、已んぬるかな。吾未だ能く其の過ちを見て内に自ら訟むる者を見ざるなり。

●日本語訳

孔子がおっしゃった。

「残念なことだ！私は自らの過ちを見つけて心から自分を責める者に出会ったことがない」

●中国語訳

孔子说，"算了吧！我从未见过能发现自己的过失而在内心自责的人。"

●英語訳

The Master said, "Oh, it is all over! I have never seen anyone who can, on seeing his own fault, inwardly reprove himself."

── 原文 5-28 ──

子曰、"十室之邑，必有忠信如丘焉，不如丘之好学也。"

●日本語読み

子曰く、十室の邑、必ず忠信、丘が如き者あらん。丘の学を好む

に如かざるなり。

●日本語訳

孔子がおっしゃった。

「わずか十戸足らずの小村の中にも、必ず私に劣らないような温厚で誠実な人はいるだろう。しかし、私ほど学問を好む者はいないだろう」

●中国語訳

孔子说，"即使在一个仅有十户人家的小村子里，也一定有象我这样忠厚信实的人，只是不如我喜欢学习罢了。"

●英語訳

The Master said, "Even a ten-household hamlet must have wholeheartedly sincere and truthful people like me, maybe not as fond of learning as I am."

【雍也第六】

Yōya-dairoku

雍也第六

── 原文 6-1 ──

子曰，“雍也可使南面。”

●日本語読み

子曰く、雍や南面せしむべし。

●日本語訳

孔子がおっしゃった。

「冉雍は、一国を治めさせてもよい男だよ」

●中国語訳

孔子说，“冉雍这个人，可让他治理一国。”

●英語訳

The Master said, "Yong could be made to sit facing due south."

── 原文 6-2 ──

仲弓问子桑伯子。子曰，“可也简。”仲弓曰，“居敬而行简，以临其民，不亦可乎？居简而行简，无乃大简乎？”子曰，“雍之言然。”

●日本語読み

仲弓、子桑伯を問う。子曰く、可なり、簡なり。仲弓曰く、敬に居て簡を行い、以て其の民に臨まば、亦可ならずや。簡に居て簡を行う、乃ち大簡なること無からんや。子曰く、雍の言、然り。

●日本語訳

仲弓が子桑伯子と言う人物について尋ねると、孔子が言われた。「よい人物だ。大まかでこせこせしない」。仲弓がさらに尋ねた。「おのれを治するのに慎み深く事を行うにあたっては寛大、というやり方で人民を管理するのは、よいのでしょうか？しかし、他

人に対して寛大で、自分にも寛大であるなら、これは無責任なのではありませんか？」。孔子が言われた。「お前の言う通りだよ」

●中国語訳

仲弓询问子桑伯子其人。孔子说，"处事简要。"仲弓说，"居心庄重而处事简约，以此来管理其民众，不也可以吗？态度马虎而处事简约，不是太简单了吗？"孔子说，"你说的对。"

●英語訳

When Zhong-gong asked about Zi-sang Bo-zi, the Master said, "He is commendable for being simple."

Zhong-gong said, "To conduct himself with reverence and discharge his duties with simplicity in presiding over the people is commendable, is it not? However, to conduct himself with simplicity and discharge his duties with simplicity, is it not overly simple?" The Master said, "Yong, you remarks are correct."

― 原文 6-3 ―

哀公问，"弟子孰为好学？"孔子对曰，"有颜回者好学，不迁怒，不贰过。不幸短命死矣。今也则亡，未闻好学者也。"

●日本語読み

哀公問う、弟子、孰か学を好むと為す。孔子対えて曰く、顔回なる者あり、学を好む。怒りを遷さず、過ちを弐びせず。不幸、短命にして死せり。今や則ち亡し。未だ学を好む者を聞かざるなり。

●日本語訳

魯の哀公が尋ねた。「お弟子さんの中で誰が学問好きですか？」。孔子が答えて言われた。「顔回と言う者が学問好きで、人に八つ当たりせず、同じ過ちを犯すことはありませんでしたが、不幸にして短命で早世してしまい、今ではこのような者はおりません。以来真に学問を好む者がいるということは聞いておりません」

●中国語訳

鲁哀公问道，"门徒中哪个好学？"孔子答道，"有个叫颜回的好学，不迁怒于人，不重犯过错，不幸短命早逝。现今没有这样的人了，未听说谁最好学。"

●英語訳

Duke Ai asked, "Which of your disciples loves learning?"
The Master replied, "There was one Yan Hui, who loved learning. He never raised his anger or repeated a mistake. Unfortunately, he died young. Now there is none. I have not heard of any who loves learning."

─── 原文 6-4 ───

子华使于齐，冉子为其母请粟。子曰，"与之釜。"请益。曰，"与之庾。"冉子与之粟五秉。子曰，"赤之适齐也，乘肥马，衣轻裘。吾闻之也，君子周急不继富。"

●日本語読み

子華、斉に使いす。冉子、其の母の為に粟を請う。子曰く、これに釜を与えよ。益さんことを請う。曰く、これに庾を与えよ。冉子、これに粟五秉を与う。子曰く、赤の斉に適くや、肥馬に乗りて軽裘を衣たり。吾これを聞く、君子は急を周うて富めるに継がずと。

●日本語訳

公西華が斉の国へ使者として遣わされた時、冉有が彼の母のために孔子に粟を与えてほしいと願い出た。孔子が言われた。「六斗四升を与えよう」。冉有はもっと増やしてほしいと言った。孔子が言われた。「さらに二斗四升を与えよう」。冉有は少ないと言って八十石を与えた。孔子が言われた。「公西華が斉の国に旅立った時は、立派な馬や御者つきの豪華な車に乗り、軽く柔らかい毛皮を着ていた。人も言うように、君子は困っている者は助けるが

金持ちなどをさらに肥やすものではない」

● 中国語訳

公西华出使齐国，冉有替他母亲向孔子请求补助些小米。孔子说，"给他六斗四升。"冉有要求多给些。孔子说，"再给他二斗四升"冉有却给了他八十石米。孔子说，"公西华去齐国，乘坐壮马驾驶的豪华车辆，穿着轻柔暖和的皮袍。我听说，君子济贫不济富。"

● 英語訳

When Zi-hua was dispatched as an envoy to Qi, Master Ran, on behalf of his mother, requested some millet. The Master said, "Give him a *fu*." When requested to add some, the Master said, "Give him a *yu*." Master Ran gave him five *bing* of millet. The Master said, "When Chi departed for Qi, he rode a fat horse and wore a soft fur robe. I hear it: 'The gentleman relieves the hard-pressed; he does not add to the rich.'"

── 原文 6-5 ──

原思为之宰，与之粟九百，辞。子曰，"毋，以与尔邻里乡党乎！"

● 日本語読み

原思、これが宰たり、これに粟九百を与う。辞す。子曰く、毋れ、以て爾が隣里郷党に与えんか。

● 日本語訳

原思が孔子の家の執事になった時、孔子は彼に粟九百斗を与えたが、原思は辞退して受け取らなかった。孔子が言われた。「遠慮することはない、お前の近所や同郷の人に分けてやればよいではないか」

● 中国語訳

原思担任孔子家的总管，孔子给他小米九百斗，原思推辞不收。孔子说，"别，拿去给你的邻里乡亲吧！"

雍也第六

●英語訳

When Yuan Si served as his magistrate, the Master gave him nine hundred millet. Yuan Si declined. The Master said, "Don't! Give it to your neighbors and country-men."

― 原文 6-6 ―

子謂仲弓, 曰, "犁牛之子騂且角, 雖欲勿用, 山川其舎諸?"

●日本語読み

子、仲弓を謂いて曰く、犁牛の子、騂くして且つ角あらば、用うること勿らんと欲すと雖も、山川其れ舎てんや。

●日本語訳

孔子が仲弓についてこう言われた。「たとえ耕作用の牛の子でも毛が赤く角が整っていれば、祭に用いようとしなくても、山川の神々がどうして見捨てることがあろうか?」

●中国語訳

孔子谈到仲弓时说, "耕牛的牛犊毛色纯赤而且牛角端正, 即使不想用于祭祀, 山川之神难道会放弃它吗? "

●英語訳

The Master, speaking about Zhong-gong, said, "A plough-ox's calf, with red hide and well-shaped horns — even though men might not want to use it, would the mountains and rivers abandon it?"

― 原文 6-7 ―

子曰, "回也, 其心三月不違仁, 其余則日月至焉而已矣。"

●日本語読み

子曰く、回や其の心三月仁に違わず。其の余は則ち日月に至るのみ。

●日本語訳

孔子がおっしゃった。

「顔回と言う人間は、心が三ヵ月もの間道徳に反することはないが、他の者は短いもので一日、長いものでも一ヵ月ももたない」

●中国語訳

孔子说，"颜回这个人啊，他的内心可以三个月不背离仁德，其他人少则一天，多则一月也就罢了。"

●英語訳

The Master said, "Hui is one whose heart, for three months on end, does not depart from humanity. The rest can only reach this once a day or once a month, that is all."

── 原文 6-8 ──

季康子问，"仲由可使从政也与？"子曰，"由也果，于从政乎何有？"曰，"赐也可使从政也与？""赐也达，于从政乎何有？"曰，"求也可使从政也与？"曰，"求也艺，于从政乎何有？"

●日本語読み

季康子、問う、仲由は政に従わしむべきか。子曰く、由や果、政に従うに於いてか何か有らん。曰く、賜は政に従わしむべきか。曰く、賜や達、政に従うに於いてか何か有らん。曰く、求は政に従わしむべきか。曰く、求や芸あり、政に従うに於いてか何か有らん。

●日本語訳

季康子が尋ねられた。「仲由は政治に従事させてもよいでしょうか？」。孔子が言われた。「仲由は決断力があり、政治に従事させて何の差し支えがありましょうか？」。季康子がさらに尋ねられた。「端木賜は政治に従事させてもよいでしょうか？」。孔子が言われた。「賜は何事にも通暁しており、政治に従事させて何の差し支えがありましょうか？」。季康子が最後に尋ねられた。「冉求は政治に従事させてもよいでしょうか？」。孔子が言われ

た。「冉求は才能が豊かです。政治に従事させて何の差し支えがありましょうか?」

●中国語訳

季康子问道, "能让仲由从政吗?"孔子说, "仲由刚毅决断, 从政有何不可呢?"季康子说, "能让端木赐从政吗?"孔子说, "赐通情达理, 从政有何不可呢?"季康子问道, "能让冉求从政吗?"孔子说, "冉求多才多艺, 从政有何不可呢?"

●英語訳

Ji Kang-zi asked, "Can Zhong You be engaged to conduct state affairs?"

The Master said, "You is resolute. In conducting state affairs, what difficulty does he have?"

Ji Kang-zi said, "Can Ci be engaged to conduct state affairs?"

The Master said, "Ci is perceptive. In conducting state affairs, what difficulty does he have?"

Ji Kang-zi said, "Can Qiu be engaged to conduct state affairs?"

The Master said, "Qiu is versatile. In conducting state affairs, what difficulty does he have?"

── 原文 6-9 ──

季氏使闵子骞为费宰。闵子骞曰, "善为我辞焉, 如有复我者, 则吾必在汶上矣。"

●日本語読み

季氏、閔子騫をして費の宰たらしむ。閔子騫曰く、善く我が為に辞せよ。如し我を復する者あらば、則ち吾は必ず汶の上に有らん。

●日本語訳

季氏が閔子騫を費の町の長官に任じようとした。閔子騫は使者に言った。「うまくお断りになってください。もし再び私を捜されるようでしたら、私は水辺りまで逃げ延びるでしょう」

●中国語訳

季氏让闵子骞当费邑的长官。闵子骞对使者说，"好好地为我推辞吧。如果再来召我，那我一定逃到汶水以北去了。"

●英語訳

When Ji Shi sent for Min Zi-qian to serve as magistrate of Fei, MinZi-qian said, "Tactfully apologize for me. If he sends for me again, I will surely be north of River Wen."

― 原文 6-10 ―

伯牛有疾，子問之，自牖執其手，曰，"亡之，命矣夫！斯人也而有斯疾也！斯人也而有斯疾也！"

●日本語読み

伯牛、疾あり。子、これを問う。牖より其の手を執りて曰く、これを亡ぼせり、命なるかな。斯の人にして斯の疾あること、斯の人にして斯の疾あること。

●日本語訳

冉伯牛が危篤になった時、孔子が見舞い、窓越しに彼の手を握ってこう嘆息して言われた。「こんなことがあってよいのか、これが運命なのか！このような人がこんな重病になるとは！これほどの人がこんな病気になるとは！」

●中国語訳

冉伯牛病势垂危，孔子前去慰问他，从窗口握着他的手叹道，"完了，真乃命里注定啊！是天命啊！这样的人却得了这样的重病！这样品德好的人却得了这样的重病！"

●英語訳

When Bo-niu was sick, the Master went to inquire after his disease and held his hand from outside the window.

The Master said, "We shall lose him. It is fated! Oh, that such a man should have contracted such a disease! Oh, that such a man should have contracted such a disease!"

― 原文 6-11 ―

子曰，"賢哉，回也！一箪食，一瓢飲，在陋巷，人不堪其憂，回也不改其樂。賢哉，回也！"

●日本語読み

子曰く、賢なるかな回や。一箪の食、一瓢の飲、陋巷に在り。人は其の憂いに堪えず、回や其の楽しみを改めず。賢なるかな回や。

●日本語訳

孔子がおっしゃった。

「偉い奴だ、顔回は！路地裏に住み、食事も一椀の飯に一杯の水といった簡素なものだ。ほかの者ならその辛さに耐えきれないところだが、顔回はそれを自ら楽しんでいる。どれほど修養を積んだことだろう」

●中国語訳

孔子说，"颜回品德真好呀！一箪饮食，一瓢饮水，住在一条陋巷里。别人禁受不住那种穷苦的忧愁，而颜回却自得其乐。颜回多么有修养呀！"

●英語訳

The Master said, "How worthy Hui is! Eating out of a bamboo container, drinking out of a gourd ladle, and living in a narrow shack — others would be utterly dejected, but Hui never alters his delight. How worthy Hui is!"

― 原文 6-12 ―

冉求曰，"非不説子之道，力不足也。"子曰，"力不足者，中道而廃，今女画。"

●日本語読み

冉求曰く、子の道を説ばざるには非ず、力足らざればなり。子

曰く、力足らざる者は中道にして廃す。今女は画れり。

●日本語訳

冉求が言った。「私はあなたの学説を嫌うのではありませんが、私には力不足です」。孔子が言われた。「力が足りない者は、中途半端で止めてしまうものだ、今のお前は初めから見切りをつけているではないか」

●中国語訳

冉求说，"我并非不喜欢你的仁道，而是心有余而力不足。"孔子说，"能力不足者半途而废，现在你却划界自限，能进不动啊。"

●英語訳

Ran Qiu said, "Not that I do not like your Way, sir, but that my ability is insufficient."

The Master said, "Those whose ability is insufficient give up halfway. Now you have drawn a halting line."

― 原文 6-13 ―

子谓子夏曰，"女为君子儒，无为小人儒！"

●日本語読み

子、子夏に謂いて曰く、女、君子の儒と為れ。小人の儒と為ること無かれ。

●日本語訳

孔子が子夏に言われた。「お前は君子のような儒者にはなっても、小人のような儒者になってはならない」

●中国語訳

孔子对子夏说，"你要做君子式的儒者，不要做小人式的儒者。"

●英語訳

The Master said to Zi-xia, "You be a schlar after the style of the gentleman and not that of the small-man."

123　雍也第六

― 原文 6-14 ―

子游为武城宰。子曰,"女得人焉耳乎?"曰,"有澹台灭明者,行不由径, 非公事, 未尝至于偃之室也。"

●日本語読み

子游、武城の宰たり。子曰く、女、人を得たりや。曰く、澹台滅明なる者あり、行くに径に由らず、公事に非ざれば未だ嘗て偃の室に至らざるなり。

●日本語訳

子游が武城の町の県令を勤めている時、孔子が聞かれた。「お前はそこで人材を見つけたか?」。子游が答えて言った。「澹台滅明と言う者がおりました。道を行くのに小道を選ぶようなことはせず、公務がなければ絶対私の家を尋ねるようなことをしませんでした」

●中国語訳

子游当了武城邑的县令。孔子说,"你在那里发现了人才吗?"子游说,"有个叫澹台灭明的人, 行路不抄捷径, 非公事不来我处。"

●英語訳

When Zi-you served as Magistrate of Wu City, the Master said, "Have you found any good men?"

Zi-you said, "There is one Dan-tai Mie-ming, who, when walking, never takes a short cut and, except on official business, never comes to my house."

― 原文 6-15 ―

子曰,"孟之反不伐。奔而殿, 将入门, 策其马, 曰,'非敢后也, 马不进也。"

●日本語読み

子曰く、孟之反、伐らず。奔って殿たり。将に門に入らんとす。

其の馬に策って曰く、敢えて後れたるに非ず、馬進まざるなり。

●日本語訳

孔子がおっしゃった。

「孟之反は自分の功績を自慢しなかった。戦に敗れて撤退する時は隊の最後尾について援護し、城門をくぐる時は、自らの馬に鞭打って『わしはあえてしんがりを務めたのではない、馬が走ろうとしなかったのだ』と言った」

●中国語訳

孔子说，"孟之反不夸耀自己。他在败退时主动殿后掩护，快入城门时，鞭打着自己的马说，'不是我胆敢断后，是马不肯走。"

●英語訳

The Master said, "Meng Zhi-fan never brags. In a rout, he brought up the rear. About to enter the city gate, he whipped his horse, saying, 'Not that I dared to bring up the rear, but that my horse refused to make headway.' "

── 原文 6-16 ──

子曰，"不有祝鮀之佞，而有宋朝之美，难乎免于今之世矣。"

●日本語読み

子曰く、祝鮀の佞あらずして宋朝の美あるは、難いかな、今の世に免れんこと。

●日本語訳

孔子がおっしゃった。

「祝鮀のような弁舌もなく、ただ宋朝の美男子のように見栄えがいいだけでは、今の世の中で災いを避けて通れない」

●中国語訳

孔子说，"没有祝鮀的口才，仅有宋朝的美貌，要想避免当今世上的灾祸就难了。"

●英語訳

The Master said, "He who possesses neither Zhu Tuo's eloquence nor Song Chao's good looks will find it difficult to be immune from the perils of today's world."

── 原文 6-17 ──

子曰、"谁能出不由户? 何莫由斯道也?"

●日本語読み

子曰く、誰か能く出ずるに戸に由らざらん。何ぞ斯の道に由ること莫きや。

●日本語訳

孔子がおっしゃった。

「誰が戸口を通らないで出入りできると言うのだ？どうして誰もこの仁の道に従わないのか？」

●中国語訳

孔子说，"谁能进出房屋而不经由门户？为什么没人行经仁之大道呢？"

●英語訳

The Master said, "Who can go out without passing through the doorway? How is it that no one will follow this Way?"

── 原文 6-18 ──

子曰、"质胜文则野，文胜质则史。文质彬彬，然后君子。"

●日本語読み

子曰く、質、文に勝てば則ち野。文、質に勝てば則ち史。文質彬彬として然る後に君子なり。

●日本語訳

孔子がおっしゃった。

「素朴さが技巧に優れば泥臭く、技巧が素朴さに優れば軽薄であ

る。技巧・素朴さを兼備してこそ、初めて君子である」

●中国語訳

孔子说，"质朴胜于文彩就粗野，文彩胜于质朴就浮华。文彩，质朴兼备，才是君子。"

●英語訳

The Master said, "When simplicity surpasses refinement, one is arustic; when refinement surpasses simplicity, one is a scribe. Only when refinement and simplicity are well blended can one become a gentleman."

― 原文 6-19 ―

子曰、"人之生也直，罔之生也幸而免。"

●日本語読み

子曰く、人の生くるは直し。これを罔いて生くるは、幸にして免る。

●日本語訳

孔子がおっしゃった。

「人が生きてゆくには正直であるべきで、不正直な人が生きているのは幸いにも災難を免れたためである」

●中国語訳

孔子说，"人能生存、成长在于正直、有德；歪门邪道的人活着，不过是侥幸免于祸患罢了。"

●英語訳

The Master said, "That man lives owes to uprightness; that a crooked man lives with impunity owes to sheer luck."

― 原文 6-20 ―

子曰，"知之者不如好之者，好之者不如乐之者。"

●日本語読み

子曰く、これを知る者はこれを好む者に如かず。これを好む者は
これを楽しむ者に如かず。

●日本語訳

孔子がおっしゃった。

「ただ知っているだけの人はそれを好む人に及ばず、ただ好むだ
けの人はそれを楽しんでいる人に及ばない」

●中国語訳

孔子说，"对任何事，求知的人不如喜爱的人，喜爱的人不如自得
其乐的人。"

●英語訳

The Master said, "Those who know it are not comparable to those
who love it; those who love it are not comparable to those who
delight in it."

― 原文 6-21 ―

子曰，"中人以上，可以语上也；中人以下，不可以语上也。"

●日本語読み

子曰く、中人以上には、以て上を語ぐべきなり。中人以下には、
以て上を語ぐべからざるなり。

●日本語訳

孔子がおっしゃった。

「中級の水準以上の人は高邁な道理を話してもよいが、中級以下
の人はこのような道理を話しても仕方がない」

●中国語訳

孔子说，"中等水平以上的人可以谈论高深的道理，中等水平以下

的人不可以告诉高深的道理。"

●英語訳

The Master said, "To people above average, one can impart higher things; to people average, one cannot impart higher things."

― 原文 6-22 ―

樊迟问知。子曰，"务民之义，敬鬼神而远之，可谓知矣。"
问仁。曰，"仁者先难后获，可谓仁矣。"

●日本語読み

樊遅、知を問う。子曰く、民の義を務め、鬼神を敬してこれを遠ざく、知と謂うべし。仁を問う。曰く、仁者は難きを先にして獲るを後にす、仁と謂うべし。

●日本語訳

樊遅が明知とはどのようなことかについて尋ねたところ、孔子が答えて言われた。「人民のためになすべき正しいことに務め、神霊に対しては敬うことはあっても、それを遠ざければ、それこそ明知と言えるのである」。さらに仁とはどのようなものかについて尋ねた。孔子が言われた。「仁徳のある者は苦労は前にし、成果は後にする、これこそ仁と言えるのである」

●中国語訳

樊迟询问怎样才算明智。孔子说，"尽心尽力引导人民走上正道，尊敬鬼神却远离它，就算是明智了。"
又问，怎样才算仁。孔子说，"有仁德的人吃苦在前，收获在后，这可以说是仁人了。"

●英語訳

When Fan Chi asked about wisdom, the Master said, "To apply oneself to the duties of man and, while revering the spirits and gods, to keep away from them — this may be called wisdom."
When he asked about humanity, the Master said, "A man of

humanity places hard work before reward. This may be called humanity."

── 原文 6-23 ──

子曰，"知者乐水，仁者乐山；知者动，仁者静。知者乐，仁者寿。"

●日本語読み

子曰く、知者は水を楽しみ、仁者は山を楽しむ。知者は動き、仁者は静かなり。知者は楽しみ、仁者は寿し。

●日本語訳

孔子がおっしゃった。

「聡明な人は水を愛し、仁徳のある人は山を愛し、聡明な人は動を好み、仁徳のある人は静を好み、聡明な人は楽しみ、仁徳のある人は長寿である」

●中国語訳

孔子说，"聪明的人爱水，仁德的人爱山；聪明的人好动，仁德的人好静；聪明的人快乐，仁德的人长寿。"

●英語訳

The Master said, "The man of wisdom delights in water; the man of humanity delights in mountains. The man of wisdom is active; the man of humanity is still. The man of wisdom is happy; the man of humanity is long-lived."

── 原文 6-24 ──

子曰，"齐一变，至于鲁；鲁一变，至于道。"

●日本語読み

子曰く、斉、一変せば魯に至らん。魯、一変せば道に至らん。

●日本語訳

孔子がおっしゃった。

「斉の国が変革されれば、魯の国の水準に達し、魯の国が改革さ

れれば、王道に至るだろう」

●中国語訳

孔子说，"齐国一经变革，就达到鲁国的水平，鲁国一经变革，就能走上仁义的大道。"

●英語訳

The Master said, "Qi, once transformed, would reach the state of Lu; Lu, once transformed, would reach the Way."

― 原文 6-25 ―

子曰，"觚不觚，觚哉! 觚哉! "

●日本語読み

子曰く、觚、觚ならず。觚ならんや、觚ならんや。

●日本語訳

孔子がおっしゃった。

「觚の杯が觚のようでなくなってしまった、これでも觚なのか? それでも觚と呼べるのか?」

●中国語訳

孔子说，"觚不像觚，这还算觚吗? 还能称其觚吗? "

●英語訳

The Master said, "A *gu* is no longer a *gu*! Is this a *gu*? Is this a *gu*?"

― 原文 6-26 ―

宰我問曰，"仁者，雖告之曰，'井有仁焉。'其從之也? "子曰，"何為其然也? 君子可逝也，不可陷也；可欺也，不可罔也。"

●日本語読み

宰我、問うて曰く、仁者はこれに告げて、井に仁ありと曰うと雖も、其れこれに従わんや。子曰く、なんすれぞ其れ然らん。君子は逝かしむべきも、陥るべからざるなり。欺くべきも、罔うべからざるなり。

131　雍也第六

●日本語訳

宰予が尋ねた。「もし仁者に『井戸の中に人が落ちた！』と知らせたら、彼は井戸に飛び込みましょうか？」。孔子が言われた。「どうしてそんなことがあろうか？君子は人を助けに行けても、自ら落ちることはできない。彼を騙すことはできても、彼を迷わせることはできない」

●中国語訳

宰予问道，"假如告诉仁人说，'井里掉进人啦！'他会跳下去吗？"孔子说，"为什么会那样呢？君子会去救人，却不会自己陷进去；可以欺骗他，却不可以愚弄他。"

●英語訳

Zai Wo asked, "A humane man — if someone should tell him that there is a man in the well, would he follow him into it?" The Master said, "Why should he do so?

The gentleman might be made to rush over but could not be made to jump in. He might be deceived but could not be duped."

―― 原文 6-27 ――

子曰，"君子博学于文，约之以礼，亦可以弗畔矣夫！"

●日本語読み

子曰く、君子、博く文を学びて、これを約するに礼を以てせば、亦以て畔かざるべきか。

●日本語訳

孔子がおっしゃった。

「君子は広く学んで教養を深め、礼によって自らを律すれば、道を踏み外すことはないだろう」

●中国語訳

孔子说，"君子广泛地学习并加强修养，用礼仪来制约自己，也就不会离经叛道了。"

●英語訳

The Master said, "A gentleman who is extensively learned in culture and restrains himself with the rituals is not likely to betray."

── 原文 6-28 ──

子见南子，子路不说。夫子矢之曰，"予所否者，天厌之! 天厌之！"

●日本語読み

子、南子を見る。子路説ばず。夫子これに矢って曰く、予否き所の者は、天これを厭たん、天これを厭たん。

●日本語訳

孔子が南子（衛の霊公の夫人で、評判の悪い女性）に会われたので、子路は機嫌が悪かった。孔子は誓って言われた。「もし私に良くない行為があったら、天よ私を見捨ててください！どうか見捨ててください！」

●中国語訳

孔子去见南子（卫灵公夫人，名声不好），子路不高兴，孔子发誓说，"如若我有失礼的行为，上天会弃绝我的！上天会弃绝我的！"

●英語訳

When the Master had an audience with Nan-zi, Zi-lu was displeased. The Master, swearing to him, said, "If I have done anything improper, may Heaven forsake me! May Heaven forsake me!"

── 原文 6-29 ──

子曰，"中庸之为德也，其至矣乎! 民鲜久矣。"

●日本語読み

子曰く、中庸の徳たるや、其れ至れるかな。民鮮なきこと久し。

●日本語訳

孔子がおっしゃった。

「中庸は道徳の規範として、最高至上である。しかし人々がこのような美徳を欠くようになって久しい」

●中国語訳

孔子说，"中庸作为一种道德准则，是至高无上的，人们已经很久缺乏这种美德了。"

●英語訳

The Master said, "The constant mean as a virtue is sublime indeed! The people have been unable to practice it for a long time!"

── 原文 6-30 ──

子贡曰，"如有博施于民而能济众，何如？可谓仁乎？"子曰，"何事于仁，必也圣乎！尧、舜其犹病诸！夫仁者，己欲立而立人，己欲达而达人。能近取譬，可谓仁之方也已。"

●日本語読み

子貢曰く、如し能く博く民に施して能く衆を済わば、如何。仁と謂うべきか。子曰く、何ぞ仁を事とせん。必ずや聖か。堯舜も其れ猶諸れを病めり。夫れ仁者は己立たんと欲して人を立て、己達せんと欲して人を達す。能く近く取りて譬う。仁の方と謂うべきのみ。

●日本語訳

子貢が尋ねた。「もし君主が広く人民に恩恵を施し人民を救済できたら、如何でしょうか？仁と呼べるでしょうか？」。孔子が答えて言われた。「仁どころか、それは聖人だよ！堯や舜でも多分そこまで至らなかっただろう！仁者とは、自分が身を立てたいと思えば他人を立ててやり、自分が栄達したいと思えば他人を栄達させるものだよ。我が身にかんがみて他人を思いやるのが、仁者の道を行う方法と言えるのだ」

●中国語訳

子贡说，"如果有人能广泛施惠于民并且能普救众生，怎么样啊？能称为仁人吗？"孔子说，"岂止是仁人，肯定是圣人了！尧、舜大概还做不到呢！作为仁人，自己要立身从而使他人立身，自己要通达从而使他人通达。能近取己身，远比他身，为他人着想，这可以说是推行仁爱的最好方法了。"

●英語訳

Zi-gong said, "If there is someone who can give extensively to the people and relieve the multitudes, what do you think of him? Can he be called a man of humanity?"

The Master said, "Far more than a man of humanity. He must be as age! Even Yao and Shun found it difficult. For a man of humanity is one who, wishing to establish himself, helps others to establish themselves and who, wishing to gain perception, helps others to gain perception. He is able to take himself as an example. This maybe called the approach to humanity."

雍也第六

【述而第七】

Jutsuji-daishichi

述而第七

― 原文 7-1 ―

子曰，"述而不作，信而好古，窃比于我老彭。"

●日本語読み

子曰く、述べて作らず、信じて古を好む。窃かに我が老彭に比す。

●日本語訳

孔子がおっしゃった。

「私は述べ伝えるだけで創作はせず、伝統文化を篤く信じて愛し、ひそかに自分と老彭先生と比べているのだよ」

●中国語訳

孔子说，"只阐述而不创作，笃信并爱好文化古典，我私下把自己比作老彭。"

●英語訳

The Master said, "I transmit and do not create. I believe in and love antiquity, secretly comparing myself to our Lao Peng."

― 原文 7-2 ―

子曰，"默而识之，学而不厌，诲人不倦，何有于我哉？"

●日本語読み

子曰く、黙してこれを識し、学びて厭わず、人を誨えて倦まず。何か我に有らんや。

●日本語訳

孔子がおっしゃった。

「黙って理解し、苦労して学んでもいつまでも満足せず、人を教えても厭になることはない。私にできるのはこのくらいであろうか」

●中国語訳

孔子说，"默记而悟想，刻苦学习永不满足，教导他人不厌其倦，我所能做到的也不过这些罢了。"

●英語訳

The Master said, "To understand silently, learn insatiably, and instruct others indefatigably — what difficulty do they present to me?"

― 原文 7-3 ―

子曰，"德而不修，学之不讲，闻义不能徒，不善不能改，是吾忧也。"

●日本語読み

子曰く、徳の修めざる、学の講ぜざる、義を聞きて徒る能わざる、不善の改むる能わざる、是れ吾が憂いなり。

●日本語訳

孔子がおっしゃった。

「道徳の修養が足りないのではないか、学問の精進ができていないのではないか、正義を知っても実践できないのではないか、欠点があってもそれを改められないのではないか、これが私自身の心配するところである」

●中国語訳

孔子说，"道德不去修养，学问不去讲求，知晓道义不去实践，有缺点不能改正，这些是我所担忧的。

●英語訳

The Master said, "Virtue uncultivated, learning undiscussed, the inability to move toward righteousness after hearing it, and the inability to correct my imperfections — these are my anxieties."

― 原文 7-4 ―

子之燕居，申申如也，夭夭如也。

●日本語読み

子の燕居、申申如たり、夭夭如たり。

●日本語訳

孔子は家で寛いでいる時は、のびのびとして、にこやかにしていた。

●中国語訳

孔子闲居时，仪态舒缓，神色和悦。

●英語訳

When the Master was at leisure, he looked tidy and relaxed.

― 原文 7-5 ―

子曰，"甚矣吾衰也！久矣吾不复梦见周公！"

●日本語読み

子曰く、甚だしいかな、吾が衰えたるや。久し、吾復た夢に周公を見ず。

●日本語訳

孔子がおっしゃった。

「ああ、私もずいぶん衰えたものだ！長いこと夢の中で周公を見ることもなくなった」

●中国語訳

孔子说，"我衰老得多么厉害啊！我很久很久没有再梦见过周公了。"

●英語訳

The Master said, "How utterly I have declined! Long indeed since I last dreamt of seeing Duke of Zhou."

─── 原文 7-6 ───

子曰，"志于道，据于德，依于仁，游于艺。"

●日本語読み

子曰く、道に志し、徳に拠り、仁に依り、芸に游ぶ。

●日本語訳

孔子がおっしゃった。

「道に志をたて、徳を遵守し、仁にのっとり、六芸を楽しんで学ぶものだ」

●中国語訳

孔子说，"立志于道，据守于德，归本于仁，游学于六艺。"

●英語訳

The Master said, "Aspire after the Way; adhere to virtue; rely on humanity; ramble among the arts."

─── 原文 7-7 ───

子曰，"自行束脩以上，吾未尝无诲焉。"

●日本語読み

子曰く、束脩を行うより以上は、吾未だ嘗て誨うること無くんばあらず。

●日本語訳

孔子がおっしゃった。

「志を持って学問を求め、自発的に一束の乾肉を薄謝として持って弟子入りの礼をとった者に対して、私はこれまで教えなかったことはない」

●中国語訳

孔子说，"有心求学者，主动送来一束干肉作薄礼拜我为师，我没有不教诲他的。"

述而第七

●英語訳

The Master said, "To anyone who spontaneously came to me with a bundle of dried pork, I have never denied instruction."

― 原文 7-8 ―

子曰，"不憤不啓，不悱不発，挙一隅不以三隅反，則不復也。"

●日本語読み

子曰く、憤せずんば啓せず。悱せずんば発せず。一隅を挙げてこれに示し、三隅を以て反らざれば、則ち復たせざるなり。

●日本語訳

孔子がおっしゃった。

「じっくり考えても答えが出ずに苦しんでいるほどでないと啓発してやらず、言葉が口に出かかるほどでなければ教えない。一隅を示せば三隅で答えるほどでないと、繰り返すことはしない」

●中国語訳

孔子说，"不冥思苦想，我不去启迪；不郁积难言，我不去开导；你举一，他不能反三，那我就不要再教他了。"

●英語訳

The Master said, "No vexation, no enlightenment; no anxiety, no illumination. If I have brought up one corner and he does not return with the other three, I will not repeat."

― 原文 7-9 ―

子食于有喪者之側，未嘗飽也。子于是日哭，則不歌。

●日本語読み

子、喪ある者の側らに食すれば、未だ嘗て飽かざるなり。子、是の日に於いて哭すれば、則ち歌わず。

●日本語訳

孔子は喪に服している家で食事をとる時、満腹するまで食べるということはなかった。孔子は死者を弔って大声で泣く礼の日には、歌わなかった。

●中国語訳

孔子说在有丧事人家吃饭，从来没有吃饱过。孔子在这天哭吊过了，就不唱歌了。

●英語訳

When the Master dined beside a bereaved person, he never ate his fill. If the Master had wept on that day, he would not sing.

── 原文 7-10 ──

子谓颜渊曰，"用之则行，舍之则藏，惟我与尔有是夫！"子路曰，"子行三军，则谁与？"子曰，"暴虎冯河，死而无悔者，吾不与也。必也临事而惧，好谋而成者也。"

●日本語読み

子、顔淵に謂いて曰く、これを用うれば則ち行い、これを舎つれば則ち蔵る。唯我と爾と是れあるかな。子路曰く、子、三軍を行わば、則ち誰と与にせん。子曰く、暴虎馮河して死して悔いなき者は、吾与にせざるなり。必ずや事に臨みて懼れ、謀を好みて成さん者なり。

●日本語訳

孔子が顔回に言われた。「人は用いられれば官職に付き、用いられなければ隠居する。この修養ができるのは私とお前だけだろうな」。子路がこれを聞いて言った。「もし先生が三軍を統率されるなら、誰と一緒にされますか？」。孔子が言われた。「素手で虎を捕えたり、歩いて大河を渡ったり、死んでも平気と言うような者とは、私は一緒にならない。必ず慎重に事に臨み、策略に長けて達成する者なら一緒にやろう」

●中国語訳

孔子对颜回说，"有人举用就出仕，舍弃就退隐，唯有我和你能有这种修养。"子路说，"老师若统率三军，与谁同往呢？"孔子说，"空手搏虎、徒涉渡河，因此死而无悔的人，我不和他同往，必须是临事谨慎、善用计谋而成功的人。"

●英語訳

The Master said to Yan Hui, "When employed, to put it into practice; when unemployed, to keep it in store — perhaps only you and I are capable of this."

Zi-lu said, "Sir, if you were to command the three armies, whom would you have with you?"

The Master said, "He who wrestles a tiger bare-handed, or crosses a river bare-footed and dies without regret — I would not have him. It must be someone who, confronting a task, is apprehensive and who is good not only at making stratagems but also implementing them."

── 原文 7-11 ──

子曰，"富而可求也，虽执鞭之士，吾亦为之。如不可求，从吾所好。"

●日本語読み

子曰く、富にして求むべくんば、執鞭の士と雖も、吾亦これを為さん。如し求むべからずんば、吾が好む所に従わん。

●日本語訳

孔子がおっしゃった。

「富が求めて得られるものなら、身分の低い役人の仕事でもやろう。もし求めて得られないものなら、私は自分の好きな事をやろう」

●中国語訳

孔子说，"财富若能求得，即使是下贱的差事，我也会去做。如果不能求得，还是依我所好、自行其事。"

144　述而第七

●英語訳

The Master said, "If wealth and rank could be sought, be it a whip holder's office, I would take it. If it cannot be sought, I shall follow my liking."

── 原文 7-12 ──

子之所慎，齐、战、疾。

●日本語読み

子の慎む所は、斉、戦、疾。

●日本語訳

孔子が慎重に対応されるのは、斎戒・戦争・病気である。

●中国語訳

孔子所慎重对待的事是：斋戒、战争、疾病。

●英語訳

The things that the Master treated with discretion were: fasting, war, and sickness.

── 原文 7-13 ──

子在齐闻《韶》，三月不知肉味，曰，"不图为乐之至于斯也。"

●日本語読み

子、斉に在して韶を聞く。三月、肉の味を知らず。曰く、図らざりき、楽を為すことの斯に至らんとは。

●日本語訳

孔子は斉の国で『韶』の楽を聞かれ、三ヵ月もの間肉の味も分からないほど感動されて言われた。「音楽がこのような境地にまで到達させてくれるものとは思わなかった」

●中国語訳

孔子在齐国听到了《韶》乐，有三个月进食不知肉味，说，"想不到这乐曲竟达到了如此的境地。"

145　述而第七

●英語訳

When the Master was in Qi, he heard *The Succession*. For three moons, he could not tell the taste of pork, saying, "I never imagined that learning music could come to this!"

原文 7-14

冉有曰、"夫子为卫军乎？"子贡曰、"诺、吾将问之。"入、曰、"伯夷、叔齐何人也？"曰、"古之贤人也。"曰、"怨乎？"曰、"求仁而得仁、又何怨？"出、曰、"夫子不为也。"

●日本語読み

冉有曰く、夫子は衛の君を為けんか。子貢曰く、諾、吾将にこれを問わんとす。入りて曰く、伯夷・叔齊は何人ぞや。曰く、古の賢人なり。曰く、怨みたるか。曰く、仁を求めて仁を得たり。又何ぞ怨みん。出でて曰く、夫子は為けじ。

●日本語訳

冉有が言った。「先生は衛の君をお助けになられるだろうか？」。子貢が答えて言った。「よし、私が尋ねてみよう」。そこで孔子の部屋に入って尋ねた。「伯夷と叔齊はどのような人物でしょうか？」。孔子が答えて言われた。「いにしえの賢人だよ」。子貢がさらに尋ねた。「二人は怨みを抱きませんでしたか？」。孔子が言われた。「仁を求めて仁を得たのだ。どうして怨むことがあろうか？」。子貢は退出してから冉有に言った。「先生はお助けにはならないようだ」

●中国語訳

冉有说，"老师会帮助卫君吗？"子贡说，"是啊，我正想去问一下。"子贡进屋问道，"伯夷、叔齐是怎样的人呢？"孔子说，"古时候的贤人。"子贡说，"他们有怨悔吗？"孔子说，"谋求仁而得到了仁，有什么怨悔的呢？"子贡退出来，对冉有说，"老师不会帮助卫君。"

●英語訳

Ran You said, "Does the Master support the prince of Wei?"

Zi-gong said, "All right. I shall ask him."

On entering, he said, "What kind of men were Bo-yi and Shuqi?"

The Master said, " Worthy men of antiquity."

Zi-gong said, "Did they have any regrets?"

The Master said, "They sought humanity and attained humanity. What regrets did they have?"

On coming out, Zi-gong said, "The Master does not support him."

── 原文 7-15 ──

子曰、"饭疏食饮水，曲肱而枕之，乐亦在其中矣。不义而富且贵，于我如浮云。"

●日本語読み

子曰く、疏食を飯い水を飲み、肱を曲げてこれを枕とす。楽しみ亦其の中に在り。不義にして富み且つ貴きは、我に於いて浮雲の如し。

●日本語訳

孔子がおっしゃった。

「粗末な食事をし、水を飲んで、肘を枕に寝る、そこには気ままな楽しみがある。道からはずれた事をして富貴になったとしても、私には浮雲のように軽いものだよ」

●中国語訳

孔子说，"吃粗食、饮凉水，弯着胳膊当枕头，其中自有一番乐趣。以不义得来的富贵，对于我就如同浮云一般。"

●英語訳

The Master said, "Eating coarse food, drinking plain water, and bending one arm for a pillow — happiness also lies therein. Wealth and rank acquired through unrighteous means are to me like drifting clouds."

― 原文 7-16 ―

子曰、"加我数年，五十以学《易》，可以无大过矣。"

●日本語読み

子曰く、我に数年を加え、五十にして以て易を学べば、大なる過ち無かるべし。

●日本語訳

孔子がおっしゃった。

「私を数年生かして、五十歳まで『易』を学ばせてくれれば、大きな過ちを犯さないですむだろうに」

●中国語訳

孔子说，"让我多活几年，到五十岁得以研习《易》，就不至于犯大错误了。"

●英語訳

The Master said, "Lend me a few years so that at fifty, I may learn *Changes* and thereby be immune from gross errors."

― 原文 7-17 ―

子所雅言，《诗》、《书》、执礼，皆雅言也。

●日本語読み

子の雅言する所は、詩、書、執礼、皆雅言す。

●日本語訳

孔子が標準語で誦するのは、『詩経』と『書経』である。なお、礼を執行する間の言語も標準語であった。

●中国語訳

孔子有时好用雅言，读诗经和书经及赞礼时，这都是周室正音啊。

●英語訳

The Master followed the standard pronunciation in reciting poetry and history. In conducting the rituals, he invariably followed the standard pronunciation.

── 原文 7-18 ──

叶公问孔子于子路，子路不对。子曰，"女奚不曰，其为人也，发愤忘食，乐以忘忧，不知老之将至云尔。"

●日本語読み

葉公、孔子を子路に問う。子路対えず。子曰く、女奚ぞ曰ざる、其の人と為りや、憤りを発して食を忘れ、楽しみて以て憂いを忘れ、老いの将に至らんとするを知らざるのみと。

●日本語訳

葉公が子路に孔子の人となりを聞いたが、子路は答えなかった。孔子が子路に言われた。「お前はどうして言ってやらなかったのだね。あの男は夢中になると食べることも忘れ、興が乗ると心配事などどこ吹く風、老い先短いのにそれに気づかない、そんな人間だと」

●中国語訳

叶公向子路问孔子的为人，子路不回答。孔子对子路说，"你为什么不这样说，他的为人，发奋用起功来，便忘记吃饭，快乐便忘记忧愁，不知道衰老会到来，如此而已。"

●英語訳

When the Duke of She asked Zi-lu about the Master, Zi-lu did not reply.

The Master said, "Why did you not say: 'He is a man who, when absorbed, forgets his meals; when enraptured, forgets his anxiety, not even aware that old age is drawing near' and the like?"

― 原文 7-19 ―

子曰く、"我非生而知之者，好古，敏以求之者也。"

●日本語読み

子曰く、我は生まれながらにしてこれを知る者に非ず。古を好み、敏にして以てこれを求めたる者なり。

●日本語訳

孔子がおっしゃった。

「私は生まれながらに知識を持った天才ではない。いにしえの文化を愛し、一生懸命探究してきた者だ」

●中国語訳

孔子说，"我不是生来就有知识的天才，只是爱好古代文化、勤奋探求罢了。"

●英語訳

The Master said, "I am not one who knows it at birth, but one who loves antiquity and assiduously seeks it."

― 原文 7-20 ―

子不语怪、力、乱、神。

●日本語読み

子、怪、力、乱、神を語らず。

●日本語訳

孔子はこれまで、妖怪、奇談、暴力や喧嘩、背徳、神霊や迷信について語ったことはなかった。

●中国語訳

孔子从来不讲述妖魔怪异、暴力打斗、悖礼乱伦、鬼神迷信。

●英語訳

The Master would not discourse on mystery, force, rebellion, and deity.

― 原文 7-21 ―

子曰，"三人行，必有我師焉。択其善者而从之，其不善者而改之。"

●日本語読み

子曰く、我三人行えば必ず我が師を得。其の善き者を択びてこれに従う。其の善からざる者にしてこれを改む。

●日本語訳

孔子がおっしゃった。

「三人が連れだって行けば、必ず手本となる先生がいるものだ。その中に長所があれば積極的に学び、欠点があれば戒めとしてそれを改めるようにしている」

●中国語訳

孔子说，"三个人同行，必定有我足以师法的先生。择取其中好的地方积极学习，不好的地方作为借鉴加以改正。"

●英語訳

The Master said, "When three men walk together, I can surely find ma teachers. I choose the better one to follow and the worse one to correct myself."

― 原文 7-22 ―

子曰，"天生德于予，桓魋其如予何？"

●日本語読み

子曰く、天、徳を予に生せり。桓魋其れ予を如何。

●日本語訳

（宋の大臣桓魋が待ち伏せして孔子に危害を加えようとしていた）孔子はそれを聞いて言われた。「天は私に徳を与えてくださった。桓魋ごときの者に私をどうすることができると言うのか？」

151 述而第七

●中国語訳

孔子说，"上天把德行赋予我，桓魋能把我怎么样呢？"

●英語訳

The Master said, "Since Heaven has endowed me with moral force, what can Huan Tui do to me?"

── 原文 7-23 ──

子曰，"二三子以我为隐乎？吾无隐乎尔。吾无行而不与二三子者，是丘也。"

●日本語読み

子曰く、二三子、我を以て隠せりと為すか。吾は爾に隠すこと無し。吾行うとして二三子と与にせざる者なし。是れ丘なり。

●日本語訳

孔子がおっしゃった。

「お前たちは私が何か隠し事をしていると思っているのか？私には隠し事など何もないよ！私が何をするにしてもお前たちと一緒ではないか、これが孔丘という人間だよ」

●中国語訳

孔子说，"学生们以为我对你们有所隐瞒吗？我对你们没有任何隐瞒啊！我没有什么事不对你们公开的，这一向就是我孔丘的为人啊。"

●英語訳

The Master said, "Do you think my disciples, that I am concealing things from you? I am not concealing anything from you. I do nothing without sharing it with you, my disciples. This is the kind of man I am."

― 原文 7-24 ―

子以四教：文，行，忠，信。

●日本語読み

子、四つを以て教う。文、行、忠、信。

●日本語訳

孔子は四つの内容によって教育した。その四つとは、教養・実践・忠誠・信義である。

●中国語訳

孔子用四项内容施教：教养、实践、忠诚、信义。

●英語訳

The Master instructed in four aspects: culture, moral conduct, wholehearted sincerity, and truthfulness.

― 原文 7-25 ―

子曰，"圣人，吾不得而见之矣；得见君子者，斯可矣。"子曰，"善人，吾不得而见之矣；得见有恒者，斯可矣。亡而为有，虚而为盈，约而为泰，难乎有恒矣。"

●日本語読み

子曰く、聖人は吾得てこれを見ず。君子者を見るを得ば、斯れ可なり。子曰く、善人は吾得てこれを見ず。恒ある者を見るを得ば、斯れ可なり。亡くして有りと為し、虚しくして盈てりと為し、約にして泰かなりと為す。難いかな、恒あること。

●日本語訳

孔子がおっしゃった。

「聖人には、私は会えないでいるが、君子と言われるような人に会ってみたい」。孔子はこうも言われた。「善人には、私は会えないでいるが、いつも変わらぬ心持ちの人に会ってみたい。ないものをあるように見せたり、空虚なのを満ちているように装い、

153　述而第七

貧しいのにぜいたくをしていると見せかけたりする、このような
人たちはいつも変わらぬ心持ちではいられないものだ」

●中国語訳

孔子说，"圣人，我是不能见到了，能见到君子就行了。"孔子又说，
"善人，我是不能见到了，能见到恒常操守的人就行了。没有却充
作有，空虚却充作盈实，贫困却充作奢泰，这样的人是难以恒常操
守的。"

●英語訳

The Master said, "A sage man — I shall never get to see one now. If
I get to see a gentleman, I shall be contented."

The Master said, "A benevolent man — I shall never get to see one
now. If I get to see a man of constancy, I shall be contented. Those
who have not but pretend to have, who are empty but pretend to be
full, and who are hard up but pretend to be opulent are difficult to
consider constant."

━━ 原文 7-26 ━━

子釣而不綱，弋不射宿。

●日本語読み

子、釣して綱せず、弋して宿を射ず。

●日本語訳

孔子は釣はしたが、流れをせきとめて魚を網で獲るようなことは
しなかった。鳥を射っても、決して巣は射なかった。

●中国語訳

孔子钓鱼，但不截流网鱼；射鸟，但不猎击鸟巢。

●英語訳

The Master fished with a hook, but not with a big rope; he shot at
birds, but not at roosting ones.

― 原文 7-27 ―

子曰，"盖有不知而作之者，我无是也。多闻，择其善者而从之，多见而识之，知之次也。"

● 日本語読み

子曰く、蓋し知らずしてこれを作る者あらん。我は是れ無きなり。多く聞きて其の善き者を択びてこれに従い、多く見てこれを識すは、知るの次なり。

● 日本語訳

孔子がおっしゃった。

「世の中には知識がなくても創作する者もいるが、私はそうではない。広く聞いて、良いものを選び出し、多くのものを見て、良いものを覚えておく、これが生まれながらの知性のある人間に次ぐものである」

● 中国語訳

孔子说，"大概有种自身不懂就妄自杜撰的人，我没有这种毛病。多听，择善而从；多看，择善而记，这便是次于'生而知之'的真知啊！"

● 英語訳

The Master said , "There are people who write without knowing anything about it. I am not like that. I hear much and choose what is good to follow; I see much and memorize it. I belong to the second category in acquiring it."

― 原文 7-28 ―

互乡难与言，童子见，门人惑，子曰，"与其进也，不与其退也，唯何甚？人洁己以进，与其洁也，不保其往也。"

● 日本語読み

互郷、与に言い難し。童子見ゆ。門人惑う。子曰く、其の進むに

与するなり。其の退くに与せざるなり。唯何ぞ甚だしき。人、己を潔くして以て進まば、其の潔きに与せん。其の往を保せざるなり。

●日本語訳

互郷の人は粗暴で道理を説いても分からない人が多かったが、孔子はそこの若者にお会いになった。門人たちが困惑すると、孔子は言われた。「私は彼が向上するよう励ますのであって、彼が後退するのに与するものではない、お前たちは行き過ぎてはないかね？人が身を清廉にしたいと言ってくれば、その人が自ら清廉になれるよう励まさねばならないが、その人の過去を追及する必要はない」

●中国語訳

互乡的人粗暴且难以理喻，孔子却见了那儿的一个少年，学生们疑惑不解。孔子说，"我鼓励他的进步，不赞同他的退步，你们为何如此过分呢？别人洁身而来，应该鼓励他的自洁，不应死盯住他的过去。"

●英語訳

When a lad from the Hu Prefecture who had been difficult to talk to was given an interview, the disciples were perplexed.
The Master said, "I approve of his progress and do not approve of his retrogress. Why so harsh? When a person cleanses himself to come forward, I approve of his cleanliness and do not cling to his past."

── 原文 7-29 ──

子曰，"仁远乎哉？我欲仁，斯仁至矣。"

●日本語読み

子曰く、仁遠からんや。我仁を欲すれば、斯に仁至る。

●日本語訳

孔子がおっしゃった。

「仁徳は遠いところにあるものだろうか？仁を求めようと決心を固めれば、仁はやって来ているのだ」

●中国語訳

孔子说，"仁德如此遥远吗？我下定决心求仁，仁就来了。"

●英語訳

The Master said, "Is humanity so remote? If I desire humanity, there comes humanity!"

─ **原文 7-30** ─

陈司败问昭公知礼乎，孔子曰，"知礼。"孔子退，揖巫马期而进之，曰，"吾闻君子不党，君子亦党乎？君取于吴，为同姓，谓之吴孟子。君而知礼，孰不知礼？"巫马期以告，子曰，"丘也幸，苟有过，人必知之。"

●日本語読み

陳の司敗問う、昭公は礼を知れるか。孔子対えて曰く、礼を知れり。孔子退く。巫馬期を揖してこれを進めて曰く、吾聞く、君子は党せずと。君子も亦党するか。君、呉に取れり。同姓なるが為にこれを呉孟子と謂う。君にして礼を知らば、孰か礼を知らざらん。巫馬期、以て告す。子曰く、丘や幸いなり、苟くも過ちあれば、人必ずこれを知る。

●日本語訳

陳司敗が魯の昭公は礼が分かる人かどうか尋ねた。孔子が答えて言われた。「分かる人です」。孔子が退出すると、陳司敗は巫馬期を招いて言った。「私は君子はえこひいきをしないと聞いているが、まさか孔子がえこひいきしているのでは？昭公は呉の国の同姓の女を娶り、呉孟子と言うようになった。我が国の君主がこれでも礼を分かると言うなら、礼の分からない人など誰もいます

まい」。巫馬期はこの話を孔子に伝えると、孔子が言われた。「私は実にうれしい、間違いがあっても、他人が必ず教えてくれる」

●中国語訳

陈司败询问鲁昭公是否懂礼，孔子说，"他懂。"孔子退出来，陈司败把巫马期请了进去，说，"我听说君子不偏袒，难道孔子也会偏袒吗？昭公娶吴国同姓之女为妻，称为吴孟子。我们的国君若懂礼，谁不懂礼呢？"巫马期把这些话转告了孔子，孔子说，"我很庆幸，如有过错，人家一定会指出来的。"

●英語訳

Chen's Minister of Justice asked, "Did Duke Zhao know the rituals?"

The Master said, "Yes, he did."

After the Master left, the minister cupped his hands to Wu-ma Qi and approached him, saying, "I hear that the gentleman is not partial. Or is the gentleman also partial? The duke married a lady of Wu who shared his family name but called her Wu Meng-zi. If the duke knew the rituals, who does not know the rituals?"

When Wu-ma Qi reported this, the Master said, "I am indeed fortunate! If I make a mistake, people always see it."

― 原文 7-31 ―

子与人歌而善，必使反之，而后知之。

●日本語読み

子、人と歌いて善ければ、必ずこれを反さしめて、而して後にこれに和す。

●日本語訳

孔子は人と一緒に歌い、もしその人がうまく歌うと、必ずこれを繰り返してもらい、その後また一緒に歌った。

●中国語訳

孔子与别人一起唱歌，如果哪人唱得好，必定让他再唱一遍，然后

再跟着唱。

●英語訳

When the Master commended someone for having chanted a song well, he always made him repeat it and then chanted it in response.

── 原文 7-32 ──

子曰，"文，莫吾犹人也。躬行君子，则吾未之有得。"

●日本語読み

子曰く、文は吾猶人のごとくなること莫からんや。躬、君子を行うことは、則ち吾未だこれを得ること有らざるなり。

●日本語訳

孔子がおっしゃった。

「いにしえの聖人の遺文を一生懸命学ぶのは、他の人と同じである。君子としての実践面では、私にはまだできないことがある」

●中国語訳

孔子说，"勤奋学习古圣遗文，或许我与别人差不多。作为躬行实践的君子，那么我还没有做到。"

●英語訳

The Master said, "In culture, perhaps I may equal others. In physically conducting myself as a gentleman, however, I have not accomplished anything as yet."

── 原文 7-33 ──

子曰，"若圣与仁，则吾岂敢? 抑为之不厌，诲人不倦，则可谓云尔已矣。"公西华曰，"正唯弟子不能学也。"

●日本語読み

子曰く、聖と仁との若きは、則ち吾豈に敢えてせんや。抑々これを為して厭わず、人を誨えて倦まずとは、則ち謂うべきのみ。公西華曰く、正に唯弟子学ぶこと能わざるなり。

159　述而第七

●日本語訳

孔子がおっしゃった。

「聖人や仁者などと言うものは、どうして私の任と言えようか？しかし、実践に努め、人を教えて厭きない、とだけは言えよう」。公西華が言った。「それこそ弟子たちが真似のできないところです」

●中国語訳

孔子说，"要说圣人和仁者，我怎么敢当呢？我不过勤于实践，教导他人不厌倦，不过如此罢了。"公西华说，"这正是弟子们所学不到的。"

●英語訳

The Master said, "As for sageness and humanity, how dare I claim them? But to learn it insatiably and instruct others indefatigably — that much may be said of me, that is all."

Gong-xi Hua said, "This is exactly what we disciples are unable to learn."

― 原文 7-34 ―

子疾病，子路请祷。子曰，"有诸？"子路对曰，"有之，诔曰，'祷尔于上下神祇。'"子曰，"丘之祷久矣。"

●日本語読み

子の疾、病なり。子路、祷らんと請う。子曰く、諸れ有りや。子路対えて曰く、これ有り、誄に曰く、爾を上下の神祇に祷ると。子曰く、丘の祷ること久し。

●日本語訳

孔子が重病を患ったので、子路が祈祷するよう願った。孔子が言われた。「祈祷は役立つのかね？」。子路が答えて言った。「ある祈祷文に『汝のために天地の神々に祈る』とあります」。孔子が言われた。「それなら私は昔から祈っているよ」

●中国語訳

孔子患了重病，子路请求祈祷。孔子说，"祈祷有用吗？"子路答道，"有的。祈文里写道：'为你向天地神灵祈祷。'"孔子说，"我早祈祷过了。"

●英語訳

When the Master was very sick, Zi-lu begged him to pray.
The Master said, "Is there such a practice?"
Zi-lu replied, "Yes, there is. *Eulogy* says: 'Pray thou to the gods in heaven and earth.' "
The Master said, "I have prayed long enough."

── 原文 7-35 ──

子曰，"奢則不孫，倹則固。与其不孫也，寧固。"

●日本語読み

子曰く、奢れば則ち不孫、倹なれば則ち固し。其の不孫ならんより寧ろ固しかれ。

●日本語訳

孔子がおっしゃった。

「ぜいたくをしていると尊大になり、倹約していると頑固になる。尊大であるより、まだ頑固の方がよい」

●中国語訳

孔子说，"奢侈就不恭顺，倹朴就简陋。与其不恭顺，宁可简陋。"

●英語訳

The Master said, "Extravagance leads to presumption; frugality leads to shabbiness. Shabbiness is preferred to presumption."

── 原文 7-36 ──

子曰，"君子坦荡荡，小人长戚戚。"

●日本語読み

子曰く、君子は坦かに蕩蕩たり。小人は長えに戚戚たり。

161　述而第七

●日本語訳

孔子がおっしゃった。

「君子は度量が広く、ゆったりしていて温和であるが、小人はちょっとの損得にくよくよし、いつも心を痛めている」

●中国語訳

孔子说，"君子胸怀宽广，舒畅和平，小人患得患失，经常忧伤。"

●英語訳

The Master said, "The gentleman is broad-minded, the small man is always narrow-minded."

― 原文 7-37 ―

子温而厉，威而不猛，恭而安。

●日本語読み

子は温かにして厲し。威にして猛ならず。恭々しくして安し。

●日本語訳

孔子は、穏やかな中にも厳しさがあり、威厳はあっても荒々しいところはなく、謙虚で礼儀正しく物腰が静かである。

●中国語訳

孔子温和而严厉，威严却不粗暴，谦恭而安详。

●英語訳

The Master looked gentle yet austere, awe-inspiring yet not fierce, respectful yet composed.

【泰伯第八】

Taihaku-daihachi

泰伯第八

── 原文 8-1 ──

子曰，"泰伯，其可谓至德也已矣。三以天下让，民无得而称焉。"

●日本語読み

子曰く、泰伯は其れ至徳と謂うべきのみ。三たび天下を以て譲る。民得て称すること無し。

●日本語訳

孔子がおっしゃった。

「泰伯こそは、仁徳が最高峰に達した者と言えよう。たびたび天下を譲ったので、人民は称賛しようがなかった」

●中国語訳

孔子说，"泰伯，他那仁德可算登峰造极了。再三逊让天下，民众几乎无从称颂。"

●英語訳

The Master said, "Tai-bo may be said to be a man of supreme virtue indeed! Thrice he yielded the empire. The people could find nothing to praise him for."

── 原文 8-2 ──

子曰，"恭而无礼则劳，慎而无礼则葸，勇而无礼则乱，直而无礼则绞，君子笃于亲，则民兴于仁；故旧不遗，则民不偷。"

●日本語読み

子曰く、恭にして礼なければ則ち労す。慎にして礼なければ則ち葸す。勇にして礼なければ則ち乱る。直にして礼なければ則ち絞す。君子、親に篤ければ則ち民仁に興る。故旧遺れざれば、則

ち民偸からず。

●日本語訳

孔子がおっしゃった。

「素直に従っても礼がなければ徒労に過ぎず、慎み深くても礼がなければ意気地がないことになり、勇敢であっても礼がなければ粗暴であり、はきはきしていても礼がなければ角が立つことになる。君子が親族に手厚ければ、人民は仁徳を重んじるようになり、昔の旧友故知を忘れず、見捨てないと、人民もそれを見習って軽薄でなくなる」

●中国語訳

孔子说，"恭顺而无礼就是徒劳，谨慎而无礼就是懦弱，勇敢而无礼就是莽撞，直爽而无礼就是尖刻。君子对亲人厚道，民众就趋于仁德；不遗弃故人、旧族，世态就不会淡薄无情。"

●英語訳

The Master said, "Respectfulness without the rituals becomes laboriousness; discretion without the rituals becomes apprehensiveness; courage without the rituals becomes rebelliousness; straightforwardness without the rituals becomes impetuosity. If the gentleman is devoted to his kin, the people will rise to humanity; if his old acquaintances are not abandoned, the people will not be callous."

― 原文 8-3 ―

曽子有疾，召門弟子曰，"啓予足，啓予手。《诗》云，'战战兢兢，如临深渊，如履薄冰'。而今而后，吾知免夫！小子！"

●日本語読み

曽子、疾あり。門弟子を召びて曰く、予が足を啓け、予が手を啓け。詩に云う、戦戦兢兢として、深淵に臨むが如く、薄冰を履むが如しと。而今よりして後、吾免るることを知るかな、小子。

●日本語訳

曽子が重病を患った時、門人たちを呼んで言った。「私の手や足を見るがよい。『詩・小雅・小旻』に『細心にして慎重に、深淵を臨むがごとく、薄氷を踏むがごとく』とあるように、今後私はやっと苦しみから解放されることが分かった、弟子たちよ！」

●中国語訳

曽子患了重病，召唤门下的弟子说，"看看我的脚，看看我的手。正如《诗·小雅·小旻》上说的'小心谨慎，如同面临深渊，如同践履薄冰'，从今以后，我才知道能免于祸难了，学生们！"

●英語訳

When Master Zeng was sick, he summoned his pupils and said, "Uncover my feet; uncover my hands. *Poetry* says:

'Trembling with fear,

As if standing over a deep abyss,

As if treading on thin ice.'

From now on, I know I shall be immune, young men."

— 原文 8-4 —

曽子有疾，孟敬子问之。曽子言曰，"鸟之将死，其鸣也哀；人之将死，其言也善。君子所贵乎道者三，动容貌，斯远暴慢矣；正颜色，斯近信矣；出辞气，斯远鄙倍矣。笾豆之事，则有司存。"

●日本語読み

曽子、疾あり。孟敬子これを問う。曽子言いて曰く、鳥の将に死なんとするや、其の鳴くこと哀し。人の将に死なんとするや、其の言うこと善し。君子の道に貴ぶ所の者は三つ。容貌を動かしては斯に暴慢を遠ざく。顔色を正しては斯に信に近づく。辞気を出だしては斯に鄙倍を遠ざく。籩豆の事は則ち有司存せり。

●日本語訳

曽子が危篤なので、孟敬子が彼を見舞われた。そこで曽子が彼に言った。「鳥がまさに死なんとする時には、その鳴き声は悲しげです。人がまさに死なんとする時には、その言葉は穏やかです。君子が重んじる礼儀の規範は三つあります。立居振舞いは謹厳にして、粗暴・傲慢にならないこと。表情・態度を端正にして、誠実で約束を守ること。要領を得た言葉で話し、卑しく理に背いたものでないこと。そのほかの祭器の並べ方などは、係りの役人に任せておけばよいのです」

●中国語訳

曽子患了重病，孟敬子去慰問他，曽子対他説，"鳥快要死去時，它的叫声悲哀；人快要死去時，他的言語和善。君子所看重的仁道守則有三項：容貌庄厳，就避免了粗悖傲慢；神態端正，就近于誠実守信；言談得体，就避免了鄙陋背理。陳設礼器之類的事，自有有関人員照管。

●英語訳

When Master Zeng was sick, Meng Jing-zi went to inquire after his illness.

Master Zeng said, "When a bird is dying, its cries are mournful; when a man is dying, his words are well-meaning. The gentleman values three things in the Way: he modifies his appearance and manner so as to keep away from rudeness and impudence; he corrects his gaze and expression so as to stay close to truthfulness; he smoothes his speech and breathing so as to stay away from vulgar and perverse language. For such matters as ritual vessels, there are the functionaries."

― 原文 8-5 ―

曾子曰，"以能问于不能，以多问于寡；有若无，实若虚，犯而不校。昔者吾友尝从事于斯矣。"

●日本語読み

曾子曰く、能を以て不能に問い、多きを以て寡なきに問い、有れども無きが若く、実つれども虚しきが若く、犯されて校いず。昔者、吾が友、嘗て斯に従事せり。

●日本語訳

曾子が言った。

「才能があっても才能の乏しい者の意見を聞き、知識が豊富でも知識に欠けた者に意見を聞く。学問があっても学問がないように見せ、充実していても空虚のように見せ、失礼なことをされても争わない。昔、私の友人はこれらのことを心掛けていた」

●中国語訳

曾子说，"有才能的向没有才能的求教，知识多的向知识少的求教，有学问却像没有学问一样，充实却像空无一物，受到冒犯却不计较，过去我的朋友曾在这些方面作过努力。"

●英語訳

Master Zeng said, "For a talented man to consult an untalented one, for a man who knows much to consult one who knows little, for aman who has to appear as if he had not, for a man who is full to appear as if he were empty; for a man who has been assailed not to retaliate — formerly a friend of mine applied himself to all this."

── 原文 8-6 ──

曽子曰，"可以托六尺之孤，可以寄百里之命，临大节而不可夺也──君子人与？君子人也。"

● 日本語読み

曽子曰く、以て六尺の孤を託すべく、以て百里の命を寄すべく、大節に臨んで奪うべからず。君子人か、君子人なり。

● 日本語訳

曽子が言った。

「幼少の主君を託すことができ、国の政治を任せられれば、国の生死存亡の分かれ目に臨んでも節操を守って揺るがない。このような人が君子だろうか？その通り、正真正銘の君子である！」

● 中国語訳

曽子说，"可以辅佐幼君，可以执掌国政，面临国家生死存亡的关键时刻，却能矢志不渝。这样的人算得上君子吗？对，是地地道道的君子哩！"

● 英語訳

Master Zeng said, "A man who can be entrusted with a young orphan prince, who can be charged with the decrees of a hundred-square-*li* state, and who, confronting a great crisis, cannot be robbed of his integrity — is he a gentleman? A gentleman indeed!"

── 原文 8-7 ──

曽子曰，"士不可以不弘毅，任重而道远。仁以为己任，不亦重乎？死而后已，不亦远乎？"

● 日本語読み

曽子曰く、士は以て弘毅ならざるべからず。任重くして道遠し。仁以て己が任と為す、亦重からずや。死して後已む、亦遠からずや。

●日本語訳

曽子が言った。

「学徒たる者は度量があって、意志が強く、毅然としていなくてはならず、責任重大で道は遠い。仁の道を推し進めるのが自らの責務であり、この任務は重大である。死んで初めて終わるとは、何と道程は遠いことではないか！」

●中国語訳

曾子说，"知识分子不能不抱负远大而又刚强坚毅，因为责任重大而路途遥远。以推行仁道为自己的职责，这不是责任重大吗？到死方休，这不是路途遥远吗？"

●英語訳

Master Zeng said, "A lofty-minded man cannot do without strength and stamina, for the burden is heavy and the journey long. He takes up humanity as his burden — is it not heavy? He will not stop until death — is it not long?"

― **原文 8-8** ―

子曰，"兴于《诗》，立于礼，成于乐。"

●日本語読み

子曰く、詩に興り、礼に立ち、楽に成る。

●日本語訳

孔子がおっしゃった。

「『詩』の教育によって学問が始まり、礼儀によってわが身を立て、音楽によって人格が完成される」

●中国語訳

孔子说，"修行以《诗》起步，以礼仪来立身，以音乐来完成。"

●英語訳

The Master said, "Inspire yourself with *Poetry*; establish yourself on *The Rituals*; perfect yourself with *Music*."

― 原文 8-9 ―

子曰，"民可使由之，不可使知之。"

●日本語読み

子曰く、民はこれに由らしむべし。これを知らしむべからず。

●日本語訳

孔子がおっしゃった。

「大衆からは、その政治に対する信頼を贏ちえることはできるが、そのひとりひとりに政治の内容を知ってもらうことはむつかしい」

●中国語訳

孔子说，"可让老百姓照着我们的意志去遵行，而不必让他们知道为什么要这么去作。"

●英語訳

The Master said, "The people can be made to follow the rule, but cannot be made to understand it."

― 原文 8-10 ―

子曰，"好勇疾貧，乱也。人而不仁，疾之已甚，乱也。"

●日本語読み

子曰く、勇を好みて貧しきを疾むは、乱なり。人にして不仁なる、これを疾むこと已甚だしきは、乱なり。

●日本語訳

孔子がおっしゃった。

「勇敢であることを好み貧困なのを嫌悪する者は、災いを起こす元となる。人間としてどんなに仁徳に欠けていても、それをあまりひどく憎むと、災いを起こすことになる」

●中国語訳

孔子说，"喜欢逞勇而厌恶贫穷，是一种祸害；他人如果不讲仁德，

対其痛恨过甚，也会导致祸乱。"

●英語訳

The Master said, "He who loves courage and hates poverty will rebel; he who is inhumane and is hated excessively will also rebel."

― 原文 8-11 ―

子曰，"如有周公之才之美，使骄且吝，其余不足观也已。"

●日本語読み

子曰く、如し周公の才の美ありとも、驕り且つ吝かならしめば、其の余は観るに足らざるのみ。

●日本語訳

孔子がおっしゃった。

「たとえ周公のような才能と美徳を具えていても、傲慢で吝嗇ならば、その点で何の取り柄もなくなってしまう」

●中国語訳

孔子说，"如果具有像周公那样的才能和美德，只要骄傲而且吝啬，其余的才能也就不值一看了。"

●英語訳

The Master said, "If a man possesses the Duke of Zhou's magnificent talents but is arrogant and stingy, the rest of him is not worth seeing."

― 原文 8-12 ―

子曰，"三年学，不至于谷，不易得也。"

●日本語読み

子曰く、三年学びて穀に至らざるは、得やすからざるのみ。

●日本語訳

孔子がおっしゃった。

「三年の間学んでも、役人になろうとしない人がいたら、これこそ得がたいものである」

●中国語訳

孔子说，"读三年书，并没有做官的念头，这是难得的。"

●英語訳

The Master said, "Those who, after three years of learning, have not reached goodness, are not easy to find."

—— 原文 8-13 ——

子曰、"篤信好学、守死善道。危邦不入、乱邦不居。天下有道則見、无道則隠。邦有道、貧且賎焉、恥也；邦无道、富且貴焉、恥也。"

●日本語読み

子曰く、篤く信じて学を好み、死を守りて道を善くす。危邦には入らず、乱邦には居らず。天下道あれば則ち見れ、道なければ則ち隠る。邦に道あるに、貧しくして且つ賎しきは恥なり。邦に道なきに、富みて且つ貴きは恥なり。

●日本語訳

孔子がおっしゃった。

「しっかりと信念を持って学問を好み、死をかけて正しい道を守る。危険な国には入らず、乱れた国には住まない。天下太平であれば、出て仕える。太平でないなら、世間を逃れて隠れ住む。政治が公明正大なのに、自分が貧しく卑しい存在なのは恥である。政治が暗黒なのに、自分が金持ちで地位が高いのも恥である」

●中国語訳

孔子说，"信念坚定而好学，守节至死完善大道。不进入将有危险的国家，不居住有祸乱的国家。天下太平，就出来从政；不太平，就隐居起来。如果政治清明，自己贫贱，是耻辱；如果政治黑暗，自己富贵，也是耻辱。"

●英語訳

The Master said, "Firmly believe in it, diligently learn it, and

173　泰伯第八

adhere to the good Way until death. A perilous state, do not enter; a rebellious state, do not inhabit. When the empire possesses the Way, reveal yourself; when it loses the Way, conceal yourself. When the state possesses the Way and you are poor and lowly, it is a shame when the state loses the Way and you are rich and noble, it is also a shame."

── 原文 8-14 ──

子曰，"不在其位，不謀其政。"

●日本語読み

子曰く、其の位に在らざれば、其の政を謀らず。

●日本語訳

孔子がおっしゃった。

「その職務上の地位にいなければ、その政務に関与してはならない」

●中国語訳

孔子说，"一个人不在那个职位上，便不谋划它的政务。"

●英語訳

The Master said, "If you are not in a certain position, do not concern yourself with its affairs."

── 原文 8-15 ──

子曰，"师挚之始，《关雎》之乱，洋洋乎盈耳哉！"

●日本語読み

子曰く、師挚の始め、関雎の乱りは、洋洋乎として耳に盈てるかな。

●日本語訳

孔子がおっしゃった。

「魯の音楽家挚が演奏した『関雎』の最終章は、人を引きつけるようなすばらしい楽曲で、ずっと耳もとで鳴り響いていたよ！」

●中国語訳

孔子说，"鲁音乐大师挚奏乐之始，到演奏完《关雎》乐歌的末章，美妙动听的乐曲一直在耳畔回响哩！"

●英語訳

The Master said, "From Senior Music Master Zhi's opening song to the finale *The Melodious Chirping of the Fish Hawks*, — how magnificent was the music that filled our ears!"

― 原文 8-16 ―

子曰，"狂而不直，侗而不愿，悾悾而不信，吾不知之矣。"

●日本語読み

子曰く、狂にして直ならず、侗にして愿ならず、悾悾にして信ならずんば、吾はこれを知らず。

●日本語訳

孔子がおっしゃった。

「奔放であるが率直でなく、無知でありながら篤実さがなく、馬鹿正直なくせに誠実ではない、こんな人間はどうしても分からない」

●中国語訳

孔子说，"狂放而不直率，无知而不谨慎，貌似诚恳而不守信，这种人会怎样我就不知道了。"

●英語訳

The Master said, "Free yet not straightforward, puerile yet not attentive, sincere yet not truthful — I do not understand such people."

― 原文 8-17 ―

子曰，"学如不及，犹恐失之。"

●日本語読み

子曰く、学は及ばざるが如くするも、猶これを失わんことを恐

175 泰伯第八

る。

●日本語訳

孔子がおっしゃった。

「人に追いつけないのではと心配し、追いつけば追いついたで取り逃がすのではないかと恐れる。これは学習の心構えである」

●中国語訳

孔子说，“做学问，生怕赶不上人家，赶上了又怕失掉。”

●英語訳

The Master said, "In learning, if you have not reached proficiency, you are apprehensive lest you should lose it again."

── 原文 8-18 ──

子曰，“巍巍乎！舜、禹之有天下也，而不与焉。”

●日本語読み

子曰く、巍巍たるかな、舜・禹の天下を有てるや。而して与らず。

●日本語訳

孔子がおっしゃった。

「実に崇高なことだ！舜・禹が天下を治めること壮大なものであったが、あたかも関与しないかのようであったのは」

●中国語訳

孔子说，“真崇高啊！舜、禹得到天下却不以天下为己有。”

●英語訳

The Master said, "How lofty! Shun and Yu acquired the empire, but they did not dictate it."

― 原文 8-19 ―

子曰，"大哉尭之為君也！巍巍乎，唯天為大，唯尭則之。荡荡乎，民無能名焉。巍巍乎其有成功也，煥乎其有文章！"

●日本語読み

子曰く、大なるかな、尭の君たるや。巍巍として唯天下を大なりと為す。唯尭これに則る。蕩蕩として民能く名づくること無し。巍巍として其れ成功あり。煥として其れ文章あり。

●日本語訳

孔子がおっしゃった。

「尭は天子としてなんと偉大なことか！実に崇高で、天帝だけが最高峰の存在であったが、尭のみがそれに倣うことができた。実に広大で、人民は言い表しようがなかった。彼の業績は偉大で、彼の礼儀制度は輝くばかりである」

●中国語訳

孔子说，"尧作为圣君，伟大啊！崇高啊！上天最高大，也只有尧能效法上天的崇高伟大。他的恩德广博无边啊，人民无从称赞。他的功绩伟大无比啊！他的礼仪典制灿烂辉煌啊！"

●英語訳

The Master said, "How great was Yao as sovereign! How lofty! Heaven alone is greatest! Yao alone could imitate it! How boundless! The people could hardly find words to praise him! How lofty were his achievements! How brilliant his cultural institutions!"

━━ 原文 8-20 ━━

舜有臣五人而天下治。武王曰、"予有乱臣十人。"孔子曰、"才難、不其然乎？唐虞之際、于斯為盛。有婦人焉、九人而已。三分天下有其二、以服事殷。周之徳、其可謂至徳也已矣。"

●日本語読み

舜、臣五人ありて、天下治まる。武王曰く、予に乱臣十人あり。孔子曰く、才難しと、其れ然らずや。唐虞の際、斯に於いて盛んと為す。婦人あり。九人のみ。〔文王、西伯と為りて〕天下を三分して其の二を有ち、以て殷に服事す。周の徳は、其れ至徳と謂うべきのみ。

●日本語訳

舜には五人の賢臣がいて天下は治まっていた。武王は「私には国を治める十人の賢臣がいる」と言ったという。孔子が言われた。「人材は得難いと言うが、そうではないかね？堯・舜以後では、周朝が人材が最も輩出した時で、十人の賢臣のうち女性が一人混じっているので、実際は九人だけである。周の文王は天下の三分の二を領有しながら、殷に仕えていた。周朝の仁徳は、最高のものと言えよう」

●中国語訳

舜有五位贤臣而天下大治。武王说，"我有十个治国的贤臣。"孔子说，"人才难得，不是吗？尧、舜以来，到周朝是人才最盛之时，十人贤臣，其中还有一位妇女，其实不过九人而已。周文王得了当时的天下的三分之二，仍然事奉殷商。周朝的仁德，可说是最高的德行了。"

●英語訳

Shun had five ministers, and the empire was well-ruled. King Wu said, "We have ten ministers versed in government."
The Master said, "'Talents are difficult to find', Is it not so? Since

178　泰伯第八

the period between Tang and Yu, this one has thriven most. But there is a woman, so, only nine. Though in possession of two thirds of the empire, they still served the Yin obediently. The Zhou's virtue may be said to be supreme virtue indeed!"

― 原文 8-21 ―

子曰、"禹、吾无间然矣。菲饮食而致孝乎鬼神、恶衣服而致美乎黻冕、卑宫室而尽力乎沟洫。禹、吾无间然矣。"

● 日本語読み

子曰く、禹は吾間然すること無し。飲食を菲くして孝を鬼神に致し、衣服を悪しくして美を黻冕に致し、宮室を卑くして力を溝洫に尽くす。禹は吾間然すること無し。

● 日本語訳

孔子がおっしゃった。

「禹に対して、私は一点の非の打ち所がない。自分の飲食は簡素でも祭には実に敬虔で、衣服は質素でも祭礼の衣冠は立派にし、居間は粗末でも人民のために治水に全力を尽した。禹に対して、私は一点の非の打ち所がない」

● 中国語訳

孔子说，"对于禹，我无可指责。他自己饮食菲薄，却对祭祀极其虔诚；衣着寒伧，而礼服却很华丽；居室简陋，而尽力为人民兴修水利。对于禹，我无可非议。"

● 英語訳

The Master said, "Of Yu, I have nothing to censure indeed! Simple in drink and food, he was exceedingly filial to the spirits and gods. Shabby in dress and skirt, he had the most beautiful sacrificial robe and crown. Humble in palace and chamber, he exerted all his efforts on ditches and canals. Of Yu, I have nothing to censure indeed!"

泰伯第八

【子罕第九】

Shikan-daiku

子罕第九

― 原文 9-1 ―

子罕言利与命与仁。

●日本語読み

子、罕に利を言う、命と仁をよく言う。

●日本語訳

孔子は利についてはあまり語らず、天命と仁徳についてはよく語られた。

●中国語訳

孔子最少言者莫如利，最多赞者莫如天命与仁德。

●英語訳

The Master seldom discoursed on profit, nor the decree of Heaven, nor humanity.

― 原文 9-2 ―

达巷党人曰，"大哉孔子！博学而无所成名。"子闻之，谓门弟子曰，"吾何执？执御乎？吾执御矣。"

●日本語読み

達巷党の人の曰く、大なるかな孔子、博く学びて名を成す所なし。子これを聞き、門弟子に謂いて曰く、吾は何をか執らん。御を執らんか、射を執らんか。吾は御を執らん。

●日本語訳

ある達巷の里に住む人が言った。「孔子は実に偉大な人だよ！だが、博く学んでそれでいて何が本職かということもない」。孔子はこれを聞かれて、門人たちに言われた。「私は何を本職にしようか？専ら御者に習熟しようか？専ら弓矢に習熟しようか？まあ

御者を本職としようか！」

●中国語訳

有个居住在达巷的人说，"孔子真伟大啊！学问渊博可惜没有什么专长可扬名。"孔子听到后，对学生们说"我专什么呢？专门掌握了驾车吗？专门掌握了射箭吗？我还是以驾车为专长啊！"

●英語訳

A man from Da-xiang Township said, "How great Master Kong is! He is extensively learned, though he has not made a name in anything."

The Master, on hearing this, said to his disciples, "What shall I adhere to? Adhere to charioteering? Adhere to archery? I shall adhere to charioteering."

― 原文 9-3 ―

子曰、"麻冕，礼也；今也纯，俭，吾从众。拜下；礼也，今拜乎上，泰也。虽违众，吾从下。"

●日本語読み

子曰く、麻冕は礼なり。今や純なるは俭なり。吾は衆に従わん。下に拝するは礼なり。今上に拝するは泰なり。衆に違うと雖も、吾は下に従わん。

●日本語訳

孔子がおっしゃった。

「麻の冠が古来の礼に適っているが、今は絹糸を用いて倹約している。私も皆のやり方に同調しよう。臣下が主君に対して堂下で拝するのが古来の礼に適っているが、今は堂上で拝している。これは主君に対して僭越であるので、皆のやり方に背いて、私はやはり堂下で拝することにしている」

●中国語訳

孔子说，"麻布的冠冕是合乎礼的，现今用丝帛，比麻布节俭，我

183　子罕第九

赞同大众的做法。在堂下跪拜是合乎礼的，现今在堂上跪拜，未免傲慢，即使违背众愿，我还是坚持堂下跪拜。"

●英語訳

The Master said, "Linen hats are prescribed by the rituals. Nowadays people use silk ones. As they are more economical, I follow the multitude. To prostrate oneself down the hall is prescribed by the rituals. Nowadays people prostrate themselves up the hall. As it is presumptuous, although it goes against the multitude, I follow the down-the-hall practice."

── 原文 9-4 ──

子絶四，毋意，毋必，毋固，毋我。

●日本語読み

子、四を絶つ。意なく、必なく、固なく、我なし。

●日本語訳

孔子は、四つの事を絶対することはなかった。根拠もなしに推断せず、決して肯定せず、意地を張らず、自分だけ正しいと思わない。

●中国語訳

孔子坚决杜绝下面四种毛病——不凭空臆测，不绝对肯定，不拘泥固执，不自以为是。

●英語訳

The Master was absolutely free from four things: free from conjecture, free from arbitrariness, free from obstinacy, free from egoism.

── 原文 9-5 ──

子畏于匡，曰，"文王既没，文不在兹乎？天之将丧斯文也，后死者不得与于斯文也；天之未丧斯文也，匡人其如予何？"

● 日本語読み

子、匡に畏る。曰く、文王既に没したれども、文茲に在らずや。天の将に斯の文を喪ぼさんとするや、後死の者、斯の文に与かることを得ざるなり。天の未だ斯の文を喪ぼさざるや、匡人其れ予れを知何。

● 日本語訳

孔子が匡で拘禁された時、こう言われた。「周の文王が亡くなられてからは、礼楽典制は私のところにないのだろうか？天帝がもしこれらの文化的遺産を亡ぼされるなら、私には整理して伝える方法はない。天帝がもしこれらの文化的遺産を破壊するつもりがないなら、匡の人は私をどうするだろう？」

● 中国語訳

孔子被拘禁在匡邑，说道，"周文王逝世以后，礼乐典制不都在我这里吗？上天假如要灭掉这些文化遗产，那我也无法整理和传播了，上天假如不打算毁掉这些文化遗产，匡人又能把我怎么样呢？"

● 英語訳

The Master, when besieged in Kuang, said, "King Wen being dead, is culture not lodged here? If Heaven had intended to exterminate this culture, I, a subsequent mortal, would not have been so involved in this culture. If Heaven does not intend to exterminate this culture, what can the men of Kuang do to me?"

― 原文 9-6 ―

太宰問于子貢曰，"夫子聖者与？何其多能也？"子貢曰，"固天縱之将聖，又多能也。"子聞之，曰，"太宰知我乎？吾少也賤，故多能鄙事。君子多乎哉？不多也。"

●日本語読み

太宰、子貢に問いて曰く、夫子は聖者か。何ぞ其れ多能なる。子貢曰く、固より天縦の将聖にして、又多能なり。子これを聞きて曰く、太宰、我を知れる者か。吾少くして賤し。故に鄙事に多能なり。君子、多ならんや。多ならざるなり。

●日本語訳

太宰が子貢に聞いた。「孔子は聖人なのに、どうしてあのように多才多芸なのでしょうか？」。子貢が答えて言った。「もちろん天帝が聖人にされ、多才多芸にされたのです」。孔子は後にこのことを聞かれて言われた。「太宰は私のことを理解している。私は若い頃身分が低かったので、どんなつまらない技芸も会得したのだよ。君子は数多くの技芸を会得する必要があるだろうか？そんなに多くは必要ないんだよ」

●中国語訳

太宰问子贡说，"夫子是圣人吧，为什么这样多才多艺呢？"子贡说，"这本是上天使他成为圣人，又使他多才多艺。"孔子听到后说，"太宰了解我吗？我小时侯贫贱，所以学会了不少鄙贱的技艺。君子需要学会很多技艺吗？是不要这样多的。"

●英語訳

The prime minister asked of Zi-gong, "Is the Master a sage! How versatile he is!"

Zi-gong said, "Undoubtedly it was Heaven that lavished upon him such great sageness and versatility."

The Master, on hearing this, said, "The prime minister knows me indeed! When young, I was lowly. So I became skilled in many humble occupations. Does a gentleman need many skills? No, not many."

─ 原文 9-7 ─

牢曰，"子云，'吾不试，故艺。"

●日本語読み

牢曰く、子云う、吾試いられず、故に芸ありと。

●日本語訳

子牢が言った。

「先生は『私は国から取り立てられなかったので、いろんな技芸を会得したのだ』と言われた」

●中国語訳

子牢说，"孔子说，'我不曾被国家选取重用，所以学会了许多技艺。'"

●英語訳

Lao said, "The Master said, 'I was unemployed; therefore I became versatile.' "

─ 原文 9-8 ─

子曰，"吾有知乎哉？吾知也。有鄙夫问于我，空空如也。我叩其两端而竭焉。"

●日本語読み

子曰く、吾知ること有らんや、知ること無きなり。鄙夫あり、来たって我に問う、空空如たり。我其の両端を叩いて竭くす。

●日本語訳

孔子がおっしゃった。

「私は本当に何でも知っているのだろうか？知っていないのだ。田舎の人から聞かれて、私は何も答えられなければ、問題の顛末

を何度も推敲してから、私は誠意をもってその人に答えたい」

●中国語訳

孔子说，"我真有很多知识吗？没有的。有个乡下人问我，我一无所知，于是我把问题的始末反复推敲，然后竭诚地答复他。"

●英語訳

The Master said, "Do I have knowledge? No, I have no knowledge. When a country fellow asked something of me, I felt empty-like. I queried him on both ends and exhausted the issue with him."

── 原文 9-9 ──

子曰，"凤鸟不至，河不出图，吾已矣夫！"

●日本語読み

子曰く、鳳鳥至らず、河、図を出ださず。吾已んぬるかな。

●日本語訳

孔子がおっしゃった。

「鳳凰も舞い降りないし、黄河からは神のお告げを示す図を背負った竜馬が現れない。私の道は永遠に実現の日を迎えられないのだろうか！」

●中国語訳

孔子说，"凤凰也不飞来了，黄河也不出现祥瑞图的龙马，我的道大概永无实现之日了罢！"

●英語訳

The Master said, "The phoenix will come no more; nor will the River Yield the Chart. I am done for!"

― 原文 9-10 ―

子見齊衰者，冕衣裳者与瞽者，見之，雖少，必作；過之，必趨。

●日本語読み

子、齊衰の者と冕衣裳の者と瞽者とを見れば、これを見ては少しと雖も必ず作ち、これを過ぐれば必ず趨る。

●日本語訳

孔子は服喪の人、礼服を着た人、盲目の人に遇われると、それらの人がたとえ年少であっても、必ず立ち上がられ、彼らがそばを通る時には、必ず走り寄って礼を尽くされた。

●中国語訳

孔子看到服丧的人，穿礼服的人和盲人，所见者尽管是年轻人，他也必定站起身来；经过他们身边时，他必定快走几步，以示礼让。

●英語訳

When the Master saw a man in mourning, or one wearing an official hat and suit, or a blind man — when he saw one, even a younger person, he always rose; when he passed one, he always quickened his pace.

― 原文 9-11 ―

顔淵喟然叹曰，"仰之弥高，钻之弥坚。瞻之在前，忽焉在后。夫子循循善诱人，博我以文，约我以礼，欲罢不能。既竭吾才，如有所立卓尔，虽欲从之，末由也已。"

●日本語読み

顔淵、喟然として歎じて曰く、これを仰げば弥々高く、これを鑽れば弥々堅し。これを瞻るに前に在れば、忽焉として後に在り。夫子、循循然として善く人を誘う。我を博むるに文を以てし、我を約するに礼を以てす。罷まんと欲するも能わず。既に吾が才

を竭くす。立つ所ありて卓爾たるが如し。これに従わんと欲すと雖も、由なきのみ。

●日本語訳

顔淵が歎息して言った。「仰ぎ見るとますます崇高さを覚え、研鑽するとますます堅くなるのを覚え、前にあるかと見ていると、突然後ろにある。先生は一歩一歩うまく人を導いて啓発し、典制で私の学問を広め、礼儀で私を戒めてくださった。私はやめようと思ってもできなかった。私の力を尽くしても、広々とした大道が前に伸びているようだが、たとえ前へ進んでも、どこから歩き始めてよいか分からない」

●中国語訳

颜渊感叹说，"老师的学问和仁德仰望它更觉崇高，钻研它更觉深厚，瞻望时犹在眼前，忽然又到后面去了。老师循序渐进地引导我们，用典制来丰富我知，用礼仪来约束我行。我欲罢不能，竭尽全力，大道似乎卓然在前，但真要阔步追随，却感到无路可寻。"

●英語訳

Yan Yuan, with a deep sigh, said, "The more I raise my eyes to it, the higher it seems; the more I bore into it, the harder it becomes. I see it before me, but suddenly it is behind me. However, the Master is good at guiding me on step by step, broadening me with culture and restraining me with the rituals so that even if I wanted to stop, I could not do so. Having exhausted my ability, I still seem to find something standing high above me. Though I wish to follow it, there is no way to do so."

190　　子罕第九

── 原文 9-12 ──

子疾病，子路使門人為臣。病間，曰，"久矣哉。由之行詐也！無臣而為有臣。吾誰欺？欺天乎！且予与其死于臣之手也，無寧死于二三子之手乎！且予縦不得大葬，予死于道路乎？"

● 日本語読み

子の疾、病なり。子路、門人をして臣たらしむ。病、間なるときに曰く、久しいかな、由の詐りを行うや。臣なくして臣ありと為す。吾誰をか欺かん。天を欺かんか。且つ予其の臣の手に死なんよりは、無寧二三子の手に死なんか。且つ予縦い大葬を得ずとも、予道路に死なんや。

● 日本語訳

孔子が重病を患ったので、子路は門人たちを家臣に仕立てて告示の準備をさせた。孔子の病状が好転した時、こう言われた。「やり過ぎだったな、このような虚偽を弄するとは！家臣がいるように装い、私に誰をだませと言うのか？天帝をだませと言うのか？私はこのような偽りの家臣の手の中で死ぬのなら、お前たち学生の手の中で死んだ方がよい。たとえ盛大な葬儀ができなくても、だからといって路上で野ざらしになることはなかろう」

● 中国語訳

孔子患了重病，子路让学生们临时充当治丧家臣，预备后事。孔子病情好转，说，"太过分了，由竟然如此弄虚做假！不该有家臣却装做有家臣，我欺骗谁呢？欺骗上天吗！我与其死在这种家臣之手，还不如死在你们这些学生之手！我即使不能隆重安葬，我会死在道路上无人管吗？"

● 英語訳

When the Master was critically ill, Zi-lu made some disciples serve as his house officers. When he was a little better, he said, "Long indeed has Zi-lu practiced deception! I am entitled to no house officers, but now I pretend to have them. Whom am I deceiving? Deceiving Heaven? Besides, I would rather die in your hands, my disciples, than die in the hands of house officers. And even though I could not obtain a grand funeral, would I be left in the street when I die?"

― 原文 9-13 ―

子貢曰、"有美玉于斯，韞櫝而藏諸？求善賈而沽諸？"子曰，"沽之哉！沽之哉！我待賈者也。"

●日本語読み

子貢曰く、斯に美玉あり、匱に韞めて諸れを蔵せんか、善賈を求めて諸れを沽らんか。子曰く、これを沽らんかな、これを沽らんかな。我は賈を待つ者なり。

●日本語訳

子貢が言った。「ここに美しい玉があったら、これを戸棚にしまい込んでおきますか、それともよい買手を探して売られますか？」。孔子が答えて言われた。「売るとも、売るとも！私は良い買手を待つほうだよ！」

●中国語訳

子贡说，"这儿有块美玉，是把它放在柜子里藏起来呢，还是找个识货的买主卖掉它呢？"孔子说，"卖掉它！卖掉它！我在等待识货的人哩！"

●英語訳

Zi-gong said, "Here is a piece of beautiful jade! Shall I wrap it up and store it in a cabinet, or seek an appreciative merchant and sell it?"

The Master said, "Sell it! Sell it! I am one waiting for such a merchant."

― 原文 9-14 ―

子欲居九夷。或曰，"陋，如之何？"子曰，"君子居之，何陋之有？"

●日本語読み

子、九夷に居らんと欲す。或るひとの曰く、陋しきことこれを如何せん。子曰く、君子これに居らば、何の陋しきことかこれ有らん。

●日本語訳

孔子は異民族の地に移り住もうとされた。ある人が尋ねた。「そんな野蛮なところで、何をなさいますか？」。孔子が言われた。「君子がそこに住めば、どうして野蛮なことがあろうか？」

●中国語訳

孔子想住到夷人地区去。有人说，"那儿落后，怎么行呢？"孔子说，"君子住在那里，还怕什么落后呢！"

●英語訳

The Master wished to live among the Nine Yis.

Someone said, "They are vulgar. What can you do about them?"

The Master said, "A gentleman used to live there. How could they be vulgar?"

― 原文 9-15 ―

子曰，"吾自卫反鲁，然后乐正，《雅》、《颂》各得其所。"

●日本語読み

子曰く、吾衛より魯に反り、然る後に楽正しく、雅頌各々其の所を得たり。

●日本語訳

孔子がおっしゃった。

「私が衛の国から魯の国に帰ってから、楽章が改められ、『雅』

と『頌』の区別がなされ、それぞれ適所に配置されるようになった」

●中国語訳

孔子说，"我从卫国回到鲁国，才订正了乐章，使《雅》、《颂》区别开来，各就各位。"

●英語訳

The Master said, "Only after I had returned from Wei to Lu was *Music* set right and the odes and hymns restored to their proper places."

── 原文 9-16 ──

子曰，"出則事公卿，入則事父兄，喪事不敢不勉，不為酒困，何有于我哉？"

●日本語読み

子曰く、出でては則ち公卿に事え、入りては則ち父兄に事う。喪の事は敢えて勉めずんばあらず。酒の困れを為さず、何か我に有らんや。

●日本語訳

孔子がおっしゃった。

「外に出ては高官に仕え、家では父兄の世話をし、喪事ではできるだけ礼を尽くし、酒に乱れたりはしない。この位のことなら私にとっても何でもない」

●中国語訳

孔子说，"出外侍奉公卿，在家服侍父兄，办丧事不敢不尽礼，不为喝酒过量所困扰，这些事对我都不在话下。"

●英語訳

The Master said, "Going out, to serve the lords and ministers; coming home, to serve one's father and elder brothers; in funeral matters, not to dare to spare any efforts; not to be overwhelmed by wine — what difficulty do they present to me?"

原文 9-17

子在川上，曰，"逝者如斯夫！不舍昼夜。"

●日本語読み

子、川の上に在りて曰く、逝く者は斯くの如きか。昼夜を舍めず。

●日本語訳

孔子が川のほとりで言われた。「過ぎ去りし光陰はなんと川の流れのようではないか、昼夜を分かたず流れ続ける」

●中国語訳

孔子在河边说，"过去的光阴就象这条河水啊，不分昼夜地在流逝！"

●英語訳

The Master, standing by the river, said, "That which goes by is like this, without stopping day and night."

原文 9-18

子曰，"吾未见好德如好色者也。"

●日本語読み

子曰く、吾未だ徳を好むこと色を好むが如くする者を見ざるなり。

●日本語訳

孔子がおっしゃった。

「私はいまだかつて美人を愛するように、仁徳を愛する人に出会ったことがない」

●中国語訳

孔子说，"我从未见到爱好仁德胜过爱好美色的人。"

●英語訳

The Master said, "I have never seen anyone who loves virtue as much as he loves beautiful women."

—— 原文 9-19 ——

子曰，"譬如为山，未成一篑，止，吾止也。譬如平地，虽
覆一篑，进，吾往也。"

●日本語読み

子曰く、譬えば山を為るが如し。未だ一篑を成さざるも、止むは
吾止むなり。譬えば地を平らかにするが如し。一篑を覆すと雖
も、進むは吾往くなり。

●日本語訳

孔子がおっしゃった。

「例えば山を築くのに、あと一杯の土で完成というところで止
まってしまったのは、私自身が中途半端だったからだ。例えば土
地をならすのに、たとえ一杯の土をかけただけにせよ、それがで
きあがったのは、私自身が絶えず前進したからだ」

●中国語訳

孔子说，"好比积土成山，差一筐土就完成，却停下来了，那是半
途而废；好比填土平地，即使只倒一筐土，却在继续，那是勇往直
前。"

●英語訳

The Master said, "Take, for example, building a mountain. It is left
uncompleted for want of one basketful of soil. It stopped because
I stopped. Take, for example, leveling land. Though I have dumped
only one basketful of soil, it progressed because I went ahead."

—— 原文 9-20 ——

子曰，"语之而不惰者，其回也与！"

●日本語読み

子曰く、これに語げて惰らざる者は、其れ回なるか。

●日本語訳

孔子がおっしゃった。

「私の教えを始終聞いていて怠らないのは、多分顔回一人くらいだろう！」

●中国語訳

孔子说，"听我讲话始终不懈怠的，大概就是颜回一个人吧！"

●英語訳

The Master said, "The only one I can discourse with without ever becoming weary is perhaps Hui!"

― 原文 9-21 ―

子谓颜渊，曰，"惜乎！吾见其进也，未见其止也。"

●日本語読み

子、顔淵を謂いて曰く、惜しいかな。吾其の進むを見るも、未だ其の止むを見ざるなり。

●日本語訳

孔子が顔回について、こう言われた。「実に惜しい男だ！私は彼が絶えず前進するのを見ていたが、途中で留まることはなかった！」

●中国語訳

孔子谈到颜回说，"这个人早逝真可惜啊！我只见到他不断前进，从未见过他停步不前啊！"

●英語訳

The Master, speaking of Yan Yuan, said, "Alas! I only saw him advance and never saw him stop."

― 原文 9-22 ―

子曰，"苗而不秀者有矣夫！秀而不実者有矣夫！"

●日本語読み

子曰く、苗にして秀でざる者あり。秀でて実らざる者あり。

●日本語訳

孔子がおっしゃった。

「作物が発芽しても花をつけないのもあり、花をつけても実を実らせないものもある」

●中国語訳

孔子说，"禾苗成长后不抽穗开花的是有的，抽穗开花而不结果实的也是有的。"

●英語訳

The Master said, "That which sprouts without flowering — there have been such cases indeed! That which flowers without fruiting—there have been such cases indeed!"

― 原文 9-23 ―

子曰，"后生可畏，焉知来者之不如今也？四十、五十而无闻焉，斯亦不足畏也已。"

●日本語読み

子曰く、後生畏るべし。焉んぞ来者の今に如かざるを知らんや。四十五十にして聞こゆること無くんば、斯れ亦畏るるに足らざるのみ。

●日本語訳

孔子がおっしゃった。

「若者は畏るべきだ、何で後に来る者が今に及ばないと言えよう？四十、五十になっても何一つ成し遂げないようでは、これはまた、畏るるには足らないよ」

●中国語訳

孔子说，"年轻人值得敬畏，怎么知道将来的人不如我们现代人呢？人到了四十、五十还没有名望的话，也就不值得敬服了。"

●英語訳

The Master said, "Young people are awe-inspiring. How do we know that in the future, they will not be so awe-inspiring as they are today? However, if at forty or fifty, they remain unheard of, they will no longer be awe-inspiring."

── 原文 9-24 ──

子曰，"法语之言，能无从乎？改之为贵。巽与之言，能无说乎？绎之为贵。说而不绎，从而不改，吾末如之何也已矣。"

●日本語読み

子曰く、法語の言は、能く従うこと無からんや。これを改むるを貴しと為す。巽与の言は、能く説ぶこと無からんや。これを繹ぬるを貴しと為す。説びて繹ねず、従いて改めずんば、吾これを如何ともする末きのみ。

●日本語訳

孔子がおっしゃった。

「手厳しい批判の言葉には、従わずにいられようか？過ちを正すのは大切なことだ。へりくだった言葉は、喜ばずにいられようか？注意深く言葉の真意を汲むのは大切なことだ。喜んでいて深く考えもせず、言葉に従っても実際に行いを正さない人に対し、私はどうすることもできない」

●中国語訳

孔子说，"严厉批评之语，能不听从吗？改正过错才为可贵。谦恭顺从之语，能不高兴吗？仔细思索才为可贵。高兴而不思索，听从而不改正，对这种人，我就无可奈何了。"

●英語訳

The Master said, "Upright and admonitory words — can you help accepting them? But the important thing is to correct yourself. Deferential and complimentary words — can you help liking them? But the important thing is to ruminate over them. He who likes without ruminating or accepts without correcting — I do not know what to do with him."

── 原文 9-25 ──

子曰，"主忠信，毋友不如己者，过则勿惮改。"

●日本語読み

子曰く、忠信を主とし、己に如かざる者を友とすること無かれ。過てば則ち改むるに憚ること勿れ。

●日本語訳

孔子がおっしゃった。

「誠実に約束を守ることを第一とし、決して自分にそぐわない人とは友達となるな。過ちを犯したら改めることを憚ってはならない」

●中国語訳

孔子说，"以忠诚守信为主，切勿结交不如自己的人，有了过错就不要怕改正。"

●英語訳

The Master said, "Keep wholehearted sincerity and truthfulness as your major principles. Do not befriend those beneath you. When you make a mistake, do not be afraid to correct it."

── 原文 9-26 ──

子曰，"三军可夺帅也，匹夫不可夺志也。"

●日本語読み

子曰く、三軍も帥を奪うべきなり。匹夫も志を奪うべからざる

なり。

●日本語訳

孔子がおっしゃった。

「三軍という大軍でもその大将を奪うことはできようが、ごく普通の一人の男といえどもその志を変えさせることはできない」

●中国語訳

孔子说，"三军虽众，可以夺去它的主帅，一介匹夫，却不能改变其志向。"

●英語訳

The Master said, "The three armies may be robbed of their supreme commander: but a common man cannot be robbed of his will."

― 原文 9-27 ―

子曰，"衣敝缊袍，与衣狐貉者立，而不耻者，其由也与！"

●日本語読み

子曰く、敝れたる缊袍を衣、狐貉を衣たる者と立ちて恥じざる者は、其れ由なるか。

●日本語訳

孔子がおっしゃった。

「ぼろの長衣を着て、狐や貉の毛をまとった者と一緒に立っても恥ずかしがらないのは、多分子路くらいであろう」

●中国語訳

孔子说，"穿着破旧的衣袍，和穿着狐皮裘衣的人站在一起而不感到羞耻的人，大概只有由了吧！"

●英語訳

The Master said, "The only one who, dressed in a shabby padded hemp gown, can stand together with those dressed in fox and badger furs without feeling ashamed is perhaps Zi-lu!"

― 原文 9-28 ―

子曰、"不忮不求，何用不臧？"子路終身誦之。子曰、"是道也，何足以臧？"

●日本語読み

子曰く、忮わず求めず、何を用てか臧からざらん。子路、終身これを誦す。子曰く、是の道や、何ぞ以て臧しとするに足らん。

●日本語訳

孔子がおっしゃった。

「『詩経』に『妬まず、欲張らないのを、まさか美徳ではないと言うのか』とある」。子路はこの詩の一句をずっと口ずさんでいこうとした。孔子が言われた。「こんなことでうぬぼれていては、どうしてその上を目指せると言うのか？」

●中国語訳

孔子说，"《诗·邶风·雄雉》说，'不妒忌、不贪求，难道不是一种美德吗？'"子路后来常吟诵这两句诗。孔子说，"仅仅如此，怎么能真正好起来呢？"

●英語訳

The Master said,

"Without envy, without greed, How could one be anything but good?"

Zi-lu chanted these lines all his life.

The Master said, "This conforms to the Way. But how could it be considered sufficiently good?"

― 原文 9-29 ―

子曰、"岁寒，然后知松柏之后凋也。"

●日本語読み

子曰く、歳寒くして、然る後に松柏の凋むに後ることを知る。

●日本語訳

孔子がおっしゃった。

「冬の厳しい寒さになって、初めて松や柏が枯れないことが分かるのだ」

●中国語訳

孔子说，"岁月遇严寒，才知道松柏是最后凋谢的。"

●英語訳

The Master said, "Only when the year turns freezing cold do we realize that pines and cypresses are the last to wither."

— 原文 9-30 —

子曰，"知者不惑，仁者不忧，勇者不惧。"

●日本語読み

子曰く、知者は惑わず、仁者は憂えず、勇者は懼れず。

●日本語訳

孔子がおっしゃった。

「聡明な人は少しも疑わず、仁徳のある人は憂いも心配もなく、勇敢なる人は恐れることはない」

●中国語訳

孔子说，"聪明的人毫无疑惑，仁德的人无忧无愁，勇敢的人无所畏惧。"

●英語訳

The Master said, "The man of wisdom is free from delusion; the man of humanity is free from anxiety; the man of courage is free from fear."

― 原文 9-31 ―

子曰，"可与共学，未可与适道；可与适道，未可与立；可与立，未可与权。"

●日本語読み

子曰く、与に共に学ぶべし、未だ与に道に適くべからず。与に道に適くべし、未だ与に立つべからず。与に立つべし、未だ与に権るべからず。

●日本語訳

孔子がおっしゃった。

「共に学問をしても、必ずしも大道に到達するとは限らない。共に大道に到達しても、必ずしも堅持できるとは限らない。堅持できたとしても、必ずしも臨機応変の処置がとれるとは限らない」

●中国語訳

孔子说，"能与之共同学习的，不一定能与之抵达大道；能与之抵达大道的，不一定能与之坚守不移；能与之坚守不移的，不一定能与之通权达变。"

●英語訳

The Master said, "Those who can learn with you may not be able to pursue the Way with you; those who can pursue the Way with you may not be able to establish themselves with you; those who can establish themselves with you may not be able to apply expediency with you."

― 原文 9-32 ―

"唐棣之华，偏其反而。岂不尔思？室是远而。"子曰，"未之思也，夫何远之有？"

●日本語読み

唐棣の華、偏として其れ反せり。豈に爾を思わざらんや、室是れ

204　子罕第九

遠ければなり。子曰く、未だこれを思わざるなり。夫れ何の遠き ことかこれ有らん。

●日本語訳

「唐棣の花、ひらひらと揺れ、君を思わないわけではないが、家があまりにも遠すぎる」という詩がある。孔子がこれについて言われた。「本当にそう思っているなら、どうして遠いことがあろうか？」

●中国語訳

古诗说："唐棣树开花，左摇右摆舞动翩翩；难道我不把你思念？实在相距太遥远。"孔子说，"是未曾去思念啊，真要思念了，还有什么遥远的呢？"

●英語訳

"The blossoms of the white poplar tree
Keep fluttering to and fro.
Who says I do not think of thee?
Thy house is so remote."
The Master said, "He is not thinking of her at all. How can it be considered remote?"

子罕第九

【郷党第十】

Kyōtō-daijū

郷党第十

── 原文 10-1 ──

孔子于乡党，恂恂如也，似不能言者。其在宗庙，朝廷，便便言，唯谨尔。

●日本語読み

孔子、郷党に於いて恂恂如たり。言うこと能わざる者に似たり。其の宗廟・朝廷に在すや、便便として言い、唯謹めり。

●日本語訳

孔子は郷里では、物腰が穏やかにして縦順で、話も不得意のように見えた。しかし、宗廟や朝廷では、反対に話ははっきりしていて分かり易いが、非常に慎重であった。

●中国語訳

孔子在家乡，举止温和恭顺，好象是一个不善言谈的人。在宗庙里，朝廷上，他讲话清楚明白，只是很谨慎罢了。

●英語訳

When the Master was in his native place, he looked simple and honest, as if unable to speak. When he was in the ancestral temple and at court, he spoke eloquently, albeit discreetly.

── 原文 10-2 ──

朝，与下大夫言，侃侃如也；与上大夫言，訚訚如也。君在，踧踖如也，与与如也。

●日本語読み

朝にして下大夫と言えば、侃侃如たり。上大夫と言えば、訚訚如たり。君在せば踧踖如たり、与与如たり。

●日本語訳

孔子は朝廷で、下級の大夫と話される時は、温和できびきびとし、上級の大夫と話される時は、和やかな中にも丁重さがあり、主君がお出ましになると、恭しく襟を正されるが、振舞いは自然で、態度は立派である。

●中国語訳

孔子在朝廷上，和下大夫交谈，显得温和而快乐；和上大夫交谈，显得正直而适中；国君临朝，显得恭敬而紧张，但举止适度，仪态得体。

●英語訳

At court when conversing with junior ministers, he looked genial and cheerful; when conversing with senior ministers, he looked affable and forthright; when the sovereign was present, he looked awe-stricken and moderately dignified.

― 原文 10-3 ―

君召使擯，色勃如也，足躩如也。揖所与立，左右手，衣前后，襜如也。趨进，翼如也。宾退，必复命曰，"宾不顾矣。"

●日本語読み

君、召して擯たらしむれば、色勃如たり。足躩如たり。与に立つ所を揖すれば、其の手を左右にす。衣の前後、襜如たり。趨り進むには翼如たり。賓退けば必ず復命して子曰く、賓顧みずと。

●日本語訳

孔子は主君から賓客の接待を仰せつかると、たちまち厳かな顔つきになられ、歩く姿も礼儀正しく引き締まっておられる。一緒に立っている人に会釈を交わされる時は、それぞれ左右に向かって丁寧に礼をされ、衣服も前後に整然としておられる。早足で進まれると、衣服が鳥の羽のように左右に開く。賓客が引き下がると、必ず主君に「お客様はすでに退出なさいました」と報告され

る。

●中国語訳

孔子被国王召去接引贵宾，神色庄重矜持，毫不懈怠地按礼仪行走。向两旁的人作揖时，朝左朝右拱手，衣掌一俯一仰整齐地摆动。快步前进时，如同鸟儿展翅。贵宾告退，必定回报国君说，"宾客已经走远了。"

●英語訳

When the sovereign summoned him to receive guests of state, he would change his countenance and quicken his steps. He would cup his hands to those standing together with him, turning his right hand to the left, the front and hind hems of his robe moving up and down evenly. Then he would hasten forward like a bird unfolding its wings. When the guests had retired, he always returned to report on his mission, saying, "The guests have stopped looking back."

― 原文 10-4 ―

入公門，鞠躬如也，如不容。立不中門，行不履閾。過位，色勃如也，足躩如也，其言似不足者。摄其升堂，鞠躬如也，屏气似不息者。出，降一等，逞顔色，怡怡如也。没阶，趋進，翼如也。復其位，踧踖如也。

●日本語読み

公門に入るに、鞠躬如たり。容れられざるが如くす。立つに門に中せず。行くに閾を履まず。位を過ぐれば、色勃如たり、足躩如たり。其の言うこと、足らざるものに似たり。斉を摂げて堂に升るに、鞠躬如たり。気を屏めて息せざる者に似たり。出でて一等を降れば、顔色を逞って怡怡如たり。階を没せば、趨り進むこと翼如たり。其の位に復れば踧踖如たり。

●日本語訳

孔子は朝廷の正門をくぐられる時は、まるで門に入り切らないか

のように身をかがめられる。門の中央には立たれず、通る時には門の敷居を踏まれない。主君が座っておられるところを通る時は、たちまち重々しくなり、歩く姿も礼儀正しく、言葉は気力が足りないようである。襟を掲げて朝廷に上がる時は、身をかがめ、息をこらしてまるで息をしていないようである。朝廷を下がる時、階段を一段降りられると、ほっとして寛いだ顔つきになられる。階段を降りられてからは小走りになり、衣服はまるで鳥が羽を広げているようである。自分の位置に戻られても、恭しいままでおられる。

●中国語訳

孔子进入朝廷的大门时，像鞠躬似地弯下身来，如同门下不容其身一样。站立不挡在门中间，行走不踩着门槛。经过国君座位时，神色立即庄重起来，毫不懈怠地按礼仪走步，说话像是中气不足似的。提起衣襟走上朝廷时，像鞠躬似地弯下身来，屏住气好象不敢呼吸似的。罢朝出来，走下一级台阶，放松了神态，和颜悦色；下完台阶，快步前进，如同鸟儿展翅一般；回到自己的位置，依然恭敬局促。

●英語訳

On entering the ducal gate, he would bend his body as if it were not tall enough to admit him. Standing, he would not do so in the middle of the gateway; walking, he would not tread the threshold. When passing the throne, he would change his countenance and quicken his steps, and he seemed sparing of words.

When lifting the lower hem of his robe to ascend the audience hall, he would bend his body and abate his breath as if he had stopped breathing altogether.

On coming out and descending the first step, he would relax his features, looking cheerful. Having descended to the foot of the stairway, he would hasten forward, like a bird unfolding its wings. On regaining his position, he looked reverent.

—— 原文 10-5 ——

执圭，鞠躬如也，如不胜。上如揖，下如授。勃如战色，足蹜蹜如有循。享礼，有容色。私觌，愉愉如也。

●日本語読み

圭を執れば、鞠躬如たり。勝えざるが如し。上ぐることは揖するが如く、下すことは授くるが如く、勃如として戦色。足は蹜蹜如として循うこと有り。享礼には容色あり。私觌には愉愉如たり。

●日本語訳

孔子は手に圭玉を執られる時は、身をかがめ、まるで重くて持てないようにされる。上げる時はあたかも恭しく礼をするようにし、下ろす時はあたかも物を授かるようにされる。たちまち慎んだ顔つきになり、足取りはあわただしく、何かに沿って歩いておられるようである。贈り物を献上される時には、顔は隠やかになられる。私的な身分で謁見される時には、寛いで楽しそうな様子である。

●中国語訳

孔子行礼时手执玉圭，像鞠躬似地弯下身来，如同拿不动一样。上举时如同作揖，下放时如同授物。面色庄重，战战兢兢，显出谨慎小心的神色，脚步紧凑，好像沿着一条路线前行。献礼物时，面色和善。以私人身分拜见外国使臣时，则是轻松愉快的样子。

●英語訳

Holding the jade tablet, he would bend his body as if unequal to its weight. Raising it, he looked as if cupping his hands to someone; lowering it, he looked as if presenting it to someone. His countenance would change color as if trembling with fear and his feet move in quick, small steps as if tracing a marked line. When presenting gifts, he looked affable. At private receptions, he looked cheerful.

── 原文 10-6 ──

君子不以紺緅飾，紅紫不以为褻服。当署，袗絺绤，必表而出之。緇衣，羔裘；素衣，麑裘；黄衣，狐裘。褻裘长，短右袂。必有寝衣，长一身有半。狐貉之厚以居。去丧，无所不佩。非帷裳，必杀之。羔裘玄冠不以吊。吉月，必朝服而朝。

● 日本語読み

君子は紺緅を以て飾らず。紅紫は以て褻服と為さず。署に当たりては袗の絺綌、必ず表して出ず。緇衣には羔裘、素衣には麑裘。黄衣には狐裘。褻裘は長く、右の袂を短くす。必ず寝衣あり、長け一身有半。狐貉の厚き以て居る。喪を去いては佩びざる所なし。帷裳に非ざれば必ずこれを殺す。羔裘玄冠しては以て弔せず。吉月には必ず朝服して朝す。

● 日本語訳

君子は紺色・赤黒色は衣服の縁取りには用いず、赤色・紫色の布地は普段着にも用いない。夏、ざらざらして細かい葛布の単衣を着る時は、必ず上衣を着て外出する。黒色の上衣には黒羊の毛皮、白色の上衣には白鹿の毛皮、黄色の上衣には狐の毛皮をそれぞれ用いる。家で着る毛皮の衣は丈を長くするが、右袖は短くする。寝る時には必ず夜具を用意し、その長さは身長の一倍半とする。狐や貉の厚い毛皮で家での普段着をつくる。喪が明けたら、どんなものを身に付けてもよい。礼服としての袴でなければ、短く裁断する。黒羊の皮衣、赤黒色の冠は身に付けないで弔いに行く。いつも月初めには、必ず礼服で朝拝に行く。

● 中国語訳

君子不用青红色、黑红色镶边，绯色、紫色的布料不用来做便服。夏天穿着粗、细葛布单衫时，必须套上外衣才外出。黑衣配黑羊皮

213 郷党第十

裘，白衣配白鹿皮裘，黄衣配黄狐皮裘。在家穿的皮裘较长，但缩短右袖。必须备有睡觉的小被，相当一个半体长。用狐、貉的厚毛皮做居家的便服。守丧结束，什么东西都能佩带。不是作为礼服的裳，必须裁短一些。黑羊皮裘、红黑色的冠不穿戴着去吊丧。每逢朔日，必定穿戴朝服去朝拜。

●英語訳

The gentleman would use neither reddish black nor navy for trimming, neither scarlet nor purple to make casual wear. In hot weather, he wore an unlined garment of fine or coarse hemp, always covering it with an outer garment on going out. A black smock matched a black lambskin robe; a white smock, a fawn skin robe and a yellow smock, a fox-fur robe. His fur robe for casual wear was longer than usual, with a shorter right sleeve. He always had a sleeping gown, one and half times the length of his body. Thick fox fur and badger fur were used to make cushions.

When mourning was removed, there was no pendant that he would not wear. Except for tent skirts, all fabrics had to be cut. A black lambskin robe and reddish black hat were not used on condolence visits. On New Year's Day, he always went to court in his court robe.

── 原文 10-7 ──

斉，必有明衣，布。斉必変食，居必迁坐。

●日本語読み

斉すれば必ず明衣あり、布なり。斉すれば必ず食を変じ、居は必ず座を遷す。

●日本語訳

斎戒沐浴の時には、必ず清潔な麻で作った湯上がりを用意する。斎戒沐浴の時には必ずふだんとは飲食を改め、住まいも必ずふだんとは居場所を換えなければならない。

●中国語訳

斋戒沐浴的时候，一定有洁净的浴衣，是用麻布做成的。斋戒时，必须改变往常的饮食习惯，居处必须改换往常的寝室。

●英語訳

When fasting, he always had clean undergarments, made of cloth. When fasting, he always changed his diet, and for sleeping, always moved away from his bedroom.

— **原文 10-8** —

食不厌精，脍不厌细。食饐而餲，鱼馁而肉败，不食。色恶，不食；臭恶，不食。失饪，不食。不时，不食。割不正，不食。不得其酱，不食。肉虽多，不使胜食气。唯酒无量，不及乱。沽酒市脯不食。不撤姜食，不多食。祭于公，不宿肉。祭肉不出三日。出三日不食之矣。食不语，寝不言。虽蔬食菜羹，瓜祭，必齐如也。

●日本語読み

食は精を厭わず、膾は細きを厭わず。食の饐して餲せると魚の餒れて肉の敗れたるは食らわず。色の悪しきは食らわず。臭の悪しきは食らわず。飪を失えるは食らわず。時ならざるは食らわず。割正しからざれば食らわず。其の醤を得ざれば食らわず。肉は多しと雖も、食の気に勝たしめず。唯酒は量なく、乱に及ばず。沽う酒と市う脯は食らわず。薑を撤てずして食らう、多くは食らわず。公に祭れば肉を宿にせず。祭の肉は三日を出ださず。三日を出ずればこれを食らわず。食らうには語らず、寝ぬるには言わず。疏食と菜羹と瓜と雖も、祭れば必ず斉如たり。

●日本語訳

飯は精米してあるものがよく、膾は細かく刻んだものほどよい。飯は放っておくと味が変わり、臭いのする魚や腐った肉は食べな

い。色が悪く、悪臭のするものも食べない。調理法がよくないものは食べない。時期外れのものは食べない。切り方がうまくないものは食べない。適した調味料がなければ食べない。肉は豊富にあっても、食べる時は主食を超えて食べてはならない。酒だけは制限がないが、酔っ払うほどには飲まない。街で売っている酒や乾し肉は食べない。食事の時しょうがは必ず食べるが、食べ過ぎてはならない。主君の祭に奉仕して、分け与えられた肉はその日のうちに食べる。祭で用いられた肉は三日以内に食べ、それ以上経ったものは食べない。食事の時はしゃべらず、寝てからも世間話はしない。たとえ玄米飯・野菜スープでも、必ず食前に先祖に供えて祭り、斎戒の時のように敬虔な気持ちを表す。

●中国語訳

食物不嫌做得精，鱼肉不嫌切得细。食物馊臭了，鱼和肉腐烂了，不能吃；颜色难看，不吃；气味难闻，不吃；烹饪不当，不吃；不合时令，不吃；切割不正确，不吃；没有合适的调味酱，不吃。席上肉虽丰盛，吃的量不超过主食。唯有酒不加限量，但不至饮到乱醉。市上打来的酒，买来的肉干，不吃。进食时必有姜，但不多吃。参加国家的祭祀，分得的祭肉不留到第二天。祭祀用过的肉存放不超过三天，超过三天就不食用了。吃饭时不交谈，睡觉时不言语。即使是粗饭、菜汤，也必须在饭前向先祖献祭，也一定像斋戒那样恭敬严肃。

●英語訳

With rice, he never ate to satiety because of its being finely pounded; with meat and fish, he never ate to satiety because of their being nicely minced. Rice that had spoiled or stank, fish that had decayed, and meat that had rotted he would not eat. Things that had discolored he would not eat. Things that smelt foul he would not eat. Things that had not been cooked right he would not eat; things that had not ripened he would not eat. Meat that had not been properly cut he would not eat. Meat that was not cooked with the right sauces he would not eat.

Even though there was plenty of meat, he would not allow himself to eat more of it than rice. Only with wine, there was no limit to quantity; but he would not drink to distraction. Purchased wine and jerky bought at the market he would not use. He never removed ginger from his food while eating but would not eat too much of it. After sacrificing at court, he would not keep the meat over nignt. Other sacrificial meat he would not keep over three days. Over three days, he would not eat it.

When eating, he would not converse; lying in bed, he would not speak. Even coarse food and vegetable soup, he always offered some in sacrifice, and always in the manner of fasting.

― 原文 10-9 ―

席不正，不坐。

●日本語読み

席正しからざれば、座せず。

●日本語訳

座席の並べ方が正しくなければ、座らない。

●中国語訳

座席摆得不合规矩，不坐。

●英語訳

If the mat was not set right, he would not sit.

― 原文 10-10 ―

乡人饮酒，杖者出，斯出矣。乡人傩，朝服而立于阼阶。

●日本語読み

郷人の飲酒には、杖者出ずれば、斯に出ず。郷人の儺には、朝服して阼階に立つ。

●日本語訳

村人と酒を飲んでおられて、杖をついた長者が離れてから、孔子はやっと退出された。村で鬼やらいの儀式が行われると、朝廷に出仕される時の礼装で先祖の廟の東側の階段に立たれた。

●中国語訳

与乡里人饮酒，拄拐杖的老人退出后，才退出来。乡里迎神驱鬼时，穿着朝服站在祖庙东面的台阶上。

●英語訳

When the prefecture minister was hosting the drinking ceremony, he would not leave until the staff-holders had left.

When the prefecture minister was observing the Exorcising Ritual, he would, dressed in his court robe, stand on the eastern terrace.

── 原文 10-11 ──

问人于他邦，再拜而送之。

●日本語読み

人を他邦に問えば、再拜してこれを送る。

●日本語訳

他国にいる人に使者を遣わせる時には、改めて礼を言って送り出された。

●中国語訳

托人向国外的朋友致礼问好，他总是向受托者再次拜谢后送别。

●英語訳

When inquiring after a man in a foreign land, he would prostrate himself twice on seeing the messenger off.

── 原文 10-12 ──

康子馈药，拜而受之。曰，"丘未达，不敢尝。"

●日本語読み

康子、薬を饋る。拜してこれを受く、曰く、丘未だ達せず、敢え

218　郷党第十

て嘗めず。

●日本語訳

季康子が薬を贈った時、礼を言われて受け取られ、こう言われた。「私は薬の効能については分かりませんので、試服はしません」

●中国語訳

季康子馈赠药物，孔子拜谢后接受，说，"我对药性不精通，不敢试服。"

●英語訳

When Kang-zi presented him with some medicine, the Master prostrated himself in accepting it.
He said, "As I am ignorant, I dare not taste it."

― 原文 10-13 ―

厩焚。子退朝，曰，"伤人乎？"不问马。

●日本語読み

厩焚けたり、子、朝より退きて曰く、人を傷えりや。馬を問わず。

●日本語訳

孔子の家の厩が焼失し、孔子は朝廷から帰宅されると、まず「怪我人はいなかったか？」と聞かれたが、馬については何も聞かれなかった。

●中国語訳

马棚失火，孔子下朝回家，先问，"伤了人吗？"只字不提马。

●英語訳

The stable was burnt down. When the Master came home from court,he said, "Was anyone injured?" He did not inquire about the horses.

── 原文 10-14 ──

君賜食，必正席先嘗之。君賜腥，必熟而荐之。君賜生，必畜之。

●日本語読み

君、食を賜えば、必ず席を正して先ずこれを嘗む。君、腥きを賜えば、必ず熟してこれを薦む。君、生けるを賜えば、必ずこれを畜う。

●日本語訳

孔子は主君から食べ物を賜ると、必ずきちんと座を設けてまず一口味わわれた。主君から生肉を賜ると、必ず調理してまず神仏に供えられた。主君から生きた家禽を賜ると、必ず家で飼育された。

●中国語訳

国君賜給食物，孔子必定端正了坐席先嘗一点；国君賜給生肉，必定煮熟了先上供；国君賜給活禽，必定畜养起来。

●英語訳

When the sovereign presented him with cooked food, he always set his mat right and tasted it first. When the sovereign presented him with raw meat, he always had it cooked and offered it in sacrifice. When the sovereign presented him with a living animal, he always reared it.

── 原文 10-15 ──

侍食于君，君祭，先饭。

●日本語読み

君に侍食するに、君祭れば先ず飯す。

●日本語訳

主君と食事を共にされる時には、主君は食事前に先祖を供養さ

れ、孔子はいつもまず料理の味見をされた。

●中国語訳

陪同国君进餐，国君在饭前向先祖献祭，孔子总是先尝饭菜。

●英語訳

When he was attending upon the sovereign at a meal and the sovereign was offering sacrifice, he would first taste the food.

— 原文 10-16 —

疾，君視之，東首，加朝服，拖紳。

●日本語読み

疾あるに、君これを視れば、東首して朝服を加え、紳を拖く。

●日本語訳

孔子が病気になられて、主君が見舞われると、東枕になられて、臥された上に礼装を掛け、絹帯を置かれた。

●中国語訳

孔子生病在家，国君来探望他，他便面朝东，加盖朝服，并放上绅带。

●英語訳

When he was ill and the sovereign come to visit him, he would lie with his head to the East, covering himself with his court robe, with the girdle draped across it.

— 原文 10-17 —

君命召，不俟駕行矣。

●日本語読み

君、命じて召せば、駕を俟たずして行く。

●日本語訳

主君から出仕を命じられると、馬車の用意ができないうちに出掛けられた。

●中国語訳

国君有命令召见，不等车辆备好就动身而去。

●英語訳

When the sovereign's order came to summon him, he would, without waiting for the carriage to be harnessed, start walking first.

― 原文 10-18 ―

入太庙，每事问。

●日本語読み

大廟に入りて、事ごとに問う。

●日本語訳

孔子は宗廟に入られると、いちいち係りの役人に尋ねられた。

●中国語訳

孔子进了太庙，对每件事他都喜欢向别人请教一番。

●英語訳

When he entered the Founding Father's Temple, he inquired about everything.

― 原文 10-19 ―

朋友死，无所归，曰，"于我殡。"朋友之馈，虽车马，非祭肉，不拜。

●日本語読み

朋友死して帰する所なし。曰く、我に於いて殯せよ。朋友の饋りものは、車馬と雖も、祭の肉に非ざれば、拝せず。

●日本語訳

友達が亡くなっても、葬る親族がいない場合には、「私のところで葬式をやりなさい」と言われた。友達からの贈り物は、それが車や馬などの高価な物であっても、祭祀用の肉以外は礼をされなかった。

●中国語訳

朋友去世，没人料理后事，他说，"让我来办理丧事吧。"朋友的馈赠，即使是车辆马匹，只要不是祭肉他就不行拜谢礼。

●英語訳

When a friend died and there was no shelter for his coffin, the Master said, "I shall pay for the shelter."

In accepting a friend's gift, be it a carriage or a horse, excepting sacrificial meat, he would not prostrate himself.

── 原文 10-20 ──

寝不尸，居不容。

●日本語読み

寝ぬるに尸せず。居るに容づくらず。

●日本語訳

孔子は眠られる時は死骸のような硬直した臥し方はされず、家におられる時は客のような畏まった座り方はされなかった。

●中国語訳

孔子睡觉不像死尸那样僵直，家居不像做客那样端坐。

●英語訳

He would not sleep like a corpse, nor sit like a guest.

── 原文 10-21 ──

见齐衰者，虽狎，必变。见冕者与瞽者，虽亵，必以貌。凶服者式之。式负版者。有盛馔，必变色而作。迅雷风烈必变。

●日本語読み

子、斉衰の者を見ては、狎れたりと雖も必ず変ず。冕者と瞽者とを見ては、褻と雖も必ず貌を以てす。凶服の者にはこれに式す。負版の者に式す。盛饌あれば必ず色を変じて作つ。迅雷風烈には必ず変ず。

●日本語訳

孔子は喪服を着た人に遇われると、たとえ親しい人であっても、必ず態度を改め粛然と哀悼の意を表された。儀式用の冠をかぶった人や盲目の人に遇うと、たとえ知り合いであっても、必ず礼儀正しくもてなされた。車に乗っておられる時喪服を着た人に遇われると車の前部の横板にもたれて敬礼された。これは公文書を送り届ける人のためにそうされたのである。立派な料理が出されると、必ず顔色を改めて立ち上がって謝意を言われた。激しい雷や風に遭うと、必ず真剣な顔になられた。

●中国語訳

孔子见到服丧的人，即使是亲近者，也必定改变神色，肃然致哀。见到戴礼帽的人、盲人，即使是熟人，也必定礼貌相待。乘车遇上穿丧服的人就扶着轼致礼，为传送文书的人扶轼。有丰盛的菜肴，必定改变神情并站起身来致谢。遇上雷霆、大风，必定变色改容。

●英語訳

On seeing a man in mourning, even an intimate friend, he always changed his countenance. On seeing a man wearing a ceremonial hat or a blind man, even someone close to him, he always treated him with courtesy. To a man in funeral attire, he would bend over the horizongtal bar of his carriage. so would he to a man in mourning apparel.

When there was sumptuous food, he always changed his countenance and rose. When there was a sudden thunderclap or a howling wind, he always changed his countenance.

― 原文 10-22 ―

升车，必正立，执绥。车中不内顾，不疾言，不亲指。

●日本語読み

車に昇りては、必ず正しく立ちて綏を執る。車の中にして内顧せず、疾言せず、親指せず。

●日本語訳

孔子は車に乗られると、必ずきちんと立たれて、綱を手に取られた。車内ではあちこち脇見はされず、声高に話されるようなことはなく、むやみに指さすこともされなかった。

●中国語訳

孔子上了车，必定端正地站立，拉着扶手的绳索。在车上不回顾车内，不高声说话，不指指划划。

●英語訳

When mounting a carriage, he always stood upright, holding on to the rope. In the carriage, he looked only at the interior. He would not speak at a high pitch, nor point with his finger haphazardly.

― 原文 10-23 ―

色斯举矣，翔而后集。曰，"山梁雌雉，时哉时哉！"子路共之，三嗅而作。

●日本語読み

色みて斯に挙り、翔りて而して後に集まる。曰く、山梁の雌雉、時なるかな、時なるかな、子路これを共す。三たび嗅ぎて作つ。

●日本語訳

鳥が人の顔色のよくないのを見て飛び上がり、旋回してからやっと降りてきた。これをご覧になって孔子は言われた。「この山の鳥は、実に動静をよく見ている！」。子路が鳥たちに丁寧に礼をすると、鳥たちは三度鳴いてから飛び去った。

●中国語訳

鸟见到人神色不善就飞了起来，盘旋飞翔后才落下来。孔子说，"这山梁上的雌野鸡，也真识时务啊！也懂得时机啊！"子路向它们拱拱手，它们屡次骇然惊顾，然后叫了几声就飞走了。

●英語訳

Startled, the bird flew away. After circling around for some time, it alighted again.

The Master said, "You female pheasant on the mountain bridge, how opportune you are!How opportune you are!"

Whereby Zi-lu cupped his hands to it; the bird thrice flapped its wings and soared.

【先進第十一】

Senshin-daijūichi

先進第十一

—— 原文 11-1 ——

子曰，"先进于礼乐，野人也；后进于礼乐，君子也。如用之，则吾从先进。"

●日本語読み

子曰く、先進の礼楽に於けるや、野人なり。後進の礼楽に於けるや、君子なり。如しこれを用うれば、則ち吾は先進に従わん。

●日本語訳

孔子がおっしゃった。

「先に礼楽を学んだ後で役人になった者は、一般の在野の知識人で、後から礼楽を学んだ先に役人になった者は、貴族出身の君子である。もし彼らを任用するなら、私としては先に学んだ者から選ぶだろう」

●中国語訳

孔子说，"先学习礼乐后做官的，是一般在野的读书人，后学习礼乐先做官的，是贵族出身的君子，如果要任用他们，我从先学习礼乐的人选起。"

●英語訳

The Master said, "Those who first entered into the rituals and music were rustics; those who later entered into the rituals and music were nobles. If I were to employ men, I would be for those who first entered into the rituals and music."

━━ 原文 11-2 ━━

子曰、"従我於陳、蔡者，皆不及門也。"

●日本語読み

子曰く、我に陳・蔡に従う者は、皆門に及ばざるなり。

●日本語訳

孔子がおっしゃった。

「当時私について陳や蔡の国で苦楽を共にして学んだ者は、今では皆いなくなってしまった」

●中国語訳

孔子说，"当年跟随我在陈国、蔡国共患难学习的人，现在都不在我门下了。"

●英語訳

The Master said, "Of those who followed me in Chen and Cai, none is at my door now."

━━ 原文 11-3 ━━

徳行：顔淵，閔子騫，冉伯牛，仲弓。言語：宰我，子貢。政事：冉有，季路。文学：子游，子夏。

●日本語読み

徳行には顔淵・閔子騫・冉伯牛・仲弓、言語には宰我・子貢、政治には冉有・季路、文学には子游・子夏。

●日本語訳

徳行に優れた弟子には顔淵・閔子騫・冉伯牛・仲弓がいる。弁舌に長けた弟子には宰我・子貢がいる。政務に秀でた弟子には冉有・季路がいる。学問・芸術に優れた弟子には子游・子夏がいる。

●中国語訳

德行见长的弟子是颜渊、闵子骞、冉伯牛、仲弓。言语见长的是宰我、子贡。政务见长的弟子是冉有、季路。文事见长的弟子是子游、

子夏。

●英語訳

The Master had excellent pupils, moral conduct: Yan Yuan, Min Zi-qian, Ran Bo-niu, Zhong-gong, speech: Zai Wo, Zi-gong, state affairs: Ran You, Ji-lu, literature: Zi-you, Zi-xia.

── 原文 11-4 ──

子曰，"回也非助我者也，于吾言无所不说。"

●日本語読み

子曰く、回や、我を助くる者に非ざるなり。吾が言に於いて説ばざる所なし。

●日本語訳

孔子がおっしゃった。

「顔回は私の助けにはならないよ、私の言うことを何でも喜んで聞いてしまうからな」

●中国語訳

孔子说，"颜回不是对我有帮助的人，他对于我的话没有不喜欢的。"

●英語訳

The Master said, "Hui (Yan Hui) is not one who can be of help to me. In whatever I say, there is nothing he is not pleased with."

── 原文 11-5 ──

子曰，"孝哉闵子骞! 人不间其父母昆弟之言。"

●日本語読み

子曰く、孝なるかな、閔子騫。人、其の父母昆弟を間するの言あらず。

●日本語訳

孔子がおっしゃった。

「閔子騫は実に孝行者だよ！彼は徳によって父母兄弟に影響を与

え、誰も彼の家族を非難させないようにしたから」

●中国語訳

孔子说，"闵子骞真孝顺啊！他以德感化父母兄弟，使人们没有说其家人不是的。"

●英語訳

The Master said, "How filial Min Zi-qian is! People have nothing censorious to say about his parents and brothers."

── 原文 11-6 ──

南容三復白圭，孔子以其兄之子妻之。

●日本語読み

南容、白圭を三復す。孔子、其の兄の子を以てこれに妻す。

●日本語訳

南容は『詩経』にある「白圭の欠点は、磨けば改められる、言行上の過ちは、拭いされない」の一句を日に何度も口ずさんだ。孔子は兄の娘を彼に嫁がせた。

●中国語訳

南容多次吟诵《诗》中关于"白圭之玷，上可磨也，斯言之玷不可为也"（白圭上的污点还可磨掉，言行上的过失不可抹掉）的诗句，孔子把自己的侄女嫁给了他。

●英語訳

Nan Rong thrice recited "a white jade tablet." The Master gave his elder brother's daughter to him in marriage.

── 原文 11-7 ──

季康子问，"弟子孰为好学？"孔子对曰，"有颜回者好学，不幸短命死矣，今也则亡。"

●日本語読み

季康子問う、弟子孰か学を好むと為す。孔子対えて曰く、顔回な

る者あり、学を好む。不幸、短命にして死せり。今や則ち亡し。

●日本語訳

季康子が尋ねられた。「お弟子の中で誰が学問好きですか？」。孔子が答えて言われた。「顔回と言う者が最も学問を愛しておりましたが、不幸にも短命で亡くなってしまい、今はそういう者はおりません」

●中国語訳

季康子问道，"您的弟子中谁最好学？"孔子答道，"有个叫颜回的最爱学习，不幸夭折了，现今可没有这样的人。"

●英語訳

Ji Kang-zi asked, "Which of the disciples loves learning?" The Master replied, "There was one Yan Hui who loved learning. Unfortunately, he died young. Now there is none."

── 原文 11-8 ──

顔淵死，顔路请子之車以为之椁。子曰，"才不才，亦各言其子也。鯉也死，有棺而无椁，吾不徒行以为之椁。以吾从大夫之后，不可徒行也。"

●日本語読み

顔淵死す。顔路、子の車以てこれが椁を為らんことを請う。子曰く、才も不才も、亦各々其の子と言うなり。鯉や死す、棺ありて椁なし。吾従行して以てこれが椁を為らず。吾が大夫の後に従えるを以て、徒行すべからざるなり。

●日本語訳

顔回が死んだ時、父親の顔路は孔子の車を売ってその金で顔回の外棺を買いたいと申し出た。孔子は言われた。「才能のあるなしにかかわらず、お互いに自分の息子だよ。私の息子の孔鯉が死んだ時も、棺だけで外棺はなかったが、私は車を売らなかったし、歩くようにしてまで外棺を買おうとはしなかった。私は大夫で

あったから、礼に従って車に乗らないで歩くことは許されなかったのだよ」

●中国語訳

颜回去世了，颜路要求孔子卖掉车子来为颜回置办椁。孔子说，"无论有无才能，都算各人自己的儿子吧。即使孔鲤去世，有棺而没有椁，我不能卖掉坐车步行来为他弄一个椁。因为我还属于大夫之列，按礼是不能徒步行走的啊！"

●英語訳

When Yan Hui died, Yan Lu requested the Master's carriage to serve as his outer coffin.

The Master said, "Talented or untalented, they were each to us a son. When Li died, he, too, had only an inner coffin and no outer coffin. I did not go on foot to make my carriage serve as his outer coffin. As I once followed in the wake of ministers, By rituals I should not walk on foot."

── 原文 11-9 ──

顔淵死。子曰、"噫！天喪予！天喪予！"

●日本語読み

顔淵死す。子曰く、噫、天予を喪ぼせり。天予を喪ぼせり。

●日本語訳

顔回が死んだ時、孔子が言われた。「ああ、天は私を亡ぼしてしまった！天はこの私を亡ぼしてしまった！」

●中国語訳

颜回去世了，孔子说，"老天要我的命啦！是老天要毁掉我的命啦！"

●英語訳

When Yan Hui died, the Master said, "Alas! Heaven is killing me! Heaven is killing me!"

― 原文 11-10 ―

顔淵死，子哭之慟。従者曰，"子慟矣！"曰，"有慟乎？非夫人之為慟而誰為？"

●日本語読み

顔淵死す。子これを哭して慟す。従者の曰く、子慟せり。曰く、慟すること有るか。夫の人の為に慟するに非ずして、誰が為にかせん。

●日本語訳

顔回が死んだ時、孔子は悲嘆のあまり慟哭され、連れ添った門人たちが言った。「先生は大変な悲しまれようでした」。孔子は言われた。「私はそんなに悲しんだかね？あのような人間の死を悲しまないで、誰のために悲しむと言うのだ？」

●中国語訳

顔回去世了，孔子哭得很悲伤，随从的弟子们说，"老师太悲伤了。"孔子说，"我太悲伤了吗？不为这样的人悲伤，还为谁呢？"

●英語訳

When Yan Hui died, the Master lamented him excessively. His followers said, "Sir, you are grieving to excess."
The Master said, "Am I? If I do not grieve for this man excessively, for whom else should I?"

― 原文 11-11 ―

顔淵死，門人欲厚葬之。子曰，"不可。"門人厚葬之。子曰，"回也視予猶父也，予不得視猶子也。非我也，夫二三子也！"

●日本語読み

顔淵死す。門人厚くこれを葬らんと欲す。子曰く、不可なり。門人厚くこれを葬る。子曰く、回や予を視ること猶父のごとし。予は視ること猶子のごとくすることを得ず。我に非ざるなり、夫の

234　先進第十一

二三子なり。

●日本語訳

顔回が死んだ時、門人たちが手厚く葬ろうとしたが、孔子は言われた。「駄目だ」。門人たちはやはり顔回を手厚く葬ってしまったので、孔子が言われた。「顔回は私を実の父親のように思っていたが、私は彼を自分の息子のようにしてやれなかった。手厚く葬ったのは私の本意ではなく、あの弟子たちがやったのだ」

●中国語訳

颜回去世了，学生们想厚礼葬他，孔子说，"不行。"学生们最终还是厚葬了颜回，孔子说，"颜回看待我像父亲一样，我却不能把他像儿子一样看待。厚葬不是我的本意，是那些学生们干的啊！"

●英語訳

When Yan Hui died, the disciples wanted to bury him handsomely. The Master said, "That will not do." Nonetheless, the disciples buried him handsomely.

The Master said, "Hui treated me like a father, yet I cannot treat him like a son. It was not my idea. It was those young peoples"

― 原文 11-12 ―

季路問事鬼神。子曰,"未能事人, 焉能事鬼? "曰,"敢問死。"曰, "未知生, 焉知死? "

●日本語読み

季路、鬼神に事えんことを問う。子曰く、未だ人に事うること能わず、焉んぞ能く鬼に事えん。曰く、敢えて死を問う。曰く、未だ生を知らず、焉んぞ死を知らん。

●日本語訳

子路がいかに神霊に仕えるかを尋ねた。孔子が言われた。「まだ生きた人間にうまく仕えられないのに、どうして神霊に仕えられると言うのだ？」。子路が尋ねた。「死とはどのようなものかお

教え下さい？」。孔子が言われた。「生についてまだ分からないのに、どうして死が分かると言うのだ？」

●中国語訳

子路询问侍奉鬼神的事。孔子说，"活人还没能侍奉好，怎么能侍奉鬼神呢？"子路说，"请问怎样看待死？"孔子说，"对生尚未了解，怎么能知道死呢？"

●英語訳

When Ji-lu asked how to serve the spirits and gods, the Master said, "You cannot serve men yet; how can you serve the spirits?"

"May I venture to ask what death is?"

The Master said, "You do not understand life yet; how can you understand death?"

― 原文 11-13 ―

閔子騫待側，誾誾如也；子路，行行如也；冉有、子貢，侃侃如也。子乐。"若由也，不得其死然。"

●日本語読み

閔子騫、側らに侍す、誾誾如たり。子路、行行如たり。冉子・子貢、侃侃如たり。子楽しむ。曰く、由がごときは其の死を得ざらん。

●日本語訳

閔子騫は孔子の側に侍る時には、いかにも正直で礼儀正しく見える。子路は意志が強く雄々しい様子がうかがえる。冉有・子貢は温和で陽気である。孔子はいかにも楽しそうに言われた。「由（子路）のような者は、天寿をまっとうできないな」

●中国語訳

閔子骞侍立在孔子身边时，显得正直恭敬；子路则一副刚强英武的样子；冉由、子贡是温和而快乐。孔子觉得很高兴，说，"像由那样，怕是得不到天年而死的吧。"

●英語訳

Master Min, attending on one side, looked affable and upright; Zi-lu, staunch and strong; Ran You and Zi-gong, affably cheerful.

The Master was pleased.

"As for You (Zi-lu), he is unlikely to have a natural death."

— 原文 11-14 —

魯人為長府。閔子騫曰，"仍旧貫，如之何？何必改作？"子曰，"夫人不言，言必有中。"

●日本語読み

魯人、長府を為る。閔子騫曰く、旧貫に仍らば、これを如何、何ぞ必ずしも改め作らん。子曰く、夫の人は言わず。言えば必ず中ること有り。

●日本語訳

魯の国の人が財物倉をとり壊して改築しようとした。閔子騫が言った。「元のままでいいのにどうして修理するのだろう？なんで改築するのだろう？」。孔子が言われた。「この男は普段あまりしゃべらないが、言えば必ず正鵠を得ているよ」

●中国語訳

鲁人改造长府，闵子骞说，"按照老样子修理一下如何呢？何必改造呢？"孔子说，"这个人不大爱讲话，说了必定合乎道理。"

●英語訳

The men of Lu were about to rebuild the Chang Treasury. Min Zi-qian said, "Repaired after its old style — what do you think? Why rebuild it?"

The Master said, "That man seldom speaks. But when he does, he always hits the mark."

先進第十一

― 原文 11-15 ―

子曰，“由之瑟奚为于丘之门？”门人不敬子路，子曰，“由也升堂矣，未入于室也。”

●日本語読み

子曰く、由の瑟、奚為れぞ丘の門に於いてせん。門人、子路を敬せず。子曰く、由や堂に升れり。未だ室に入らざるなり。

●日本語訳

孔子がおっしゃった。

「子路の瑟は、なんで私のところで演奏することがあろう？」。このため他の門人たちは子路を軽蔑するようになった。孔子が言われた。「子路の音楽は相当なもので、ちゃんと堂に入っているが、まだ奥義に達していないだけのことだ」

●中国語訳

孔子说，“仲由的瑟，何必在我这里弹奏？”其他学生因此就瞧不起子路。孔子说，“仲由嘛，他的学问已不低了，不过还不够精深罢了，就像登上了大堂，只是没有进入内室。”

●英語訳

The Master said, "Why does You (Zi-lu) play his zither at my door?" Whereupon the disciples ceased to revere Zi-lu.

The Master said, "You (Zi-lu) has ascended to the parlor but has not entered the inner chamber yet."

― 原文 11-16 ―

子贡问，“师与商也孰贤？”子曰，“师也过，商也不及。”曰，“然则师愈与？”子曰，“过犹不及。”

●日本語読み

子貢問う。師と商とは孰れか賢れる。子曰く、師や過ぎたり、商や及ばず。曰く、然らば則ち師は愈れるか。子曰く、過ぎたるは

238　先進第十一

猶及ばざるがごとし。

●日本語訳

孔子が答えて言われた。「子張はゆき過ぎだし、子夏はゆきたりない」。子貢がさらに尋ねた。「それでは子張の方が優れているのですか？」。孔子が言われた。「ゆき過ぎるのは及ばないのと同じことだよ」

●中国語訳

子贡问道，"子张和子夏哪个能干？"孔子说，"子张过头了<u>些</u>，子夏不够了<u>些</u>。"子贡说，"那么是子张强一些了？"孔子说，"过分和不及，同样都不好。"

●英語訳

Zi-gong asked, "Between Shi and Shang , which is the worthier?"
The Master said, "Shi goes beyond whereas Shang falls short."
Zi-gong said, "Then Shi is the superior?"
The Master said, "To go beyond is the same as to fall short."

── 原文 11-17 ──

季氏富于周公，而求也为之聚敛而附益之。子曰，"非吾徒也。小子鸣鼓而攻之，可也。"

●日本語読み

季氏、周公より富めり。而して求やこれが為に聚敛してこれを附益す。子曰く、吾が徒に非らざるなり。小子、鼓を鳴らしてこれを攻めて可なり。

●日本語訳

季氏は周公よりはるかに富を蓄えていたが、冉求は人民の財物を搾り取って彼の財産をさらに増やしてやろうとした。孔子が言われた。「彼はもはや私の門人ではないから、お前たちが陣鼓を鳴らして公に糾弾しても構わないぞ」

●中国語訳

季氏的富有超过了周公，而冉求却为他搜刮来增加他的财富。孔子说，"他不是我的门徒，你们可以敲着鼓声讨他都没有关系。"

●英語訳

Ji Shi was richer than the Duke of Zhou, and Qiu was still amassing and collecting for him to increase his wealth.

The Master said, "He is no pupil of mine. Young men, you may beat the drum and attack him."

— 原文 11-18 —

柴也愚、参也魯、師也辟、由也喭。

●日本語読み

柴や愚、参や魯、師や辟、由や喭。

●日本語訳

高柴は愚かで、曽参は鈍く、顓孫師は偏狭で、仲由は粗雑だ。

●中国語訳

高柴愚笨，曾参迟钝，颛孙师偏激，仲由鲁莽。

●英語訳

Chai is foolish; Shen is slow-witted; Shi is narrow minded; You is rude.

— 原文 11-19 —

子曰，"回也其庶乎，屡空。賜不受命，而貨殖焉，億則屡中。"

●日本語読み

子曰く、回や其れ庶きか、屡屡空し。賜は命を受けずして貨殖す。億れば則ち屡屡中る。

●日本語訳

孔子がおっしゃった。

「顔回は学問にしても品徳にしてもまずまずであるが、彼の家は

いつも無一物だ。子貢は本分を守らないで、商売をし、市場相場の予測は実に正確だ」

●中国語訳

孔子说，"颜回的学问品德差不多了吧，可他家里经常是一无所有。端木赐不守本分，而去经商，他予测市场行情，往往很准确。"

●英語訳

The Master said, "Hui, who was close enough, often went penniless. Ci refused to accept the decree of Heaven and went into trade; his conjectures often hit the mark."

― 原文 11-20 ―

子张问善人之道。子曰，"不践迹，亦不入于室。"

●日本語読み

子張、善人の道を問う。子曰く、迹を践まず、亦室に入らず。

●日本語訳

子張が善人について尋ねた。孔子は言われた。「善人は前人の足跡を踏んで歩かなければ、彼の学問は深遠な境地に達することはできない」

●中国語訳

子张问善人是怎样一种情况。孔子说，"善人不用踩着前人的脚印走，不过他的修养也达不到圣人般的最高境界。"

●英語訳

When Zi-zhang asked about the way of the benevolent man, the Master said, "He does not tread the beaten path but will not enter the inner chamber either."

── 原文 11-21 ──

子曰，"论笃是与，君子者乎？色庄者乎？"

●日本語読み

子曰く、論の篤きに是れ与すれば、君子者か、色荘者か。

●日本語訳

孔子がおっしゃった。

「言論の優れた人はいつも称賛されるが、このような人は正真正銘の君子であろうか？それともうわべだけの人間なのだろうか？」

●中国語訳

孔子说，"言论笃实的人常受赞许，这种人是真正的君子呢？还是表面上庄重的人呢？"

●英語訳

The Master said, "Those who discourse sincerely are always commended. Are they real gentlemen? Or only those who assume a dignified countenance?"

── 原文 11-22 ──

子路问，"闻斯行诸？"子曰，"有父兄在，如之何其闻斯行之？"

冉有问，"闻斯行诸？"子曰，"闻斯行之。"

公西华曰，"由也问闻斯行诸，子曰'有父兄在'；求也问闻斯行诸，子曰，'闻斯行之'。赤也惑，敢问。"子曰，"求也退，故进之；由也兼人，故退之。"

●日本語読み

子路問う、聞くままに斯れ行わんや。子曰く、父兄の在すこと有り、これを如何ぞ、其れ聞くままに斯れこれを行わんや。冉有問う、聞くままに斯れ行わんや。子曰く、聞くままに斯れこれを行

242　先進第十一

え。公西華曰く、由や問う、聞くままに斯れ行わんやと。子曰く、父兄の在すこと有りと。求や問う、聞くままに斯れ行わんやと。子曰く、聞くままに斯れこれを行えと。赤や惑う。敢えて問う。子曰く、求や退く、故にこれを進む。由や人を兼ぬ、故にこれを退く。

●日本語訳

子路が尋ねた。「道理を聞いたら直ちに実行してもよろしいでしょうか？」。孔子が言われた。「父兄がこの世におられるのに、どうして道理を聞いてすぐに実行できようか？」。冉有が尋ねた。「道理を聞いたら直ちに実行してもよろしいでしょうか？」。孔子が言われた。「道理を聞いたらすぐに実行してもよい」。公西華が言った。「子路の聞いたら直ちに実行してもよろしいかとの問に、先生は『父兄がこの世におられる……』とおっしゃいました。冉有の同じ問には、先生は『聞いたらすぐに実行してもよい』と言われました。私には分かりません、どうかお教えください」。孔子は答えて言われた。「冉有はいつもびくびくしながら物事を処理しているので、彼を励ましたのだ。子路は積極的な人間だから、控え目にするよう注意したのだ」

●中国語訳

子路问道，"听到合理的事就马上去做吗？"孔子说，"父兄还活着，怎么能听到之后就马上去做呢？"冉有问到，"听到合理的事就马上去办吗？"孔子说，"听到之后就马上照着去办。"公西华说，"仲由问听到之后就马上去办吗？您说'有父兄在世'……；冉有问听到之后就马上去做吗？您说'听到就马上照着去办'。我感到不解，胆敢来问个明白。"孔子说，"冉求平时做事缩手缩脚，所以鼓励他；仲由胆大过人，所以要压压他。"

●英語訳

Zi-lu asked, " Should I practice something as soon as I hear it?" The Master said, "How can you practice something as soon as you hear it when your father and eldest brother are alive?"

Ran You asked, "Should I practice something as soon as I hear it?"

The Master said, "Yes, practice it as soon as you hear it."

Gong-xi Hua said, "When You (Zi-lu) asked, 'Should I practice something as soon as I hear it?' Master said, 'Your father and eldest brother are alive.' But when Qiu asked, 'Should I practice something as soon as I hear it?' Master said, "Yes, practice it as soon as you hear it.' I am puzzled. May I venture to ask why?"

The Master said, "Qiu tends to hold back; therefore, I urged him on. You (Zi-lu) has the courage of two men; therefore, I held him back."

― 原文 11-23 ―

子畏于匡，顔淵后。子曰，"吾以女為死矣。"曰，"子在，回何敢死？"

●日本語読み

子、匡に畏る。顔淵後れたり。子曰く、吾女を以て死せりと為す。曰く、子在す、回何ぞ敢えて死なん。

●日本語訳

孔子が匡の地で危機に遭遇された時、顔回は後方に遅れていた。孔子が言われた。「私はお前が死んだと思ったよ」。顔回が言った。「先生がおられる間は、私がどうして死にましょうや？」

●中国語訳

孔子在匡邑遇险，颜回落在后面。孔子说，"我以为你死了呢。"颜回说，"老师还在，我怎么敢死呢？"

●英語訳

When the Master was besieged in Kuang, Yan Yuan was the last to arrive.

The Master said, "I thought you were dead."

Yan Yuan said, "Sir, when you are alive, how dare I die?"

── 原文 11-24 ──

季子然問，"仲由、冉求可畏大臣与？"子曰，"吾以子為異之問，曾由与求之問。所謂大臣者，以道事君，不可則止。今由与求也，可謂具臣矣。"曰，"然則従之者与？"子曰，"弑父与君，亦不従也。"

●日本語読み

季子然問う、仲由・冉求は大臣と謂うべきか。子曰く、吾子を以て異なるをこれ問うと為す、曾ち由と求とをこれ問う。所謂大臣なる者は、道を以て君に事え、不可なれば則ち止む。今、由と求とは具臣と謂うべし。曰く、然らば則ちこれに従わん者か。子曰く、父と君とを弑せんには、亦従わざるなり。

●日本語訳

季氏の一族である季子然が尋ねた。「仲由と冉求とは大臣として認められるでしょうか？」。孔子が答えて言われた。「私はあなたが別の人のことを聞かれると思いましたが、仲由と冉求についてですか！私たちが言う大臣は、正道をもって主君に仕え、もしそれが通用しなかったら職を辞します。今仲由と冉求はごく普通の大臣です」。季子然がさらに尋ねた。「それでは、彼らは上から言われたことは何でも聞きますか？」。孔子が言われた。「父親や主君を殺すようなことには従わないでしょう」

●中国語訳

季子然（季氏族人）问，"仲由、冉求可以算作是大臣吗？"孔子说，"我以为你是问的别人，原来问的是仲由和冉求哇！我们所说的大臣，应该用仁道来服侍国君，如果行不通就辞职不干。现在仲由和冉求可以说算一个一般的大臣吧。"季子然又说，"那么，他们一切都会听从上级的吗？"孔子说，"杀害父亲和君主的事，是不会听从的。"

●英語訳

Ji Zi-ran asked, "Can Zhong You (Zi-lu) and Ran Qiu be called great ministers?"

The Master said, "Sir, I thought you had something else to ask. So you are asking about You (Zi-lu) and Qiu. Those who are called great ministers use the Way to serve the sovereign. If they cannot, they should then quit. Now, You (Zi-lu) and Qiu may be called rank-filling ministers."

Ji Zi-ran said, "Then, are they those who follow orders?"

The Master said, "In the event of patricide and regicide, they would not follow orders, either."

― 原文 11-25 ―

子路使子羔为费宰。子曰，"贼夫人之子。"
子路曰，"有民人焉，有社稷焉，何必读书，然后为学？"
子曰，"是故恶夫佞者。"

●日本語読み

子路、子羔をして費の宰たらしむ。子曰く、夫の人の子を賊わん。子路曰く、民人あり、社稷あり、何ぞ必ずしも書を読みて然る後に学と為さん。子曰く、是の故に夫の佞者を悪む。

●日本語訳

子路が子羔を費の長官に任じた。孔子が言われた。「人の子弟を誤らせるぞ！」。子路が言った。「そこには人民もおり土地や五穀の神もいるのに、なぜ読書だけで学べると言えるのでしょうか？」。孔子が言われた。「これだから私は口の達者なやつは嫌いなんだ！」

●中国語訳

子路让子羔担任费邑的长官，孔子说，"误人子弟啊！"
子路说，"既有民众又有社稷，为什么一定要读书才算是学习呢？"

孔子说，"因此我厌恶巧语强辩的人！"

●英語訳

When Zi-lu wanted Zi-gao to serve as magistrate of Bi, the Master said, "You are ruining someone's son."

Zi-lu said, "There are the people; there are the altars to the God of Earth and the God of Grains. Why must the reading of books alone be considered learning?"

The Master said, "That is why I loathe glib-tongued people."

── 原文 11-26 ──

子路、曾皙、冉有、公西华侍坐。子曰，"以吾一日长乎尔，毋吾以也。居则曰，'不吾知也'！如或知尔，则何以哉？"

子路率尔而对曰，"千乘之国，摄乎大国之间，加之以师旅，因之以讥馑。由也为之，比及三年，可使有勇，且知方也。夫子哂之。"求！尔何如？"

对曰，"方六七十，如五六十，求也为之，比及三年，可使足民。如其礼乐，以俟君子。"

"赤！尔何如？"

对曰，"非曰能知，愿学焉。宗庙之事，如会同，端章甫，愿为小相焉。"

"点！尔何如？"

鼓瑟希，铿尔，舍瑟而作，对曰，"异乎三子者之撰。"

子曰，"何伤乎？亦各言其志也。"

曰，"莫春者，春服既成，冠者五六人，童子六七人，浴乎沂，风乎舞雩，咏而归。"

夫子喟然叹曰，"吾与点也！"

三子者出，曾皙后。曾皙曰，"夫三子者之言何如？"子曰，"亦各言其志也已矣。"

曰，"夫子何哂由也？"

曰，"为国以礼，其言不让，是故哂之。"

"唯求则非邦也与？"

"安见方六七十如五六十而非邦也者？"

"唯赤则非邦也与？"

"宗庙会同，非诸侯而何？赤也为之小，孰能为之大？"

●日本語読み

子路・曽晢・冉有・公西華、侍座す。子曰く、吾が一日も爾より長じたるを以て、吾を以てすること無かれ。居れば則ち曰く、吾を知らずと。如し爾を知るもの或らば、則ち何を以てせんや。子路率爾として対えて曰く、千乗の国、大国の間に摂して、これに加うるに、師旅を以てし、これに因るに飢饉を以てせんに、由やこれを為め、三年及ぶ比に、勇ありて且つ方を知らしむべきなり。夫子これを哂う。求よ爾は何如。対えて曰く、方の六七十、如しくは五六十、求やこれを為め、三年及ぶ比に、民を足らしむべきなり。其の礼楽の如きは、以て君子に俟たん。赤よ爾は何如。対えて曰く、これを能くすと曰うには非ず。願わくは学ばん。宗廟の事、如しくは会同に、端章甫して願わくは小相たらん。点よ爾は何如。瑟を鼓くこと希み、鏗爾として瑟を舎きて作ち、対えて曰く、三子者の撰に異なり。子曰く、何ぞ傷まんや、亦各々其の志を言うなり。曰く、莫春には春服既に成り、冠者五六人・童子六七人を得て、沂に浴し、舞雩に風して、詠じて帰らん。夫子喟然として歎じて曰く、吾は点に与せん。三子者出ず。曽晢後れたり。曽晢曰く、夫の三子者の言は何如。子曰く、亦各々其の志を言うのみ。曰く、夫子、何ぞ由を哂うや。曰く、

国を為むるには礼を以てす。其の言譲らず。是の故にこれを哂う。求と唯も則ち邦に非ずや、安んぞ方六七十如しくは五六十にして邦に非ざる者を見ん。赤と唯も則ち邦に非ずや、宗廟・会同は諸侯に非ずしてこれを如何。赤やこれが小相たらば、孰か能くこれが大相たらん。

●日本語訳

子路・曽皙（名は点、曽子の父）・冉有・公西華が孔子の側らに座った。孔子が言われた。「私がお前たちより年上だからといって、遠慮することはない。いつもお前たちは、『誰も自分を分かってくれない』と言っているが、もし分かってくれる人がいたら、どうするつもりだね？」。子路は即座に答えて言った。「諸侯の国が大国に挟まれ、外からは別の国の軍隊の侵略を受け、国内には飢饉の脅威があるような場合、私がこのような国を治めましたら、三年の間に人民を勇気づけると共に道理を分からせます」。孔子は軽蔑するように笑って、さらに聞かれた。「冉有お前はどうかね？」。冉有が答えた。「周囲六、七十里か五、六十里の小国であれば、私が治めましたら、三年の間に、人民を富ませることはできますが、礼楽だけは賢明な君子の現れるのを待ちます」。孔子がさらに聞かれた。「公西華、お前はどうだね？」。公西華が答えて言った。「私は自分に能力があるとは申しませんが、学んでみたいものがあります。それは宗廟の祭や諸侯の会合に出て、礼服を身に付け、礼帽を戴き、儀式の進行係になりたいと思います」。孔子がまた聞かれた。「曽皙、お前はどうだね？」。曽皙は弾いていた瑟をやめると、瑟を下に置き、立ち上がって答えた。「私の目指すものはこの三人の人たちとは違います」。孔子が言われた。「何の関係があるのかね？各人各様自分の目指すところを語っているんだ」。曽皙が言った。「晩春の三月には、みな春の装いをし、五、六人の若者と六、七人の子供を呼んで沂水に行って水浴びをし、雨乞い祭の舞台の上で風に

吹かれ、歌でも歌いながら帰宅します」。孔子はため息をついて言われた。「私は曽皙の考え方に賛成だね！」。子路・冉有・公西華の三人は退出し、曽皙だけが残って言った。「あの三人の話はどうですか？」。孔子が言われた。「めいめいがそれぞれの志望を語ったまでだよ」。曽皙はさらに聞いた。「先生はなぜ子路の言葉を笑われたのですか？」。孔子は言われた。「礼によって国を治めるには、礼譲を大切にすることだ。彼の話は謙虚さがないから笑ったのだ」。曽皙が言った。「冉有が言ったのは国を治めることではないのですか？」。孔子が言われた。「どうして周囲六、七十里から五、六十里のところが国ではないと言えるのかね？」。曽皙がさらに言った。「公西華の言ったのは国を治めることではないですか？」。孔子が言われた。「宗廟の祭や諸侯の会合は、国ではなくて何だね？公西華がもし進行係を務めるというなら、誰が大役を務められるかね？」

●中国語訳

子路、曽皙（名点，曽参之父）、冉有、公西华陪着孔子坐着。孔子说，"因为我比你们年纪大一些，没人用我了。平常你们说，'没人了解我呀！'假若有人了解你们，那么该怎么办呢？"子路不假思索，轻率地回答，"一个兵车千辆的国家，夹在大国之间，外加军队武力的侵犯，内有饥荒的威胁，让我治理这样的国家，只要有三年的时间，可以使百姓恢复勇气并且懂得道理。"孔子轻蔑地微笑。又问，"冉求，你怎么样？"冉求答道，"方圆六七十里或五六十里的小国，要我去治理，只要有三年时间，可以使百姓富足，至于礼乐教化，只有等着贤良的君子了。"孔子又问，"公西赤，你怎么样？"公西赤答道，"我不敢说自己有能力，只是我愿意学习学习。在祭祀宗庙、参加诸侯会盟，我愿意穿着礼服，戴着礼帽，做一个小司仪呀。"孔子又问，"曽点，你怎么样？"曽皙弹瑟已快结束，"铿"地一声把瑟放下，站起来回答说，"我的志向和那三位不一样。"孔子说，"有什么关系呢？不过是个人谈谈个人的志向罢了。"曽皙说，"暮春三月，都穿上春装，邀上五、六个青年朋友和

六七个少年儿童到沂水里去洗个澡，在舞雩台上吹吹风，然后一路唱着歌回家。"孔子长叹一声说，"我赞同曾点的想法啊！"子路、冉有，公西华出去以后，曾晳留在后面，说，"他们三人的话怎么样？"孔子说，"也不过是各人谈谈各人的志向罢了。"曾晳又问，"老师为什么要笑仲由呢？"孔子说，"以礼治国，讲究礼让，他的话不谦虚，所以笑他。"曾晳说，"那冉求讲的难道不是治理国家的事吗？"孔子说，"怎见到方圆六七十里或五六十里的地方就不是国家呢？"曾晳说，"那公西赤讲的难道不是治理国家的事吗？"孔子说，"祭祀宗庙和诸侯会盟，不是国家是什么呢？公西赤如果只能做个小司礼官，那么谁去做大司礼官呢？"

●英語訳

When Zi-lu, Zeng Xi, Ran You, and Gong-xi Hua were sitting in attendance, the Master said, "Although I may be one day your senior, do not regard me as such. Ordinarily you say, 'No one knows me!' If someone should know you, what would you do?"

Zi-lu hastily replied, "A thousand-chariot state, pinched between large states, overridden by alien armies and further plagued by famine — if I were to govern it, in three years, I could make the people have courage and know the rules of propriety."

The Master smiled at him.

"Qiu (Ran You), what about you?"

Ran You replied, "A state of sixty or seventy square *li*, or fifty or sixty square *li* — if I were to govern it, in three years, I could make the people have plenty. As for the rituals and music, they would have to wait for the gentleman."

"Chi (Gong-xi Hua), what about you?"

Gong-xi Hua replied, "I am not saying I can do it, but I am willing to learn. At events in the ancestral temple such as meetings between and among princes, dressed in black robe and hat, I am willing to serve as a junior master of Ceremonies."

"Dian (Zeng Xi), what about you?"

Zeng Xi, who had been playing the zither, now slowed down. And, with a twang, he laid the zither aside and rose. Then he replied, "My aspirations are different from what the three gentlemen have stated." The Master said, "What harm will it do? Everyone speaks his mind, that is all."

Zeng Xi said, "In late spring, when spring dresses are ready, with five or six capped men and six or seven lads, I should like to bathe in River Yi, enjoy the breeze at the Wu-yu Altar, then chant all the way home."

The Master said with a deep sigh, "I am for Dian (Zeng Xi)!"

When the three gentlemen left, Zeng Xi stayed behind. Zeng Xi said, "What do you think of the three gentlemen's statements?"

The Master said, "Well, every one spoke his mind, that is all."

Zeng Xi said, "Sir, why did you smile at You (Zi-lu)?"

The Master said, "One is supposed to govern a state with the rituals. His remarks were immodest. That is why I smiled at him."

"What Qiu (Ran You) spoke about is not a state is it?"

"How can you say that a place of sixty or seventy square *li*, or fifty or sixty square *li*, is not a state?"

"Is what Chi (Gong-xi Hua) spoke about not a state?"

"If meetings between princes in the ancestral temple are not affairs of state, what are they? If Chi (Gong-xi Hua) could serve only as a junior master of ceremonies, who then could serve as a senior master of ceremonies?"

【顔淵第十二】

Gan-en-daijūni

顔淵第十二

― 原文 12-1 ―

顔淵問仁。子曰，"克己復礼為仁。一日克己復礼，天下帰仁焉。為仁由己，而由乎哉？"顔淵曰，"請問其目。"子曰，"非礼勿視，非礼勿聴，非礼勿言，非礼勿動。"顔淵曰，"回虽不敏，請事斯語矣。"

●日本語読み

顔淵、仁を問う。子曰く。己を克めて礼に復るを仁と為す。一日己を克めて礼に復れば、天下仁に帰す。仁を為すこと己に由る。而して人に由らんや。顔淵曰く、請う、其の目を問わん。子曰く、礼に非ざれば視ること勿かれ、礼に非ざれば聞くこと勿かれ、礼に非ざれば言うこと勿かれ、礼に非ざれば動くこと勿かれ。顔淵曰く、回、不敏なりと雖も、請う、斯の語を事とせん。

●日本語訳

顔淵が仁とは何かについて尋ねた。孔子が言われた。「おのれに打ち勝って、言葉や行動を礼に合わせる、これが仁である。一日おのれに打ち勝つことができて、自らの言行がすべて礼に合っていれば、世の人はお前が仁者であると称賛するだろう。仁徳を実行するのは自らであって、他人に頼るものであろうか？」。顔淵が尋ねた。「仁徳を実行する具体的な条件をお教えください」。孔子が言われた。「礼に合わないものは見ない、礼に合わないものは聞かない、礼に合わない言葉は言ってはならない、礼に合わない事はやってはならない」。顔淵が言った。「私は聡明とは言えませんが、先生のおっしゃったことを実行してみるつもりです」

●中国語訳

颜渊问孔子究竟什么是仁。孔子说，"克制自己，使言语行动都符合礼，这就是仁。有朝一日人人都能克制自己，使言行都合于礼，那么天下就回归仁道了。（由此看来）实践仁道要先从自己做起，难道还要靠别人吗？"颜渊说，"请问实行仁道的具体纲目。"孔子说，"不合乎礼的东西不看，不合乎礼的声音不听，不合乎礼的话不说，不合乎礼的事不做。"颜渊说，"我虽然迟钝，请让我照着您说的这些话去做吧！"

●英語訳

When Yan Yuan asked about humanity, the Master said, " 'To restrain oneself and return to the rituals constitutes humanity.' One day one can restrain oneself and return to rituals, all under Heaven will turn to humanity. The practice of humanity rests with oneself. Does it rest with anyone else?"

Yan Yuan said, "May I ask the details?"

The Master said, "That which does not conform to the rituals — do not look at it; that which does not conform to the rituals — do not listen to it; that which does not conform to the rituals — do not say it; that which does not conform to the rituals — do not do it."

Yan Yuan said, "Slow-witted as I am, I beg to practice these remarks."

― 原文 12-2 ―

仲弓问仁。子曰，"出门如见大宾，使民如承大祭。己所不欲，勿施与人。在邦无怨，在家无怨。"仲弓曰，雍虽不敏，请事斯语矣。'"

●日本語読み

仲弓、仁を問う。子曰く、門を出でては大賓を見るが如くし、民を使うには大祭に承えまつるが如くす。己の欲せざる所は人に施すこと勿れ。邦に在りても怨み無く、家に在りても怨み無し。

仲弓曰く、雍、不敏なりと雖も、請う、斯の語を事とせん。

●日本語訳

仲弓が仁について尋ねた。孔子が答えて言われた。「一歩家を出たら賓客に会うように丁重にし、人民を賦役に使う時は大祭に奉仕するようにまじめにやることである。自分がやりたくない事は、他人に対してもしてはならない。そうすれば役所で職についても怨むことなく、仕事がなくて家にいても怨むことはない」。仲弓が言った。「私は不束者ですが、先生のお言葉に従って実行します」

●中国語訳

仲弓询问仁，孔子说，"走出家门如同会见贵宾那样恭谨，役使百姓如同承办大祭那样敬肃。自己所不想干的事，不要强加于他人去做。在官府任职无人怨恨，在家闲居也无人怨恨。"

仲弓说，"我虽然迟钝，但让我依您说的去做吧。"

●英語訳

When Zhong-gong asked about humanity, the Master said, " 'Go abroad as if you were to receive a grand guest; employ the people as if you were charged with a grand sacrifice.' 'What you do not wish for yourself, do not impose on others.' Thus, in a state, you will incur no resentment; in a noble house, you will incur no resentment." Zhong-gong said, "Slow-witted as I am, I beg to practice this saying."

原文 12-3 ---

司马牛问仁。子曰，"仁者，其言也讱。"

曰，"其言也讱，斯谓之仁已乎？"子曰，"为之难，言之得无讱乎？"

●日本語読み

司馬牛、仁を問う。子曰く、仁者は其の言や訒。曰く、其の言や

訒、斯れこれを仁と謂うべきか。子曰く、これを為すこと難し。これを言うに訒なること無きを得んや。

●日本語訳

司馬牛（名は耕、孔子の門人）が仁について尋ねた。孔子が言われた。「いわゆる仁徳のある人は、言葉がゆったりして慎重である」。司馬牛がさらに尋ねた。「言葉がゆったりして慎重であれば、仁と言ってよいのでしょうか？」。孔子が言われた。「仁を実行するのは難しいから、どうしても言葉はゆったりと慎重にならざるを得ないのだ」

●中国語訳

司马牛（名耕，孔子弟子）问什么是仁。孔子说，"所谓有仁德的人，他言语迟钝而慎重。"司马牛说，"他言语迟钝而慎重，这就叫仁吗？"孔子说，"仁做起来很难，说起来能不迟钝慎重吗？"

●英語訳

When Si-ma Niu asked about humanity, the Master said, "The man of humanity speaks with hesitation."

Si-ma Niu said, "To speak with hesitation — is that enough to be called humanity?"

The Master said, "Since to do something is difficult, can one speak about it without hesitation?"

―― 原文 12-4 ――

司马牛问君子。子曰，"君子不忧不惧。"

曰，"不忧不惧，斯谓之君子已乎？"子曰，"内省不疚，夫何忧何惧？"

●日本語読み

司馬牛、君子を問う。子曰く、君子は憂えず、懼れず。曰く、憂えず、懼れず、斯れこれを君子と謂うべきか。子曰く、内に省みて疚しからずんば、夫れ何をか憂え何をか懼れん。

●日本語訳

司馬牛が君子について尋ねた。孔子が言われた。「君子はくよくよしたりびくびくしたりはしない」。司馬牛がさらに尋ねた。「くよくよしたりびくびくしたりしなければ、君子と言ってよいのですか？」。孔子が言われた。「自ら反省し、心に恥じるところがなければ、何をくよくよ、何をびくびくすることがあろうか？」

●中国語訳

司马牛问什么是君子。孔子说，"君子不忧愁、不畏惧。"
司马牛说，"不忧愁、不畏惧就可以叫做君子了吗？"孔子说，"自我反省，内心无愧，还有什么忧愁，有什么畏惧呢？"

●英語訳

When Si-ma Niu asked about gentleman, the Master said, "The gentleman is free from anxiety and fear."

Si-ma Niu said, "To be free from anxiety and fear — is that enough to be called a gentleman?"

The Master said, "Since, on inward examination, he is not conscience-stricken, what anxiety and fear does he have?"

── 原文 12-5 ──

司马牛忧曰，"人皆有兄弟，我独亡。"子夏曰，"商闻之矣，死生有命，富贵在天。君子敬而无失，与人恭而有礼，四海之内，皆兄弟也——君子何患乎无兄弟也？"

●日本語読み

司馬牛、憂えて曰く、人皆兄弟あり、我独り亡し。子夏曰く、商これを聞く、死生命あり、富貴天に在り。君子は敬して失なく、人と恭々しくして礼あらば、四海の内は皆兄弟たり。君子何ぞ兄弟なきを患えんや。

●日本語訳

司馬牛が悲しそうに言った。「人にはみな兄弟があるのに、私に

は誰もいない」。子夏が言った。「聞いたところによると、生死は運命によって定められ、富貴は天にあると言います。君子は慎み深く過ちを犯さず、人に対して謙虚で礼儀正しく、全世界の人はみな兄弟です。君子がどうして兄弟のいないのを嘆く必要がありましょうか？」

●中国語訳

司马牛忧伤地说，"别人都有兄弟，唯独我没有。"子夏说，"我听说，生死命运注定，富贵上天安排。君子谨慎而没有失误，待人谦恭而有礼节，四海之内皆有兄弟，君子何必担忧没有兄弟呢？"

●英語訳

Si-ma Niu sadly said, "Everyone else has brothers; I alone shall have none."

Zi-xia said, "I heard it: 'Death and life lie with Fate; wealth and rank rest upon Heaven.' If the gentleman conducts himself with reverence and does nothing amiss, if he treats others with respect and courtesy, all men within the four seas are his brothers. Why should the gentleman worry about having no brothers?"

― 原文 12-6 ―

子张问明。子曰，"浸润之谮，肤受之愬，不行焉，可谓明也已矣。浸润之谮，肤受之愬，不行焉，可谓远也已矣。"

●日本語読み

子張、明を問う。子曰く、浸潤の譖、膚受の愬、行われざる、明と謂うべきのみ。浸潤の譖、膚受の愬、行われざる、遠しと謂うべきのみ。

●日本語訳

子張が賢明とは何かについて尋ねた。孔子が言われた。「知らず知らずに水のようにゆっくりとしみ込んでくる中傷や、自らの肌に直に受ける訴えに対して、お前のところで通用しなければ、そ

れが賢明と言える。しみ込んでくるような中傷や直に受ける訴え
も、お前のところでまったく気に留めなければ、遠見はあると言
えよう」

●中国語訳

子张问什么是明察。孔子说，"对那些日积月累，点滴渐浸细渗的
谗言、扑风捉影、利害切身的诬告，你那里行不通，可说是明察
了。对于那些日积月累、点滴渐浸细渗的谗言、扑风捉影、利害切
身的诬告，你那里全然不放在心上，可以说是见识深远了。"

●英語訳

When Zi-zhang asked about clear-sightedness, the Master
said,"When seeping slanders and skin-pricking accusations fail to
prevail on you, you may be said to be clear-sighted. When seeping
slanders and skin-pricking accusations fail to prevail on you, you
may even be said to be far-sighted."

― 原文 12-7 ―

子贡问政。子曰，"足食，足兵，民信之矣。"
子贡曰，"必不得已而去，于斯三者何先？"曰，"去兵。"
子贡曰，"必不得已而去，于斯二者何先？"曰，"去食。自
古皆有死，民无信不立。"

●日本語読み

子貢、政を問う。子曰く、食を足し兵を足し、民をしてこれを
信ぜしむ。子貢曰く、必ず已むを得ずして去らば、斯の三者に於
いて何れをか先にせん。曰く、兵を去らん。曰く、必ず已むを得
ずして去らば、斯の二者に於いて何れをか先にせん。曰く、食を
去らん。古より皆死あり、民は信なくんば立たず。

●日本語訳

子貢が政治について尋ねた。孔子が言われた。「食糧を豊富に
し、軍備を充実させ、人民に信義を持たせることである」。子貢

が言った。「もしどうしてもやむをえない事情でこの三つの内一つを省くとしたら、どれを最優先にしますか？」。孔子が言われた。「軍備だね」。子貢がさらに言った。「もしどうしてもやむをえない事情で残った二つの内さらに一つを省くとしたら、どれにしますか？」。孔子が言われた。「食糧だね。どんな人間でも昔からいつかは死ぬとされているが、人民に信義なくては国家も社会も成り立たないよ」

●中国語訳

子贡询问政事。孔子说，“使粮食富足，使军备充实，人民就信任政府。”

子贡说，“迫不得已而去掉一项，在这三项中先放弃哪项？”孔子说，“去掉军备。”

子贡说，“迫不得已而去掉一项，在这二项中先放弃哪项？”孔子说，“去掉粮食。自古以来都有死亡，民众不信任就不能立国。”

●英語訳

When Zi-gong asked about government, the Master said, "Have ample food and ample armament and the people shall trust you." Zi-gong said, "If it is absolutely necessary to cut one item, which of the three will you cut first?"

The Master said, "Cut armament."

Zi-gong said, "If it is absolutely necessary to cut another, which of the remaining two will you cut?"

The Master said, "Cut food. Since time immemorial, all men are subject to death. If the people do not trust you, you have nothing to stand on."

― 原文 12-8 ―

棘子成曰、"君子质而已矣、何以文为？"子贡曰、"惜乎、夫子之说君子也！驷不及舌。文犹质也、质犹文也。虎豹之鞟犹犬羊之鞟。"

● 日本語読み

棘子成曰く、君子は質のみ。何ぞ文を以て為さん。子貢曰く、惜しいかな、夫の子の君子を説くや。駟も舌に及ばず。文は猶質のごときなり、質は猶文のごときなり。虎豹の鞟は猶犬羊の鞟のごときなり。

● 日本語訳

棘子成が言った。「君子は実質だけあればよい、外に現れた才能などどうして必要であろうか？」。子貢が言った。「惜しいことだ、あの方の言われるのは間違っている。一たび失言すれば取り返しがつかない。もし外に現れた才能が実質と同じで、実質が外に現れた才能と同じなら、美しい皮を取り除いた虎や豹と毛を抜いてしまった犬や羊の皮も同じということになる」

● 中国語訳

棘子成说，"君子质朴就行了，何必还要文彩呢？"子贡说，"可惜啊，先生的说法是不对的！一言既出驷马难追。如果文彩与质朴一样，质朴与文彩一样，那么虎豹皮去掉文采与去了毛的犬羊皮就没有区别了。"

● 英語訳

Ji Zi-cheng said, "What the gentleman needs is simplicity, that is all. What does he need refinement for?"

Zi-gong said, "What a pity that Your Excellency should have made such a remark about the gentleman! Even a team of four horses cannot overtake the tongue. Refinement is as important as simplicity; simplicity is as important as refinement. The hide of a tiger or a panther stripped of its hair is not any different from that of a dog or a sheep stripped of its hair."

― 原文 12-9 ―

哀公問于有若曰、"年飢、用不足、如之何？"有若対曰、"盍徹乎？"曰、"二、吾猶不足、如之何其徹也？"対曰、"百姓足、君孰与不足、百姓不足、君孰与足？"

●日本語読み

哀公、有若に問いて曰く、年飢えて用足らず、これを如何。有若対えて曰く、盍んぞ徹せざるや。曰く、二にして吾猶足らず、これを如何ぞ其れ徹せんや。対えて曰く、百姓足らば、君孰と与にか足らざらん。百姓足らずば、君孰と与にか足らん。

●日本語訳

魯の哀公が有若に言われた。「凶作で収穫が少なく、財政不足となったが、どうしたらよいだろうか？」。有若が答えて言った。「なぜ一割に減税しないのですか？」。哀公が言われた。「二割でも税収が不足すると言うのに、どうして一割にできよう？」。有若が答えて言った。「人民が裕福であれば、主君がどうして不足することになるでしょうか？人民が不足すれば、主君がどうして裕福になれましょうや？」

●中国語訳

鲁哀公问有若，"年成不好，财政不足，怎么办呢？"有若答道，"何不按十分取一收税呢？"哀公答道，"十分取二尚且不够，怎么能十分取一呢？"有若答道，"百姓富足，国君怎么会不足呢？百姓不足，国君怎么会富足呢？"

●英語訳

Duke Ai asked of You Ruo, "The year is lean, and revenues are not enough. What is to be done?"

You Ruo replied, "Why not introduce tithing?"

Duke Ai said, "Even two tenths is not enough for us. How could we manage with tithing?"

You Ruo replied, "If the hundred family names have enough, how can the sovereign not have enough? If the people do not have enough, how can the sovereign have enough?"

― 原文 12-10 ―

子張問崇德辨惑。子曰，"主忠信，徙義，崇德也。愛之欲其生，惡之欲其死。既欲其生，又欲其死，是惑也。'誠不以富，亦祇以異'。"

●日本語読み

子張、徳を崇くし惑いを弁ぜんことを問う。子曰く、忠信を主として義に徙るは、徳を崇くするなり。これを愛しては其の生を欲し、これを悪みては其の死を欲す。既に其の生を欲して、又其の死を欲するは、是れ惑いなり。誠に富を以てせず、亦祇だ以て異とす。

●日本語訳

子張が徳を高め、心の迷いを見分けるにはどうしたらよいか尋ねた。孔子が答えて言われた。「真心を持って約束を守ることを第一義とし、正道に従順であれば、徳を高めることになる。ある人が好きなら、その人の長寿を願い、ある人が嫌いなら、早死にを願う。一方では長寿を願い一方では死を願う、これこそ迷いである。『詩経』には『こういう考えは実は豊かなのではなく、単に意志が弱いのだ』とある」

●中国語訳

子张询问如何提高德行、辨别疑惑，孔子说，"以忠诚守信为本，践行道义，就是提高德行。喜欢一个人，就想让他长寿，讨厌一个人，就想让他快死，既希望他生存又希望他死去，这就是迷惑。《诗经》说，'确实不是因为他富有，只是因为见异思迁罢了。'"

264　顔淵第十二

●英語訳

When Zi-zhang asked how to elevate virtue and discern delusion, the Master said, "Keep wholehearted sincerity and truthfulness as your major principles, and move toward righteousness — this is elevating virtue. When you love someone, you wish him to live; when you loathe him, you wish him to die. Now you wish him to live; now you wish him to die. This is delusion. 'If not for wealth, It can only be for novelty.'"

原文 12-11

斉景公問政于孔子。孔子対曰，"君君，臣臣，父父，子子。" 公曰，"善哉！信如君不君，臣不臣，父不父，子不子，虽有粟，吾得而食諸？"

●日本語読み

斉の景公、政を孔子に問う。孔子対えて曰く、君君たり、臣臣たり、父父たり、子子たり。公曰く、善いかな。信に如し君君たらず、臣臣たらず、父父たらず、子子たらずんば、粟ありと雖も、吾豈に得て諸れを食らわんや。

●日本語訳

斉の景公が孔子にどのように国を治めるかについて尋ねられた。孔子が答えて言われた。「君主の行いは君主らしく、臣下の行いは臣下らしく、父親の行いは父親らしく、息子の行いは息子らしくするべきです」。斉の景公が言われた。「おっしゃる通りです！もしほんとうに君主の行いが君主らしくなく、臣下の行いが臣下らしくなく、父親の行いが父親らしくなく、息子の行いが息子らしくなくなったら、たとえ食物があったとしても、私はどうして食べられようか？」

●中国語訳

齐景公问孔子怎样治理国家。孔子答道，"国君的行为要符合国君

的要求，臣子的行为要符合臣子的要求，父亲的行为要符合父亲的要求，儿子的行为要符合儿子的要求。"齐景公说，"说得好啊！要是真的国君的行为不符合国君的要求，臣子的行为不符合臣子的要求，父亲的行为不符合父亲的要求，儿子的行为不符合儿子的要求。即使有粮饷俸禄，我能来享用它吗？"

●英語訳

When Duke Jing of Qi asked the Master about government, the Master replied, "Let a sovereign act like a sovereign, a minister like a minister, a father like a father and a son like a son."

The duke said, "Well said! If indeed a sovereign acts unlike a sovereign, a minister unlike a minister, a father unlike a father and ason unlike a son, even though there was millet, how could I get to eat it?"

── 原文 12-12 ──

子曰，"片言可以折狱者，其由也与？"子路无宿诺。

●日本語読み

子曰く、片言以て獄えを折むべき者は、其れ由なるか。子路、諾を宿むること無し。

●日本語訳

孔子がおっしゃった。

「言葉の端々を聞いただけで人の裁きができるのは、たぶん子路ぐらいだろうか？」。子路は一度受けたことは必ずその場で実行した。

●中国語訳

孔子说，"能以一方的言辞就可以断案的人，大概只有由吧？"子路从不拖延实现承诺。

●英語訳

The Master said, "The only one who can settle a lawsuit in a few words is perhaps You (Zi-Iu)." Zi-lu never slept over a promise.

― 原文 12-13 ―

子曰，"听讼，吾犹人也。必也使无讼乎！"

●日本語読み

子曰く、訟えを聴くは、吾猶人のごときなり。必ずや訟え無からしめんか。

●日本語訳

孔子がおっしゃった。

「訴訟事件の審理では、私とほかの人と変わったところはない。ただ訴訟騒ぎなど絶対におこらないようにしたいだけだ」

●中国語訳

孔子说，"审理诉讼，我和别人差不多。一定要使诉讼的事完全消灭才好。"

●英語訳

The Master said, "In hearing lawsuits, I may equal others. What is imperative, however, is to dispense with lawsuits."

― 原文 12-14 ―

子张问政。子曰，"居之无倦，行之以忠。"

●日本語読み

子張、政を問う。子曰く、これに居りては倦むこと無く、これを行うには忠を以てす。

●日本語訳

子張が政治のやり方を尋ねた。孔子が言われた。「その地位についたならば、倦むことなく熱意を傾けてやれ。事を行うに当たっては、真心を尽くして忠実であれ」

●中国語訳

子张问如何治理国家。孔子说，"任职不懈怠，办事讲忠信。"

●英語訳

When Zi-zhang asked about government, the Master said, "Hold it without weariness; execute it with loyalty."

── 原文 12-15 ──

子曰，"博学于文，约之以礼，亦可以弗畔矣夫！"

●日本語読み

子曰く、博く文を学びて、これを約するに礼を以てせば、亦以て畔かざるべきか。

●日本語訳

孔子がおっしゃった。

「君子は広く典制を学び、礼によって制約すれば、正道を踏みはずすことはない」

●中国語訳

孔子说，"君子广泛地学习典制，用礼仪来制约自己，也可以不背离大道了。"

●英語訳

The Master said, "He who is extensively learned in culture and restrains himself with the rituals is not likely to betray."

── 原文 12-16 ──

子曰，"君子成人之美，不成人之恶，小人反是。"

●日本語読み

子曰く、君子は人の美を成す。人の悪を成さず。小人は是れに反す。

●日本語訳

孔子がおっしゃった。

「徳のある人は人を助けて善事を成し遂げさせることはあっても、人の悪事を促すようなことはしない。小人はこれと正反対で

ある」

●中国語訳

孔子说，"一个有道德的人成全他人的好事，不促成他人的坏事，小人则正好相反。"

●英語訳

The Master said, "The gentleman helps others achieve their good ends; he does not help them achieve their evil ends. The small man does the opposite."

―― 原文 12-17 ――

季康子问政于孔子。孔子对曰，"政者，正也。子帅以正，孰敢不正？"

●日本語読み

季康子、政を孔子に問う。孔子対えて曰く、政とは正なり。子帥いて正しければ、孰か敢えて正しからざらん。

●日本語訳

季康子が孔子に政治について尋ねた。「政とは正という意味です。あなたが率先して正しいことをすれば、誰が不正を行いましょう」

●中国語訳

季康子向孔子问起为政之道。孔子回答，"政这字意思就是正。你率先端正自己，依正道而行，谁还敢不端正呢？"

●英語訳

When Ji Kang-zi asked Master Kong about government, the Master replied, "Government means correctness. If you take the lead in being correct, sir, who dares remain incorrect?"

── 原文 12-18 ──

季康子患盗，問于孔子。孔子対曰，"苟子之不欲，虽赏之不窃。"

●日本語読み

季康子、盗を患えて孔子に問う。孔子対えて曰く、苟も子の不欲ならば、これを賞すと雖も窃まざらん。

●日本語訳

季康子が盗賊が非常に多いのに困り果て、孔子に教えを請うた。孔子が答えた。「もしあなた自身が貪欲にならなければ、たとえ賞金を出しても、盗賊になりたい人はいないでしょう」

●中国語訳

季康子苦于盗贼太多，向孔子请教。孔子对他说，"假使你没有贪欲，哪怕是奖励下面的人偷盗，他们也不会干的。"

●英語訳

Ji Kang-zi was troubled by theft. When he consulted he the Master, the Master replied, "Sir, if you are not lustful, even though you should reward them, they would not steal."

── 原文 12-19 ──

季康子問政于孔子曰，"如杀无道，以就有道，何如？"孔子対曰，"子为政，焉用杀？子欲善而民善矣。君子之徳风，小人之徳草，草上之风，必偃。"

●日本語読み

季康子、政を孔子に問いて曰く、如し無道を殺して以て有道に就かば、何如。孔子対えて曰く、子、政を為すに、為んぞ殺を用いん。子、善を欲すれば、民善ならん。君子の徳は風なり、小人の徳は草なり。草、これに風を上うれば、必ず偃す。

●日本語訳

季康子がどのようにして国を治めるか孔子に教えを請うて言った。「もし無法の者を殺し、徳のある人と親しくなるのは、いかがでしょうか？」。孔子が答えて言われた。「政治を行うのに、どうして人を殺す必要がありましょうか？あなたが善を望まれれば、人民も善を行います。君子の徳は風のようなもの、人民の徳は草のようなもので、草の上を風が吹けば、草は必ず風のままになびくものです」

●中国語訳

季康子向孔子请教怎样治理国政，他说，"如果杀掉无道的人，成就有道的人，怎么样？"孔子回答说，"您执掌国政，哪能一定用杀人的办法呢？您想做好事，老百姓就会跟着做好事了。君子的德行好比是风，小人的德行好比是草，风吹到草上，草必顺风倒。"

●英語訳

Ji Kang-zi asked the Master about government, saying, "If I kill those who have lost the Way and to move closer to those who possess the Way — what do you think of it?"

The Master replied, "Sir, in conducting government, why must you resort to killing? If you desire goodness, the people will be good accordingly. The superiors' moral character is wind and the inferiors'moral character, grass. When the grass is visited by the wind, it must surely bend."

― 原文 12-20 ―

子張問，"士何如斯可謂之達矣？"子曰，"何哉，尔所謂達者？"子張対曰，"在邦必聞，在家必聞。"子曰，"是聞也，非達也。夫達也者，質直而好義，察言而観色，慮以下人。在邦必達，在家必達。夫聞也者，色取仁而行違，居之不疑。在邦必聞，在家必聞。"

●日本語読み

子張問う、士何如なれば斯れこれを達と謂うべき。子曰く、何ぞや、爾の所謂達とは。子張対えて曰く、邦に在りても必ず聞こえ、家に在りても必ず聞こゆ。子曰く、是れ聞なり、達に非ざるなり。夫れ達なる者は、質直にして義を好み、言を察して色を観、慮って以て人に下る。邦に在りても必ず達し、家に在りても必ず達す。夫れ聞なる者は、色に仁を取りて行いは違い、これに居りて疑わず。邦に在りても必ず聞こえ、家に在りても必ず聞こゆ。

●日本語訳

子張が尋ねた。「学問のある人が達人と言われるにはどうしたらよいでしょうか？」。孔子が言われた。「お前の言う達人とはどういう意味かね？」。子張が言った。「諸侯に仕えて名を挙げて国を与えられ、重臣に仕えて名を挙げて土地を与えられる人です」。孔子が言われた。「それは有名人になることであって、達人ではない。いわゆる達人とは正直で、仕事が手際よく、顔色をうかがうのに長け、人の下にいても満足する人を言うのだ。こういう人は諸侯に仕えても達人だし、重臣に仕えても達人である。有名人などという者は、表面上仁を装ってはいても、行いはそれに反していて、自ら仁者と認じている。このような人間は諸侯に仕えてうわべだけの評判をとり、重臣に仕えてもうわべだけの評

判をとるものである」

●中国語訳

子张问道，"读书人怎样做才称得上通达？"孔子说，"你说的通达是什么意思呢？"子张说，"在诸侯国办事一定很闻名，在大夫家办事一定很闻名。"孔子说，"这是闻名，不是通达呀！所谓的通达就是人品正直，办事合理，善于察言观色，甘心谦让他人。这种人在诸侯国办事一定行得通，在大夫家办事也一定行得通。所谓闻名，表面上似乎爱好仁德，而行动却背道而驰，自己还以仁人自居而不容人怀疑。这种人在诸侯国必定图有虚名，在大夫家也必定图有虚名。"

●英語訳

Zi-zhang asked, "What must a man be like to be considered distinguished?"

The Master said, "What do you mean by being distinguished?"

Zi-zhang replied, "Being always famous in a state, or always famous in a noble house."

The Master said, "That is fame, not distinction. A distinguished manis one who is upright in substance and loves righteousness, who examines people's words and observes their facial expressions, and who is anxious to remain humble to others. Such a man is always distinguished in a state and always distinguished in a noble house. A famous man, however, is one who, in appearance, upholds humanity but, in action, departs from it and who, nonetheless, arrogates it without scruples. Such a man is always famous in a state and always famous in a noble house."

━━ 原文 12-21 ━━

樊迟従游于舞雩之下，曰，"敢問崇德、修慝、辨惑。"子曰，"善哉問！先事后得，非崇德与？攻其悪，无攻人之悪，非修慝与？一朝之忿，忘其身，以及其親，非惑与？"

●日本語読み

樊遅従いて舞雩の下に遊ぶ。曰く敢えて徳を崇くし慝を修め惑いを弁ぜんことを問う。子曰く、善いかな、問うこと。事を先にして得るをことを後にするは、徳を崇くするに非ずや。其の悪を攻めて人の悪を攻むること無きは、慝を修むるに非ずや。一朝の忿りに其の身を忘れて以て其の親に及ぼすは、惑いに非ずや。

●日本語訳

樊遅は孔子のお供をして雨乞い台に遊んだ。樊遅が言った。「どうぞお教えください、徳を高め、心中にある悪を取り除き、心の惑いを見分けるにはどうしたらよいでしょうか？」。孔子が言われた。「いいことを聞いた。まず仕事をして、後から利を得れば、徳を高めることになるのではないか？自らの誤りを責めて、人の欠点を攻撃しなければ、心中にある悪を取り除けるのではないか？一時の怒りに自分を忘れ、父母にまで禍を及ぼしたら、それこそ惑いではないかね？」

●中国語訳

樊迟陪伴孔子在舞雩台下游览。樊迟说，"请问怎样提高品德，去徐隐恶，辨别疑惑呢？"孔子说，"你问得好啊！工作在先，得利在后，不就提高品德了吗？批评自己的错误，不攻击别人的坏处，不就能消除隐恶了吗？因一时的愤怒而忘记了自身的安危，以至祸及父母，这不是迷惑吗？"

●英語訳

When Fan Chi accompanied the Master on an excursion to the foot of the Wu-yu Altar, he said, "May I venture to ask how to elevate

Virtue, eliminate malice and discern delusion?"

The Master said, "What a good question! Place your duties before reward — is that not elevating virtue? Attack your own vices, and do not attack others' vices — is that not eliminating malice? In a fit of rage, you forget yourself and even your parents — is that not delusion?"

── 原文 12-22 ──

樊迟问仁。子曰, "爱人。" 问知。子曰, "知人。"

樊迟未达。子曰, "举直错诸枉, 能使枉者直。"

樊迟退, 见子夏曰, "乡也吾见于夫子而问知, 子曰, '举直错诸枉, 能使枉者直', 何谓也?"

子夏曰, "富哉言乎! 舜有天下, 选于众, 举皋陶, 不仁者远矣。汤有天下, 选于众, 举伊尹, 不仁者远矣。"

●日本語読み

樊遅、仁を問う。子曰く、人を愛す。知を問う。子曰く、人を知る。樊遅未だ達せず。子曰く、直きを挙げて諸れを枉れるに錯けば、能く枉れる者をして直からしめん。樊遅退きて子夏に見えて曰く、嚮に吾夫子に見えて知を問う、子曰く、直きを挙げて諸れを枉れるに錯けば、能く枉れる者をして直からしめんと。何の謂いぞや。子夏曰く、富めるかな、是の言や。舜、天下を有ち、衆に選んで皋陶を挙げしかば、不仁者は遠ざかれり。湯、天下を有ち、衆に選んで伊尹を挙げしかば、不仁者は遠ざかれり。

●日本語訳

樊遅が仁とは何かを尋ねた。孔子が言われた。「人を愛することだよ」。樊遅が、さらに知とは何かと尋ねた。孔子が「人間を知ることだよ」と言われたが、樊遅にはよく分からなかった。孔子が言われた。「正直な人を抜擢して腹黒い者の上に置けば、まっ

すぐな人間にすることができる」。樊遅は孔子のところから退いてから、子夏に会って言った。「さっき、先生にお会いして知とは何かとお聞きしたところ、先生は『正直な人を抜擢して腹黒い者の上に置けば、まっすぐな人間にすることができる』とおっしゃいました。どういう意味ですか？」。子夏が言った。「何と意味深いお言葉だね。舜が天下をとった時、大勢の中から皋陶という者を選んで任用したら、仁徳のない連中は遠ざかった。湯が天下をとった時、大勢の中から伊尹という者を選んで任用したら、仁徳のない連中は遠ざかった、ということだ」

●中国語訳

樊迟问什么是仁的本义。孔子说，"爱人。"又问什么是明智。孔子说，"知人。"樊迟仍然不太明白。孔子说，"提拔那些正直的人，罢黜那些邪恶的人，这样就能使邪曲的人也正直起来。"樊迟从孔子那里退出来，遇见了子夏，说，"刚才我见到老师问什么是明智，老师说，'提拔正直的人，罢黜邪恶的人，这样就能使邪曲的人也正直起来。'这话是什么意思？"子夏说，"这话的内容很丰富啊！舜治理天下时，从众人中挑选，任用了皋陶，那些不仁德的人就远离了。汤治理天下时，从众人中挑选，任用了伊尹，那些不仁德的人就远离了。"

●英語訳

When Fan Chi asked about humanity, the Master said, "Loving men."

When asked about wisdom, the Master said, "Knowing men."

Fan Chi did not quite understand. The Master said, "Promote the upright, place them above the crooked, and you shall make the crooked upright."

Fan Chi left and, on meeting Zi-xia, said, "A moment ago, I went to see the Master and asked him about wisdom. The Master said, 'Promote the upright, place them above the crooked, and you shall make the crooked upright.' What does it mean?"

Zi-xia said, "How rich is the statement! When Shun was in possession of the empire, he selected from the multitude and promoted Gao Yao. Thus, inhumane men left him. When Tang was in possession of the empire, he selected from the multitude and promoted Yi Yin. Thus, inhumane men left him."

── 原文 12-23 ──

子貢問友。子曰，"忠告而善道之，不可則止，毋自辱焉。"

●日本語読み

子貢、友を問う。子曰く、忠告して善を以てこれを道く。不可なれば則ち止む。自ら辱められること無かれ。

●日本語訳

子貢が友人とどのように付き合ったらよいか尋ねる。孔子が言われた。「誠心誠意その友に勧告し、善意をもってその友を導いて、彼が聞き入れなければ仕方がない。自らつまらない結果を招くようなことはしないことだ」

●中国語訳

子貢请教交友之道。孔子说，"诚心诚意地劝告他，善解人意地开导他，他不听就算了，不要自讨没趣。"

●英語訳

When Zi-gong asked how to associate with friends, the Master said, "Advise them with wholehearted sincerity, and guide them with goodness. If rejected, then stop. Do not bring humiliation upon yourself."

── 原文 12-24 ──

曾子曰，"君子以文会友，以友辅仁。"

●日本語読み

曾子曰く、君子は文を以て友を会し、友を以てにを輔く。

277　顔淵第十二

●日本語訳

曾子が言った。

「君子は学問によって友と交わり、友によって仁徳を磨くものだ」

●中国語訳

曾子说，"君子以文章学问来结交朋友，以朋友友谊来提高仁德。"

●英語訳

Master Zeng said, "The gentleman uses culture to associate with friends; he uses friends to promote humanity."

【子路第十三】

Shiro-daijūsan

子路第十三

── 原文 13-1 ──

子路問政。 子曰，"先之勞之。"請益。曰，"无倦。"

●日本語読み

子路、政を問う。子曰く、これに先んじ、これを労す。益を請う。
曰く、倦むこと無かれ。

●日本語訳

子路が政治について尋ねた。孔子が答えて言われた。「自ら大衆
に率先垂範してこそ、人を勤勉にさせることができる」。子路が
さらに教えを請うと、孔子が言われた。「途中で倦きることなく
最後までやることだ」

●中国語訳

子路问为政之道。孔子回答，"自己给百姓先带头，然后才能激励
百姓勤劳地耕作。"子路请求再多讲一点，孔子又说，"这样做永不
懈怠！"

●英語訳

When Zi-lu asked about government, the Master said, "Guide them,
and make them toil."

When asked to elaborate, the Master said, "Indefatigably."

── 原文 13-2 ──

仲弓为季氏宰，问政。子曰，"先有司，赦小过，举贤才。"
曰，"焉知贤才而举之？"子曰，"举尔所知，尔所不知，人
其舍诸？"

●日本語読み

仲弓、季氏の宰と為りて、政を問う。子曰く、有司を先にし、

小過を赦し、賢才を挙げよ。曰く、焉くんぞ賢才を知りてこれを挙げん。曰く、爾の知る所を挙げよ。爾の知らざる所、人其れ諸れを舎てんや。

●日本語訳

仲弓が季氏の執事となり、孔子に政治について尋ねた。孔子が言われた。「使用人の先頭に立って仕事を分担させ、小さな過ちは許し、優秀な人材は抜擢する」。仲弓がさらに尋ねた。「優秀な人材をどのようにして見つけ抜擢したらよいでしょう？」。孔子が答えて言われた。「お前がよく知っている者の中から選べばよいのだ。そうすれば、お前の知らない人材も他の人たちが捨ててはおかないよ」

●中国語訳

仲弓任季氏的总管，向孔子问治理政事。孔子说，"先要给下属带头，不计较别人的小过错，提拔优秀人才。"仲弓又问，"怎样发现和提拔贤才呢？"孔子回答，"那就提拔你所熟悉的人吧。至于那些你所不知道的贤才，别人难道会埋没他们吗？"

●英語訳

When Zhong-gong served as Ji Shi's magistrate, he asked about government.

The Master said, "Guide the functionaries; pardon minor offenses; promote worthy and talented men."

Zhong-gong said, "How do you get to know worthy and talented men to promote them?"

The Master said, "Promote those you know. As for those you do not know, will other men abandon them?"

━━ 原文 13-3 ━━

子路曰，"卫君待子而为政，子将奚先？"

子曰，"必也正名乎！"

子路曰，"有是哉，子之迂也！奚其正？"

子曰，"野哉，由也！君子于其所不知，盖阙如也。名不正，则言不顺；言不顺，则事不成；事不成，则礼乐不兴；礼乐不兴，则刑罚不中；刑罚不中，则民无所错手足。故君子名之必可言也，言之必可行也。君子于其言，无所苟而已矣。"

●日本語読み

子路曰く、衛の君、子を待ちて政を為さば、子将に奚をか先にせん。子曰く、必ずや名を正さんか。子路曰く、是れ有るかな、子の迂なるや。奚ぞ其れ正さん。子曰く、野なるかな、由や。君子は其の知らざる所に於いては、蓋闕如たり。名正しからざれば則ち言従わず、言従わざれば則ち事成らず、事成らざれば則ち礼楽興らず、礼楽興らざれば則ち刑罰中らず、刑罰中らざれば則ち民手足を措く所なし。故に君子はこれに名づくれば必ず言うべきなり。これを言えば必ず行うべきなり。君子、其の言に於いて、苟もする所なきのみ。

●日本語訳

子路が尋ねた。「衛の国の君主が先生を迎えられて国政を任されたら、先生はまず何から着手なさいますか？」。孔子が言われた。「まず名分を明らかにするね」。子路がさらに尋ねた。「そうでしょうか？先生はなんと世の中の事情に疎いのでしょう！どのように名分を明らかにされるのですか？」。孔子が言われた。「なんと粗野なのだ、子路は。君子は自分に分からないことは、黙っているものだ。名分が正しくなければ、言葉の筋道が通らなくなる。言葉の筋道が通らなければ、施政の仕事はうまく運べない。

仕事がうまく運ばなければ、礼楽が盛んにならない。礼楽が盛んにならなければ、刑罰が当を得ない。刑罰が当を適宜でなければ、人民は身の置きどころがなくなる。だから君子は一つの名称を定めるたびに、必ず筋を通して言わねばならない。筋を通して言えば、必ず実行できるものだ。君子は自分の考えを言うのに、決していい加減であってはならない」

●中国語訳

子路说，"卫国君主等着您去治理国政，您准备先干什么呢？"孔子说，"先纠正名分！"子路说，"有这个道理吗？您太迂腐了吧！您怎么去纠正呢？"孔子说，"真粗野呀！仲由。君子对于他所不懂的事情，一般采取存而不论的态度。名不正，言语就不顺理；言语不顺理，事就办不成；事办不成，礼乐就不能兴盛；礼乐不能兴盛，刑罚就不会得当；刑罚不得当，老百姓就会无所适从。所以，君子每定一个名，一定要能说出道理来；说出来的道理，一定要能做得到。君子对自己所说的道理，不能苟且马虎罢了。"

●英語訳

Zi-lu said, "Sir, the prince of Wei is waiting for you to conduct his state affairs. What would you do first?"

The Master said, "It must be the rectification of characters."

Zi-lu said, "Sir, how could you be so impractical! Why must you rectify characters?"

The Master said, "How boorish you are, Zi-lu! A gentleman, confronting a character he did not know, would leave a blank space. For if characters are not correct, speech will not be relevant; if speech is not relevant, affairs will not be accomplished; if affairs are not accomplished, the rituals and music will not prevail; if the rituals and music do not prevail, tortures and penalties will not be just right; if tortures and penalties are not just right, the people will not know where to put their hands and feet. Therefore, when the gentleman adopts a character, he surely can used it to say things;

when he says something, it surely can be put into practice. The gentleman, in regard to his speech, is never negligent, that is all."

── 原文 13-4 ──

樊迟请学稼。子曰，"吾不如老农。"请学为圃，曰，"吾不如老圃。"

樊迟出。子曰，"小人哉，樊须也！"上好礼，则民莫敢不敬；上好义，则民莫敢不服；上好信，则民莫敢不用情。夫如是，则四方之民襁负其子而至矣，焉用稼？"

● 日本語読み

樊遅、稼を学ばんと請う。子曰く、吾老農に如かず。圃を為ることを学ばんと請う。曰く、吾は老圃に如かず。樊遅出ず。子曰く、小人なるかな、樊須や。上礼を好めば、則ち民は敢えて敬せざること莫し。上義を好めば、則ち民は敢えて服せざること莫し。上信を好めば、則ち民は敢えて情を用いざること莫し。夫れ是くの如くんば、則ち四方の民は其の子を襁負して至らん。焉んぞ稼を用いん。

● 日本語訳

樊遅が作物の作り方を教えていただきたいと願い出た。孔子が言われた。「私は経験豊富な農民にはかなわないよ」。樊遅がさらに野菜作りを教えていただきたいと言った。孔子が言われた。「私は熟練した園芸農家にはかなわないよ」。樊遅が退出すると、孔子が言われた。「樊遅はなんと小人なやつだろう！上に立つ者が礼儀を重んじれば、人民に尊敬しない者はいないだろう。上に立つ者が仕事をしっかりやれば、人民に服従しない者はいないだろう。上に立つ者が信義を尊べば、人民に誠実にならない者はいないだろう。もし、このようになれば、四方の人民は子供を背負って身を寄せて来るだろう。何も自分で作物を作る必要があろうか？」

●中国語訳

樊迟请求学种庄稼，孔子说，"我不如老农民。"樊迟请求学种蔬菜，孔子说，"我不如老园丁。"

樊迟退了出去，孔子说，"樊迟真是小人！领导者讲求礼制，老百姓没有一个敢不尊敬的；领导者主持正义，讲求合理适当，老百姓没有一个敢不服从的；领导者讲求诚信，老百姓没有一个敢不用真诚相待的。如果这样，四面八方的老百姓就会背负着子女来投奔，哪里用得着自己去种庄稼呢？"

●英語訳

When Fan Chi requested to learn farming, the Master said, "I am not as good as an old farmer."

When he requested to learn vegetable gardening, the Master said, "I am not as good as an old vegetable gardener."

When Fan Chi left, the Master said, "What a small man Fan Chi is! If the sovereign loves the rituals, the people dare not be irreverent; if the sovereign loves righteousness, the people dare not be disobedient; if the sovereign loves truthfulness, the people dare not be dishonest. In that case, people from other states will flock to him with their children swaddled on their backs. What need is there for farming?"

── 原文 13-5 ──

子曰，"诵《诗》三百，授之以政，不达；使于四方，不能专对。虽多，亦奚以为？"

●日本語読み

子曰く、詩三百を誦し、これに授くるに政を以てして達せず、四方に使いして専り対うること能わざれば、多しと雖も亦奚を以て為さん。

●日本語訳

孔子がおっしゃった。

「『詩経』三百篇を暗誦したからといって、政務をその者に任せ

てもうまくいかないものだ。またその者を他の国に遣わせても自力で応対はできない。たとえ多くいろんなものを学んでも、何の役に立とうか？」

●中国語訳

孔子说，"读熟了三百篇《诗》，把政务交给他却办不成，派他出使外国，却不能独立应对。即使读得多，又有什么用呢？"

●英語訳

The Master said, "He who can recite the three hundred poems, when charged with state affairs, does not know how to handle them; when dispatched as envoy to other states, cannot respond on his own — though many are the poems he can recite, of what use is it?"

── 原文 13-6 ──

子曰，"其身正，不令而行；其身不正，虽令不从。"

●日本語読み

子曰く、其の身正しければ、令せざれども行わる。其の身正しからざれば、令すと雖も従わず。

●日本語訳

孔子がおっしゃった。

「為政者自身の行いが正しければ、命令を発しなくても、その方針は遂行される。もし自らの行いが正しくないと、何度命令を下しても、誰もそれに従わない」

●中国語訳

孔子说，"领导者本身做事正当，不发号施令，事情也行得通。如果自己行为不正，虽然三令五申，百姓也不信从。"

●英語訳

The Master said, "If you yourself are correct, even without the issuing of orders, things will get done; If you yourself are incorrect, although orders are issued, they will not be obeyed."

― 原文 13-7 ―

子曰、"魯衛之政，兄弟也。"

●日本語読み

子曰く、魯衛の政は兄弟なり。

●日本語訳

孔子がおっしゃった。

「魯の国と衛の国の政治は兄弟のように似ている」

●中国語訳

孔子说，"鲁国和卫国的政治像兄弟一样相似。"

●英語訳

The Master said, "The government of Lu and that of Wei are brothers."

― 原文 13-8 ―

子謂衛公子荊，"善居室。始有，曰'苟合矣'。少有，曰'苟完矣'。富有，曰'苟美矣'。"

●日本語読み

子、衛の公子荊を謂く、善く室を居く。始め有るに曰く、苟か合う。少しく有るに曰く、苟か完し。富に有るに曰く、苟か美し。

●日本語訳

孔子が衛の国の大夫公子荊について、こう言われた。「彼は蓄財が上手だ。家財を手に入れたばかりの時、『どうにか間に合う』と言った。少々裕福になった時、『少しは整った』と言った。裕福になった時、『少しは立派になった』と言った」

●中国語訳

孔子谈到卫国大夫公子荆，说他"善于治理家政。刚宽裕一点，就说'凑合着够了'；稍多一些，就说'差不多齐备了'；富有时，说'差不多相当美满了'。"

●英語訳

The Master said of Prince Jing of Wei, "He is good at household management. When he began to have some means, he said, 'Quite enough!' When he had a little more, he said, 'Quite sufficient!' When he had plenty, he said, 'Quite magnificent!' "

— 原文 13-9 —

子适卫，冉有仆。子曰，"庶矣哉！"
冉有曰，"既庶矣，又何加焉？"曰，"富之。"
曰，"既富矣，又何加焉？"曰，"教之。"

●日本語読み

子、衛に適く。冉有僕たり。子曰く、庶きかな。冉有曰く、既に庶し。又何をか加えん。曰く、これを富まさん。曰く、既に富めり。又何をか加えん。曰く、これに教えん。

●日本語訳

孔子が衛の国に行き、弟子の冉有が御者を勤めた。孔子が言われた。「なんと人の多いことか！」

冉有が尋ねた。「人がこのように多ければ、これからどうしたらよいでしょう？」。孔子が答えて言われた。「人々の生活を豊かにしてやることだ」

冉有がさらに尋ねた。「生活が豊かになったら、次は何をしたらよいでしょうか？」。孔子が答えて言われた。「人々に教育を施すことだ」

●中国語訳

孔子行至卫国，弟子冉有给他驾着车子。孔子说，"人口好稠密啊！"冉有问，"人口多了，该怎么办呢？"孔子回答，"使他们富裕起来。"冉有接着又问，"已经富裕了，又该怎么办呢？"孔子回答，"教育他们。"

●英語訳

The Master journeyed to Wei, with Ran You driving.

The Master said, "How populous!"

Ran You said, "Now that it is populous, what is to be done next?"

The Master said, "Enrich them."

Ran You said, "When they are rich, what is to be done next?"

The Master said, "Instruct them."

── 原文 13-10 ──

子曰，"苟有用我者，期月而已可也，三年有成。"

●日本語読み

子曰く、苟も我を用うる者あらば、期月のみにして可ならん。三年にして成すこと有らん。

●日本語訳

孔子がおっしゃった。

「もし私を政務の責任者に登用してくれる人がいたら、一年足らずで成果をあげ、三年ですっかり完成させるのだが」

●中国語訳

孔子说，"如果有人起用我主持政事，不过一年就可以初见成效，三年能有所成就。"

●英語訳

The Master said, "If anyone employs me, in a twelvemonth, things will become tolerably well; in three years, there will be notable accomplishments."

── 原文 13-11 ──

子曰，"善人为邦百年，亦可以胜残去杀矣，诚哉是言也！"

●日本語読み

子曰く、善人、邦を為むること百年、亦以て残に勝ちて殺を去る

べしと。誠なるかな、是の言や。

●日本語訳

孔子がおっしゃった。

「諺に『善人が百年を治めれば、悪行がはびこらなくなり、これによって死刑もなくなるだろう』とあるが、実に真実を言っているではないか！」

●中国語訳

孔子说，"'善人治理国家一百年，就能克服残暴，从而废除死刑'，这话真对啊！"

●英語訳

The Master said, " 'If benevolent men were to rule a state a hundred years, they would be able to tame brutes and abolish capital punishment.' How true this saying rings!"

── 原文 13-12 ──

子曰，"如有王者，必世而后仁。"

●日本語読み

子曰く、如し王者あらば、必ず世にして後に仁ならん。

●日本語訳

孔子がおっしゃった。

「もし非凡で聡明な天子が現れたとしても、必ず三十年を要してやっと仁政が敷かれるようになるだろう」

●中国語訳

孔子说，"如果有圣明的天子出现，也必需经过一代人才能施仁政而成功。"

●英語訳

The Master said, "If there should emerge a sage man, it would surely take a generation for humanity to prevail."

── 原文 13-13 ──

子曰，"苟正其身矣，于从政乎何有？不能正其身，如正人何？"

●日本語読み

子曰く、苟も其の身を正しくせば、政に従うに於いてか何か有らん。其の身を正しくすること能わざれば、人を正しくすることを如何せん。

●日本語訳

孔子がおっしゃった。

「もし自らを正しくすれば、国を治めるのに何の困難があろう？もし自らを正しくできなければ、どうして国を治め正しく人を導くことができようか？」

●中国語訳

孔子说，"如果自身端正了，治理国政还有什么困难呢？自身不能端正，怎么治国正人呢？"

●英語訳

The Master said, "If you can set yourself correct, what difficulty do you have in conducting state affairs? If you cannot set yourself correct, how can you correct others?"

── 原文 13-14 ──

冉子退朝。子曰，"何晏也？"对曰，"有政。"
子曰，"其事也。如有政，虽不吾以，吾其与闻之。"

●日本語読み

冉子、朝より退く。子曰く、何ぞ晏きや。対えて曰く、政あり。子曰く、其れ事ならん。如し政あらば、吾を以いずと雖も、吾其れこれを与り聞かん。

●日本語訳

冉有が朝廷から帰ってくると、孔子が言われた。「どうして遅くなったのだね？」。冉有が答えて言った。「政務に縛られていました」。孔子が言われた。「季氏の家務だったんだな。もし政務だったら、たとえ私がたずさわらなくても私の耳に入るはずだ」

●中国語訳

冉有从朝廷回来。孔子说，"怎么回来这么晚呢？"冉有回答，"有政事缠身。"孔子说，"那只是季氏的家务事罢了。如果有政事，即使不让我参与，我也会知道的。"

●英語訳

When Master Ran returned from court, the Master said, "Why so late?"

Master Ran replied, "There was some state affair."

The Master said, "It must have been some house affair. If it had been a state affair, even though I am no longer employed, I would have been informed about it."

── 原文 13-15 ──

定公問，"一言而可以兴邦，有诸？"孔子对曰，"言不可以若是其几也。人之言曰，'为君难，为臣不易'。如知为君之难也，不几乎一言而兴邦乎？"

曰，"一言而丧邦，有诸？"孔子对曰，"言不可以若是其几也。人之言曰，'予无乐乎为君，唯其言而莫予违也'。如其善而莫之违也，不亦善乎？如不善而莫之违也，不几乎一言而丧邦乎？"

●日本語読み

定公問う。一言にして以て邦を興すべきこと諸れ有りや。孔子対えて曰く、言は以て是くの若くなるべからざるも、其れ幾きなり。人の言に曰く、君たること難し、臣たること易からずと。如

し君たることの難きを知らば、一言にして邦を興すに幾からず
や。曰く、一言にして以て邦を喪ぼすべきこと諸れ有りや。孔子
対えて曰く、言は以て是くの若くなるべからざるも、其れ幾きな
り。人の言に曰く、予は君たることを楽しむこと無し。唯其の言
にして予に違うこと莫きを楽しむなりと。如し其れ善にしてこれ
に違うこと莫くんば、亦善からずや。如し不善にしてこれに違う
こと莫くんば、一言にして邦を喪ぼすに幾からずや。

●日本語訳

魯の定公がお尋ねになった。「たった一言で国を興すような言葉
がありましょうか？」。孔子が答えて言われた。「言葉はそのよ
うに絶対的なものではありませんが、やや近いものはあります。
ある人が『君主になるのは難しいが、臣下となるのも容易ではな
い』と言っています。もし君主になるのが難しいと分かれば、こ
の一言で国を興すことができるでしょう」。魯の定公がさらに尋
ねられた。「たった一言で国を滅ぼすような言葉がありましょう
か？」。孔子が答えて言われた。「言葉はそのように絶対的なも
のではありませんが、やや近いものはあります。ある人が『私は
君主になっても別に楽しみはない、ただ何か言っても違背する者
は誰もいない』と言っています。もし言った言葉が正しくても誰
も違背しなかったら、それでいいでしょうか？もし言ったことが
正しくなくても誰も逆らわなかったら、この一言で国を滅ぼすこ
とになるでしょう」

●中国語訳

鲁定公问，"一句话就可以使国家兴盛起来，有这样的事吗？"孔
子回答说，"话虽说得不能这样绝对，大致还是很接近的。有人说，
'做国君难，做臣下也不容易。'如果知道做国君艰难，不就是接近
了一句话可以使国家兴盛了吗？"鲁定公说，"一句话可以使国家
灭亡，有这样的事吗？"孔子回答说，"话虽说得不能这样绝对，
大致还是很接近的。有人说，'我做国君没有别的乐趣，只是说话

无人违抗罢了。'如果说得话正确而没有人违抗，不也很好吗？如果说得不正确，也没有人违抗，不就是接近了一句话可以使国家灭亡了吗？"

●英語訳

Duke Ding asked, "One remark that can prosper a state — is there such a thing?"

The Master replied, "One remark cannot do something like that. However, there is one close to it. One man's saying goes, 'To be a sovereign is difficult; to be an official is not easy either.' If one knows the difficulty of being a sovereign, is it not almost true that one remark can prosper a state?"

Duke Ding asked, "One remark that can lose a state — is there such a thing?"

The Master replied, "One remark cannot do something like that. However, there is one close to it. One man's saying goes, 'I find no joy in being a sovereign except that, whatever I say, no one disobeys me.' If what he says is good and no one disobeys him, is it not good? If it is not good and no one disobeys him, is it not almost true that one remark can lose a state?"

── 原文 13-16 ──

叶公问政。子曰，"近者悦，远者来。"

●日本語読み

葉公、政を問う。子曰く、近き者説び遠き者来たる。

●日本語訳

葉公が孔子に国を治めるにはどうしたらよいか尋ねられた。孔子が答えて言われた。「近くの人民を喜ばせ、遠くの人民が慕って集まってくるようにされたらよいでしょう」

●中国語訳

叶公问孔子怎样治理国家，孔子回答道，"要使本国人民活得高兴，使远方人民前来投奔。"

●英語訳

When the Duke of She asked about government, the Master said, "Make those nearby pleased and those far off folk to you."

── 原文 13-17 ──

子夏为莒父宰，问政。子曰，"无欲速，无见小利。欲速，则不达；见小利，则大事不成。"

●日本語読み

子夏、莒父の宰と為りて、政を問う。子曰く、速かならんと欲すること毋かれ、小利を見ること毋かれ。速かならんと欲すれば則ち達せず。小利を見れば則ち大事成らず。

●日本語訳

子夏が莒父県の代官になって尋ねた。孔子が言われた。「急ぎすぎてはならない、目先の小さな利益だけを見てはならない。急ぎすぎると目的は達せられないし、目先の小さな利益だけを見ていると大事を達成することはできない」

●中国語訳

子夏担任了莒父县的县长，向孔子请教政事。孔子说，"不要过于图快，不要只贪求小利。求快就达不到目的，只看到小利就不能成就大事。"

●英語訳

When Zi-xia served as magistrate of Ju-fu, he asked about government.

The Master said, "Do not crave for speed; do not covet petty gains. If you crave for speed, you will not reach your destination; if you covet petty gains, great undertakings will not be accomplished."

— 原文 13-18 —

叶公语孔子曰，"吾党有直躬者，其父攘羊，而子证之。"孔子曰，"吾党之直者异于是：父为子隐，子为父隐，直在其中矣。"

●日本語読み

葉公、孔子に語りて曰く、吾が党に直躬なる者あり。其の父、羊を攘みて、子これを証す。孔子曰く、吾が党の直き者は是れに異なり。父は子の為に隠し、子は父の為に隠す。直きこと其の中に在り。

●日本語訳

葉公が孔子に言われた。「私どものところには実直な者がいて、父親が羊を盗んだのを、この男が告発しました」。孔子が言われた。「私どものところの正直者はそのような人間ではありません。父親が息子を隠し、息子が父親を隠します。この中にも自然と正直さがうかがえます」

●中国語訳

叶公告诉孔子说，"我们乡里有个处世耿直的人，他的父亲偷了羊，他作为儿子却去告发。"孔子说，"我们乡里的正直的人不是这样做的。父亲为儿子隐瞒，儿子为父亲隐瞒，这中间自然含有坦白直率了。"

●英語訳

The Duke of She said to the Master, "In my native place, there is a honest man. When his father stole a sheep, he bore witness against him."

The Master said, "In my native place, straight people are different from this man: Father conceals for son and son conceals for father. Straightness lies therein."

── 原文 13-19 ──

樊迟問仁。子曰，"居処恭，執事敬，与人忠。虽之夷狄，不可弃也。"

●日本語読み

樊遅、仁を問う。子曰く、居処は恭に、事を執りて敬に、人に与りて忠なること、夷狄に之くと雖も、棄つべからざるなり。

●日本語訳

樊遅が仁とは何であるか尋ねた。孔子が答えて言われた。「生活では厳しく、仕事はまじめで、人に対しては真心をもって接する。たとえ夷狄の地へ行っても、この原則は守らなければならない」

●中国語訳

樊迟问什么是仁，孔子答道，"处世要谦恭，办事要认真，对人要忠诚。即使到了边区野蛮人部落，这些品德也不可放弃，也不能丢弃这几条。"

●英語訳

When Fan Chi asked about humanity, the Master said, "Conduct yourself with respect; perform your duties with reverence; treat others with wholehearted sincerity. Even if you should journey to the Yis and Dis, you cannot abandon these."

― 原文 13-20 ―

子貢問曰，"何如斯可谓之士矣？"子曰，"行己有耻，使于
四方，不辱君命，可谓士矣。"

曰，"敢问其次。"曰，"宗族称孝焉，乡党称弟焉。"

曰，"敢问其次。"曰，"言必信，行必果，硁硁然小人哉！
抑亦可以为次矣。"

曰，"今之从政者何如？"子曰，"噫！斗筲之人，何足算也？"

●日本語読み

子貢問いて曰く、何如なるをか斯れこれを士と謂うべき。子曰く、己を行うに恥あり、四方に使いして君命を辱しめざる、士と謂うべし。曰く、敢えて其の次を問う。曰く、宗族孝を称し、郷党弟を称す。曰く、敢えて其の次を問う。曰く、言必ず信、行必ず果、硁硁然たる小人なるかな。抑々亦以て次と為すべし。曰く、今の政に従う者は何如。子曰く、噫、斗筲の人、何ぞ算うるに足らん。

●日本語訳

子貢が尋ねた。「どのようにしたら真の男と言えるでしょうか？」。孔子が言われた。「自らの行いに恥を知り、他の国に遣わされても君子の使命を辱しめないようにすれば、真の男子と言えよう」。子貢が言った。「それに次ぐ男子とはどのような者かお教えください」。孔子が言われた。「一族からは父母によく仕えると言われ、郷里では先輩を敬うとして称賛されるような者だね」。子貢がさらに尋ねた。「さらにその次はどのような者かお教えください」。孔子が言われた。「言ったことは必ず守り、やることは最後までやり抜く、浅薄で頑迷な小人だよ。だが、お前は二番目の男子といったところかな」。子貢が言った。「今官位に就いている人はどうでしょう？」。孔子が言われた。「いやは

や、度量の狭い連中ばかりで、物の数ではないよ」

●中国語訳

子贡问，"怎样做才可称为士人呢？"孔子说，"自己做事要有羞耻之心，出使外国不辱没君主的使命，可以说称得上士人了。"子贡说，"请问次一等的怎样？"孔子说，"宗族的人称赞他孝顺父母，本乡的人称赞他敬重兄长。"子贡又说，"请问再次一等的呢？"孔子说，"说话必求兑现，行动必求贯彻始终，这是浅陋固执的小人哪！不过，也可以称得上是次一等的士了。"子贡说，"现在这些在位做官的人怎么样？"孔子说，"哎！这些器量狭小的人，算得了什么呢？"

●英語訳

Zi-gong asked, "What must a man be like to be called an officer?"

The Master said, "In conducting himself, he has a sense of shame; when dispatched to the various states as envoy, he does not fail the sovereign's mission — such a man may be called an officer."

Zi-gong said, "May I venture to ask the next category?"

The Master said, "One who is commended as a filial son in his own clan and an obedient elder brother in his native place."

Zi-gong said, "May I venture to ask the third category?"

The Master said, "One whose word is always truthful and whose deed is always resolute. Inflexible small man that he is, he may yet be considered one of the third category."

Zi-gong said, "What about those engaged in government today?"

The Master said, "Ugh! Those men of small capacity — they are not worth reckoning."

─ 原文 13-21 ─

子曰，"不得中行而与之，必也狂狷乎！狂者进取，狷者有所不为也。"

●日本語読み

子曰く、中行を得てこれに与せずんば、必ずや狂狷か。狂者は進みて取り、狷者は為さざる所あり。

●日本語訳

孔子がおっしゃった。

「言行が中庸な人と付き合いできなければ、奔放で気骨がある人と交際するのがよい。奔放な人は進取の精神に富み、気骨のある人は悪事を働かないからだ」

●中国語訳

孔子说，"不能与言行中庸的人交往，一定要与激进奔放和耿直自守的人交往。激进的人锐意进取，耿直的人不为非作歹。"

●英語訳

The Master said, "Unable to find men of the middle path to associate with, I must content myself with the high-minded and the principled. The high-minded forge ahead, and the principled refrain from doing certain things."

─ 原文 13-22 ─

子曰，"南人有言曰，'人而无恒，不可以作巫医。'善夫！""不恒其德，或承之羞。"子曰，"不占而已矣。"

●日本語読み

子曰く、南人、言えること有り。曰く、人にして恒なくんば、以て巫医を作すべからずと、善いかな。其の徳を恒にせざれば、或いはこれに羞を承めん。子曰く、占わざるのみ。

●日本語訳

孔子がおっしゃった。

「南方の人にはこう言う諺がある。『心変わりをする人は、祈祷師と医者にはなれない』、よい言葉ではないかね」。『易経・恒卦』には、「あれこれ心が迷う者は、辱しめを招く」とある。孔子が言われた。「こういう者は占う必要もないよ」

●中国語訳

孔子说，"南方人有句谚语，'人没有恒心，不能担任巫师和医士。'说得好啊！"《易经・恒卦》说，"一个人三心二意，反复无常，就可能招致羞耻。"孔子说，"这是毋须占卜的。"

●英語訳

The Master said, "The Southern Man had a saying that goes, 'If a man is inconstant, he should not have his fortune divined.' Well said!" "He who is inconstant in moral character will always incur humiliation."

The Master said, "He should never try divination, that is all."

― 原文 13-23 ―

子曰，"君子和而不同，小人同而不和。"

●日本語読み

子曰く、君子は和して同ぜず、小人は同じて和せず。

●日本語訳

孔子がおっしゃった。

「君子は調和をとっても同調して徒党は組まないが、小人は徒党を組んで同調しない」

●中国語訳

孔子说，"君子协调和谐而不苟同结党，小人结党营私而不协调和谐。"

●英語訳

The Master said, "The gentleman is harmonious but not

conformable; the samll man is conformable but not harmonious."

── 原文 13-24 ──

子貢問曰、"乡人皆好之、何如？"子曰、"未可也。""乡人皆恶之、何如？"子曰、"未可也；不如乡人之善者好之、其不善者恶之。"

●日本語読み

子貢問いて曰く、郷人皆これを好せば何如。子曰く、未だ可ならざるなり。郷人皆これを悪まば何如。子曰く、未だ可ならざるなり。郷人の善き者はこれを好し、其の善からざる者はこれを悪まんには如かざるなり。

●日本語訳

子貢が尋ねた。「地元の者がみな称賛するような人間は、如何なものでしょうか？」。孔子が言われた。「駄目だね」。子貢がさらに尋ねた。「地元の者がみな嫌うような人間は、如何なものでしょうか？」。孔子が言われた。「それも駄目だね。その地元の善人が称賛し、悪人が嫌悪するような人でなくてはならない」

●中国語訳

子贡问道，"乡里人都称赞他，怎么样呢？"孔子说，"不可以。"子贡说，"乡里人都厌恶他，怎么样啊？"孔子说，"也不可以。倒不如乡里的好人称赞他，乡里的坏人厌恶他。"

●英語訳

Zi-gong asked, "The people of the prefecture all love him — what do you think about such a man?"

The Master said, "Not good enough."

"The people of the prefecture all hate him — what do you think about such a man?"

The Master said, "Not good enough, either. It would be best if the prefecture's good people loved him and its evil people hated him."

― 原文 13-25 ―

子曰，"君子易事而难说也。说之不以道，不说也；及其使人也，器之。小人难事而易说也。说之虽不以道，说也；及其使人，也求备焉。"

●日本語読み

子曰く、君子は事え易くして説ばしめ難し。これを説ばしむるに道を以てせざれば、説ばざるなり。其の人を使うに及びては、これを器にす。小人は事え難くして説ばしめ易し。これを説ばしむるに道を以てせずと雖も、説ぶなり。其の人を使うに及びては、備わらんことを求む。

●日本語訳

孔子がおっしゃった。

「君子は一緒に仕事をしやすいが、喜ばせるのは難しいものだ。正当な方法で喜ばせようとしても、なかなか喜んでくれない。人を使う時には、才能に応じて適用する。小人は一緒に仕事しにくいが、喜ばせるのは簡単だ。不当な方法で喜ばせようとすれば、すぐに喜んでくれる。人を使う時に至っては、完全無欠を要求する」

●中国語訳

孔子说，"君子容易共事，讨他的喜欢却困难。不用正当的方法去讨他喜欢，他是不会喜欢的。当他使用人的时候，则是量才录用。小人难于共事，讨他的喜欢却容易。用不正当的方法去讨他喜欢，他也会喜欢。至于使用人的时候，他是求全责备的。"

●英語訳

The Master said, "The gentleman is easy to serve but hard to please. If you do not please him according to the Way, he is not pleased. When he employs a person, he measures his capacity. The small man is hard to serve but easy to please. Even though you do not please him according to the wrong Way, he is pleased. When he employs a person, he demands perfection."

── 原文 13-26 ──

子曰、"君子泰而不骄，小人骄而不泰。"

●日本語読み

子曰く、君子は泰にして驕らず、小人は驕りて泰ならず。

●日本語訳

孔子がおっしゃった。

「君子は物腰が静かで落ち着きがあって心地よいが、決して傲慢ではない。小人は傲慢で落ち着きがない」

●中国語訳

孔子说，"君子泰然自若而不骄傲，小人骄傲而不泰然自若。"

●英語訳

The Master said, "The gentleman is self-possessed and not swaggering; the small man is swaggering and not self-possessed."

── 原文 13-27 ──

子曰、"刚、毅、木、讷，近仁。"

●日本語読み

子曰く、剛毅木訥、仁に近し。

●日本語訳

孔子がおっしゃった。

「意志が堅固である、果敢である、飾り気がない、慎重である、このような人は仁に近いところにいる」

●中国語訳

孔子说，"刚强、果敢、质朴、严谨，接近于仁。"

●英語訳

The Master said, "Staunchness, intrepidity, simplicity, and reticence are close to humanity."

― 原文 13-28 ―

子路问曰，"何如斯可谓之士矣？"子曰，"切切偲偲，怡怡如也，可谓士矣。朋友切切偲偲，兄弟怡怡。"

●日本語読み

子路問いて曰く、如何なるをか斯れこれを士と謂うべき。子曰く、切切偲偲怡怡如たる、士と謂うべし。朋友には切切偲偲、兄弟には怡怡如たり。

●日本語訳

子路が尋ねた。「どのような人が真の男と言えますか？」。孔子が言われた。「お互いに励まし合い、共にうちとける、これが男だよ。友人同士ではお互いに励まし合い、兄弟の間では共にうちとけるのだ」

●中国語訳

子路问道，"怎样才能称为士呢？"孔子说，"相互勉励，和睦共处，能够称为士了。朋友之间相互勉励，兄弟之间和睦共处。"

●英語訳

Zi-lu asked, "What must a man be like to be called a scholar?" The Master said, "One who is sincerely critical and genial may be called a scholar — sincerely critical to his friends, genial to his brothers."

― 原文 13-29 ―

子曰，"善人教民七年，亦可以即戎矣。"

●日本語読み

子曰く、善人、民を教うること七年、亦以て戎に即かしむべし。

●日本語訳

孔子がおっしゃった。

「道徳のある人が七年の間人民を教育すれば、彼らを戦いに行かせることができるようになる」

●中国語訳

孔子说，"一个有道德的人教育人民七年，便可以用他们打仗了。"

●英語訳

The Master said, "After a benevolent man instructs the people for seven years, they may be employed to take arms."

― 原文 13-30 ―

子曰，"以不教民战，是谓弃之。"

●日本語読み

子曰く、教えざる民を以て戦う、是れこれを棄つと謂う。

●日本語訳

孔子がおっしゃった。

「まだ訓練もしていない人民を戦争に駆り出すのは、彼らを放棄するのと同じである」

●中国語訳

孔子说，"用未经训练的民众去作战，无异于抛弃他们。"

●英語訳

The Master said, "To employ uninstructed people in a battle is to abandon them."

【憲問第十四】

Kenmon-daijūshi

憲問第十四

── 原文 14-1 ──

宪问耻。子曰，"邦有道，谷；邦无道，谷，耻也。"

●日本語読み

憲、恥を問う。子曰く、邦に道あれば穀す。邦に道なきに穀するは、恥なり。

●日本語訳

原憲が恥とは何かについて尋ねた。孔子が言われた。「国の政治が正しく治まっている時は俸禄を受けるが、国が腐敗して暗黒の時もなお俸禄を受けるのは、それこそ恥である」

●中国語訳

原宪问什么是耻辱，孔子说，"国家政治清平时领取俸禄，当国家腐败黑暗时仍然领取俸禄，就是耻辱。"

●英語訳

When Xian asked about shame, the Master said, "When the state possesses the Way, you draw an official's salary; when the state loses the Way, you draw an official's salary — it is a shame."

── 原文 14-2 ──

"克、伐、怨、欲不行焉，可以为仁矣？"子曰，"可以为难矣，仁则吾不知也。"

●日本語読み

克・伐・怨・欲、行われざる、以て仁と為すべし。子曰く、以て難しと為すべし。仁は則ち吾知らざるなり。

●日本語訳

原憲が尋ねた。「勝ち気である、自慢する、怨みを持つ、貪欲で

ある、というこれらの行いをやらなければ、仁者と言えるでしょうか？」。孔子が言われた。「尊ぶべきことだが難しいことで、それが仁者かどうかは分からない」

●中国語訳

原宪问，"好胜、自夸、怨恨、贪欲的毛病都没有，能算是仁人了吗？"孔子说，"可以说是难能可贵了，是否为仁人我就不知道了。"

●英語訳

Yuan-Xian said, "To be able to prevent the desire to outdo others, bragging, resentment, and greed from prevailing — can this be considered humanity?"

The Master said, "It may be considered difficult. As for humanity, I do not know."

― 原文 14-3 ―

子曰，"士而怀居，不足以为士矣。"

●日本語読み

子曰く、士にして居を懐うは、以て士と為すに足らず。

●日本語訳

孔子がおっしゃった。

「教養人が逸楽にふけり気楽な生活に心を奪われるようになったら、教養人としては失格である」

●中国語訳

孔子说，"士人只贪图安逸生活，就不配称为士了。"

●英語訳

The Master said, "If a man cherishes home life, he is unfit to be a man."

─ 原文 14-4 ─

子曰，"邦有道，危言危行；邦无道，危行言孙。"

●日本語読み

子曰く、邦に道あれば、言を危しくし行を危しくす。邦に道なければ、行を危しくして言は孫う。

●日本語訳

孔子がおっしゃった。

「国の政治が正しく治まっている時は、言葉は公正に、行いは公明正大にする。国が道に外れている時は、行いはきちんとし、言葉は慎重にする」

●中国語訳

孔子说，"国家政治清平，说话正直、行为正大；国家混乱无道，行为端正、说话谨慎。"

●英語訳

The Master said, "When the state possesses the Way, speak uprightly and act uprightly; when the state loses the Way, act uprightly, but speak modestly."

─ 原文 14-5 ─

子曰，"有德者必有言，有言者不必有德。仁者必有勇，勇者不必有仁。"

●日本語読み

子曰く、徳ある者は必ず言あり。言ある者は必ずしも徳あらず。仁者は必ず勇あり。勇者は必ずしも仁あらず。

●日本語訳

孔子がおっしゃった。

「徳行のある人は言うことが必ず筋道が通っている。言うことが道理にかなった人が必ずしも徳行があるとは限らない。仁徳のあ

る人は必ず勇敢だが、勇敢な人が必ずしも仁徳があるとは限らない」

●中国語訳

孔子说，"有德行的人必定会出言有理，言之成理的人不一定有德行。仁德的人必定勇敢，勇敢的人不一定有仁德。"

●英語訳

The Master said, "A man who possesses virtue must also possess worthy sayings, but a man who possesses worthy sayings does not necessarily possess virtue, A man of humanity must also possess courage, but a man of courage does not necessarily possess humanity."

--- 原文 14-6 ---

南宮适问于孔子曰，"羿善射，奡荡舟，俱不得其死然。禹、稷躬稼而有天下。"夫子不答。

南宮适出，子曰，"君子哉若人！尚德哉若人！"

●日本語読み

南宮适、孔子に問いて曰く、羿は射を善くし、奡は舟を盪かす。俱に其の死を得ず。禹と稷とは躬ら稼して天下を有つ。夫子答えず。南宮适出ず。子曰く、君子なるかな、若き人。徳を尚べるかな、若き人。

●日本語訳

南宮适が孔子に尋ねた。「羿は弓の名人で、奡は水上の戦闘に優れていましたが、二人とも非業な死を遂げました。禹や稷は自ら畑仕事をして、天下を取りました、なぜでしょうか？」。孔子はお答えにならなかった。南宮适が退出してから、孔子が言われた。「彼は真の君子だ！彼は真に仁徳を崇めている人だ！」

●中国語訳

南宮适问孔子，"羿善长射箭、奡善长水战，都不得好死；禹、后

稷亲自耕田种地却得到了天下，为什么呢？"孔子没有回答。南宫适退了出去。孔子说，"这个人真是君子啊！这个人真崇尚仁德啊！"

●英語訳

Nan-gong Kuo asked of the Master, saying, "Neither Yi, who was skilled in archery, nor Ao, who excelled in maneuvering battleships, met a natural death. Right? Yu and Ji, however, who grew crops themselves, gained possession of the empire."

The Master did not reply.

When Nan-gong Kuo left, the Master said, "What a gentleman that man is! How that man upholds virtue!"

― 原文 14-7 ―

子曰，"君子而不仁有矣夫，未有小人而仁者也。"

●日本語読み

子曰く、君子にして不仁なる者あらんか。未だ小人にして仁なる者あらざるなり。

●日本語訳

孔子がおっしゃった。

「君子でも仁徳を為さない事があるかも知れない！小人で仁徳を為す者もいない」

●中国語訳

孔子说，"君子作出违背仁道的事也许会有的吧！却从没有小人会行仁的！"

●英語訳

The Master said, "A gentleman who is not humane — there are such cases, indeed. But there has never been one case in which a small man is humane."

― 原文 14-8 ―

子曰，"爱之，能勿劳乎？忠焉，能勿诲乎？"

●日本語読み

子曰く、これを愛して能く労すこと勿からんや。忠にして能く誨うること勿からんや。

●日本語訳

孔子がおっしゃった。

「彼を本当に慈しんでいるなら、よく働くよう勧めないでおかれようか？彼に忠誠を尽くせば、教えてやらないでおられようか？」

●中国語訳

孔子说"爱护他，能不使他勤劳吗？忠于他，能不去教诲他吗？"

●英語訳

The Master said, "Can you love them without making them toil? Can you be loyal to him without admonishing him?"

― 原文 14-9 ―

子曰，"为命，裨谌草创之，世叔讨论之，行人子羽修饰之，东里子产润色之。"

●日本語読み

子曰く、命を為るに裨諶これを草創し、世叔これを討論し、行人子羽これを修飾し、東里の子産これを潤色す。

●日本語訳

孔子がおっしゃった。

「鄭の国が内政・外政に関する政策の法令を制定するにあたって、まず裨諶が起草し、世叔が検討してから意見を提出し、さらに外交官の子羽が手を入れ、最後に東里に住む子産が推敲して最終稿とした」

●中国語訳

孔子说"郑国制定关于内政外交的政策法令，先由裨谌起草，经世叔检讨论证后提出意见，再由外交官子羽修改，最后由子产润色定稿。"

●英語訳

The Master said, "In preparing a diplomatic dialogue, Bi Chen was the one to ride to the country and draft it; shi shu, the one to study and comment on it; Foreign Minister Zi-yu, the one to revise and decorate it; and East-neighborhood Zi-chan, the one to polish and color it."

— 原文 14-10 —

或問子産。子曰，"惠人也。"問子西。曰，"彼哉！彼哉！"問管仲。曰，"人也。奪伯氏駢邑三百，飯疏食，沒齒無怨言。"

●日本語読み

或ひと子産を問う。子曰く、惠人為り。子西を問う。曰く、彼をや、彼をや。管仲を問う。曰く、〔この〕人や、伯氏の駢邑三百を奪い、疏食を飯いて歯を沒するまで怨言なし。

●日本語訳

ある人が子産とはどのような人間かを尋ねた。孔子が言われた。「寛大で民を愛した人でした」。また子西についても尋ねた。孔子は「ああ彼ですか、彼ですか！」とだけ答えられた。さらに管仲について尋ねた。孔子が言われた。「たいした人物です！伯氏から駢の三百戸の領地を召し上げたが、伯氏は食べるものにも窮しながら、死ぬまで怨み言を言わず、心から敬服します」

●中国語訳

有人问子产怎么样，孔子说"是个宽厚爱民的人。"

又问子西是怎样一个人？孔子说，"他啊，他啊！"

再问管仲是怎样一个人？孔子说，"是个人才呀！他剥夺了伯氏骈邑三百户的封地为公，使伯氏穷得只能吃粗粮度日，到死对他没有

怨言，心服口服。"

●英語訳

When someone asked about Zi-chan, the Master said, "A beneficent man."

When asked about Zi-xi, he said, "Oh, that man! Oh, that man!"

When asked about Guan Zhong, he said, "A humane man. He deprived Bo Shi of the three hundred households of Pian County so that Bo Shi could eat only coarse food. Until the end of his life however, he never uttered one resentful word."

― 原文 14-11 ―

子曰，"贫而无怨难，富而无骄易。"

●日本語読み

子曰く、貧しくして怨むこと無きは難く、富みて驕ること無きは易し。

●日本語訳

孔子がおっしゃった。

「貧しくても怨み言を言わないのは非常に難しいが、富んでも傲慢にならないのは実に簡単である」

●中国語訳

孔子说，"贫苦而无怨言很难做到，富裕而不傲慢却很容易。"

●英語訳

The Master said, "To be poor and not resentful is difficult; to be rich and not swaggering is easy."

― 原文 14-12 ―

子曰，"孟公绰为赵、魏老则优，不可以为滕、薛大夫。"

●日本語読み

子曰く、孟公綽、趙魏の老と為れば、則ち優。以て滕薛の大夫と為すべからず。

315　憲問第十四

●日本語訳

孔子がおっしゃった。

「孟公綽は趙氏や魏氏の家臣なら余裕を以って勤められるが、滕の国や薛の国のような小国の大夫は勤まらないな」

●中国語訳

孔子说，"孟公绰当赵氏、魏氏的家臣是很优越，但不能胜任滕国、薛国的大夫。"

●英語訳

The Master said, "Meng Gong-chuo, as chief house officer of Zhao or Wei, would be more than proficient, but could not serve as a minister of Teng or Xue."

— 原文 14-13 —

子路问成人。子曰，"若臧武仲之知，公绰之不欲，卞庄子之勇，冉求之艺，文之以礼乐，亦可以为成人矣。"曰，"今之成人者何必然？见利思义，见危授命，久要不忘平生之言，亦可以为成人矣。"

●日本語読み

子路、成人を問う。子曰く、臧武仲の知、公綽の不欲、卞荘子の勇、冉求の芸の若き、これを文るに礼楽を以てせば、亦以て成人と為すべし。曰く、今の成人は、何ぞ必ずしも然らん。利を見ては義を思い、危うきを見ては命を授く、久要、平生の言を忘れざる、亦以て成人と為すべし。

●日本語訳

子路が才徳兼ね備えた完成された人間とはどのようなものであるか尋ねた。孔子が言われた。「臧武仲のような賢明な人、孟公綽のような清廉潔白な人、卞荘子のような勇敢な人、冉求のような多才多芸な人、その上に礼楽で磨きをかければ、完成された人間と言えよう」。孔子がさらに言われた。「今日の完成された人間

は必ずしもこの通りではないのではないか？利益を目の前にして
も大義を考え、災難に遭遇したら一命を投げ出し、長い間貧乏で
あってもかつての公約を忘れない、このような人こそ才徳兼ね備
えた完成された人間と言えよう」

●中国語訳

子路问怎样才是德才兼备的完人。孔子说，"像臧武仲那样明智、
孟公绰那样廉洁、卞庄子那样勇敢、冉求那样多才多艺，再用礼乐
来加以修养，就能算是德才兼备的完人了。"孔子又说，"现在的完
人何必如此呢？见到功利能思及到大义，遇到危难敢挺身而出，长
期贫困不忘记过去的诺言，也能算是德才兼备的完人了。"

●英語訳

When Zi-lu asked about the perfect man, the Master said, "A man
with Zang Wu-zhong's wisdom, Gong-chuo's uncovetousness, Bian
Zhuang-zi's courage, Ran Qiu's versatility, and further refined with
the rituals and music, may be considered a perfect man indeed."

The Master said, "A perfect man of today — why must he be like
that? One who, on seeing profit, thinks of righteousness; on seeing
danger, is ready to give his life; and, even with an old agreement,
does not forget his former promise may yet be considered a perfect
man."

--- 原文 14-14 ---

子问公叔文子于公明贾曰，"信乎，夫子不言，不笑，不取
乎？"

公明贾对曰，"以告者过也。夫子时然后言，人不厌其言；
乐然后笑，人不厌其笑；义然后取，人不厌其取。"

子曰，"其然？岂其然乎？"

●日本語読み

子、公叔文子を公明賈に問いて曰く、信なるか。夫子の言わず、

笑わず、取らざること。公明賈対えて曰く、以て告す者の過ちなり。夫子、時にして然る後に言う、人其の言うことを厭わざるなり。楽しみて然る後に笑う、人其の笑うことを厭わざるなり。義にして然る後に取る、人其の取ることを厭わざるなり。子曰く、其れ然り。豈に其れ然らんや。

●日本語訳

孔子が公明賈に公叔文子について尋ねた。「あの方はものも言わず、笑いもせず、金品も欲しがらないというのは、本当ですか？」。公明賈が答えて言った。「それはあなたにお話した者の間違いです。あの方は言うべき時にはちゃんと言い、その言葉を嫌がる人はいません。楽しい時は笑いますが、笑っても人から嫌がられません。道理に適って、受け取っても、人は誰も嫌がりません」。孔子が言われた。「そうですか？本当にそうですか？」

●中国語訳

孔子向公明賈询问公叔文子说，"这位夫子不言、不笑、不贪财，是真的吗？"

公明賈答道，"是告诉你的人说错了。这位夫子该说时才说，别人不讨厌他的话；快乐时才笑，别人不讨厌他的笑；合乎情理，该取时才取，别人不讨厌他获取。"

孔子说，"是这样吗？真是这样吗？"

●英語訳

The Master asked Gong-ming Jia about Gong-shu Wen-zi, saying, "Is it true that His Excellency neither speaks, nor laughs, nor takes?" Gong-ming Jia replied, "This is the informant's error. His Excellency speaks only at the right time so that people are not weary of his speech, laughs only when he is happy so that people are not weary of his laughter, and takes only when it is righteous so that people are not weary of his taking."

The Master said, "Is that so? Is it really so?"

── 原文 14-15 ──

子曰，"臧武仲以防求為后于魯，雖曰不要君，吾不信也。"

●日本語読み

子曰く、臧武仲、防を以て魯に後たらんことを求む。君を要せずと曰うと雖も、吾は信ぜざるなり。

●日本語訳

孔子がおっしゃった。

「臧武仲が領地を踏みにじって魯の国に君主には彼の息子を継承者として立てるよう要求した。主君に強要したのではないかと言っているが、私には信じられない」

●中国語訳

孔子说，"臧武仲凭借封地要求鲁国君主立他的儿子做继承人，虽然说是不要挟国君，我是不相信的。"

●英語訳

The Master said, "Zang Wu-zhong used Fang to demand that an heir be appointed for him in Lu. Although people say he did not coerce the sovereign, I do not believe it."

── 原文 14-16 ──

子曰，"晋文公谲而不正，齐桓公正而不谲。"

●日本語読み

子曰く、晋の文公は、譎りて正しからず。齐の桓公は正しくして譎らず。

●日本語訳

孔子がおっしゃった。

「晋の文公は悪賢くて不正直であったが、齐の桓公は正直で策略に欠けていた」

●中国語訳

孔子说，"晋文公诡诈而不正当，齐桓公正直而不诡诈。"

●英語訳

The Master said, "Duke Wen of Jin was crafty and not upright; Duke Huan of Qi was upright and not crafty."

── 原文 14-17 ──

子路曰、"桓公殺公子糾、召忽死之、管仲不死。"曰、"未仁乎？"子曰、"桓公九合諸侯、不以兵車、管仲之力也。如其仁、如其仁。"

●日本語読み

子路曰く、桓公、公子糾を殺す。召忽これに死し、管仲は死せず。曰く、未だ仁ならざるか。子曰く、桓公、諸侯を九合して、兵車を以てせざるは、管仲の力なり。其の仁に知かんや、其の仁に知かんや。

●日本語訳

子路が言った。「斉の桓公が異母兄弟の公子である糾を殺した時、彼の師召忽も糾のために死にましたが、管仲は死にませんでした。彼は仁徳があると言えるでしょうか？」。孔子が答えて言われた。「斉の桓公は何度も諸侯と同盟を結んでも武力で踏みにじることはなかったが、これは管仲の功績である。このような仁徳があるだろうか、管仲にはこのような仁徳があったのだ！」

●中国語訳

子路说，"齐桓公杀了异母兄弟公子糾，他的师付召忽为公子糾殉死，管仲却不去死，能说他有仁徳吗？"

孔子说，"齐桓公九次与诸侯举行盟会而不凭借武力，这是管仲的功劳。谁有这样的仁徳呢？管仲有这样的仁徳啊！"

●英語訳

Zi-lu said, "When Duke Huan killed Prince Jiu, Shao Hu died for him, but Guan Zhong did not die." He added, "He was not humane, was he?"

The Master said, "Duke Huan nine times assembled the various princes without using war chariots. It was all Guan Zhong's capability. Who can compare with him in humanity? He was such a humane man."

── 原文 14-18 ──

子贡曰，"管仲非仁者与？桓公杀公子纠，不能死，又相之。"子曰，"管仲相桓公，霸诸侯，一匡天下，民到于今受其赐。微管仲，吾其被发左衽矣。岂若匹夫匹妇之为谅也，自经于沟渎而莫之知也？"

●日本語読み

子貢曰く、管仲は仁者に非ざるか。桓公、公子糾を殺して、死する能わず。又これを相く。子曰く、管仲、桓公を相けて諸侯に霸たり、天下を一匡す。民、今に到るまで其の賜を受く。管仲微かりせば、吾其れ髪を被り衽を左にせん。豈に匹夫匹婦の諒を為し、自ら溝瀆に経れて知らるること莫きが若くならんや。

●日本語訳

子貢が言った。「管仲は仁徳のある人ではないでしょうか？斉の桓公が公子の糾を殺した時、彼は身を以て主に殉じなかったばかりか、桓公を補佐して宰相になりました」。孔子が答えて言われた。「管仲は桓公を補佐して諸侯に覇をとなえ、天下を正道に乗せ、人民は今のように恩恵を蒙っている。管仲がいなかったら、私は今頃夷狄の臣民になっていることだろう。管仲のような人物がどうして取るに足りない男女のように、つまらない義理を立てて自らくびれ、誰にも知れず溝に埋もれてしまってよいものか」

●中国語訳

子贡说，"管仲不是一个有仁德的人吧？齐桓公杀了公子纠，他不

憲問第十四

能以身殉主，还辅佐桓公做了宰相。"

孔子说，"管仲辅佐桓公，称霸诸侯，匡正天下，人们到如今还受到他的恩赐。没有管仲，我辈大概要沦为野蛮人了。他难道会像普通人那样恪守信义，在山沟里自杀而不为人所知吗？"

●英語訳

Zi-gong said, "Guan Zhong was not a man of humanity, was he? When Duke Huan killed Prince Jiu, he was not only unable to die but became the duke's prime minister, instead."

The Master said, "Guan Zhong helped Duke Huan become overlord of the various princes and set everything right in the empire. The people to this day benefit from his favors. But for Guan Zhong, we would be wearing our hair loose with our garments fastened on the left. How could we expect him to be obstinately truthful like a common man or a common woman and hang himself in a gully without anyone knowing about it?"

── 原文 14-19 ──

公叔文子之臣大夫僎与文子同升诸公。子闻之，曰，"可以为'文'矣。"

●日本語読み

公叔文子の臣、大夫僎、文子と同じく公に升る。子これを聞きて曰く、以て文と為すべし。

●日本語訳

公叔文子の家臣であった大夫の僎は公叔文子と共に朝廷に上がって大臣となった。孔子は後にそれを知って言われた。「公叔は『文』と言うこの諡に恥じないだろう」

●中国語訳

公叔文子的家臣大夫僎与公叔文子一同升任朝中大臣，孔子得知后说，"公叔无愧于'文'这个谥号了。"

●英語訳

Gong-shu Wen-zi's house minister Xun was, together with Wen-zi, promoted to the ducal court. The Master, on hearing this, said, "He deserves to be called 'Wen' indeed!"

—— **原文 14-20** ——

子言卫灵公之无道也，康子曰，"夫如是，奚而不丧？"孔子曰，"仲叔圉治宾客，祝鮀治宗庙，王孙贾治军旅。夫如是，奚其丧？"

●日本語読み

子、衛の霊公の無道なるを言う。康子曰く、夫れ是くの如くんば、奚にしてか喪わざる。孔子曰く、仲叔圉は賓客を治め、祝鮀は宗廟を治め、王孫賈は軍旅を治む。夫れ是くの如くんば、奚ぞ其れ喪わん。

●日本語訳

孔子が衛の霊公の無軌道ぶりを語られると、季康子が言った。「そんなことをしていて、衛の国はどうして滅びなかったのですか？」。孔子が言われた。「仲叔圉が主となって賓客を接待し、祝鮀が宗廟の祭を管理し、王孫賈が軍隊を統率しました。このような人材を用いて、どうして滅びることがありましょうか？」

●中国語訳

孔子说起卫灵公的荒淫无道，季康子说，"他既然如此，卫国为何没有灭亡呢？"

孔子说，"有仲叔圉主管接待宾客，祝鮀管理宗庙祭祀，王孙贾统率军队，像这样用人，怎么会丧国呢？"

●英語訳

The Master said, "Long indeed has Duke Ling of Wei lost the Way!" Kang-zi said, "In that case, why did he not lose his state?" The Master said, "He had Zhong-shu Yu to manage affairs of protocol, Zhu Tuo to manage the ancestral temple, and Wang-sun Jia to manage the armed forces. In that case, how could he lose his state?"

原文 14-21

子曰、"其言之不怍、則為之也難。"

●日本語読み

子曰く、其の言にこれ怍じざれば、則ちこれを為すこと難し。

●日本語訳

孔子がおっしゃった。

「ぬけぬけとずうずうしいことを言う人は、実際には実行は非常に難しいものだ」

●中国語訳

孔子说，"一个人说起话来大言不惭，实际做起来就很困难了。"

●英語訳

The Master said, "If one speaks unabashedly, he will find it difficult to practice."

原文 14-22

陈成子弑简公。孔子沐浴而朝，告于哀公曰，"陈恒弑其君，请讨之。"公曰，"告夫三子。"

孔子曰，"以吾从大夫之后，不敢不告也。君曰'告夫三子'者！"

之三子告，不可。孔子曰，"以吾从大夫之后，不敢不告也。"

●日本語読み

陳成子、簡公を弑す。孔子、沐浴して朝し、哀公に告げて曰く、陳恒、其の君を弑す。請う、これを討たん。公曰く、夫の三子に告げよ。孔子曰く、吾大夫の後に従えるを以て、敢えて告げずんばあらざるなり。君曰く、夫の三子者に告げよと。三子に之きて

告ぐ。可かず。孔子曰く、吾大夫の後に従えるを以て、敢えて告げずんばあらざるなり。

●日本語訳

陳成子が主君の斉の簡公を謀殺し、孔子は特に沐浴斎戒して朝廷に上がって魯の哀公にお目にかかり、報告された。「陳恒が彼の主君を謀殺しました。どうか出兵されて彼を討伐してください」。哀公が言われた。「三人の大夫に申しなさい」。孔子が言われた。「私はかつて大夫でしたから、知った以上報告せずにはいられませんでした。でも主君は『三人の大夫に申しなさい』と言われた」。そこで三人の大夫に報告されたが、彼らは討伐には同意しなかった。孔子が言われた。「私もかつて大夫の職にあったので、あなたたちに知らせる責任があったのです」

●中国語訳

陈成子谋害了国君齐简公，孔子特地沐浴上朝拜见鲁哀公，报告说，"陈恒谋害了他的君主，请出兵讨伐他。"哀公说，"报告三位大夫。"

孔子说，"因为我曾经担任过大夫，所以知道了这件事不敢不来报告，国君却说'报告三位大夫'！"。

于是向三位大夫报告，他们不同意讨伐。孔子说，因为我曾经担任过大夫，所以有责任告知你们。"

●英語訳

Chen Cheng-zi assassinated Duke Jian. The Master, after bathing himself, went to court and reported to Duke Ai, saying, "Chen Heng has assassinated his sovereign. Pray send a punitive expedition against him."

The duke said, "Report to three ministers."

The Master said, "As I once followed in the wake of the ministers, I dared not refrain from reporting. And the sovereign said, 'Report to three ministers.'"

He went and reported to three ministers, who disapproved.

The Master said, "As I once followed in the wake of the ministers, I dared not refrain from reporting."

― 原文 14-23 ―

子路問事君。子曰，"勿欺也，而犯之。"

●日本語読み

子路、君に事えんことを問う。子曰く、欺くこと勿かれ。而して
これを犯せ。

●日本語訳

子路が主君にどのように仕えたらよいか尋ねた。孔子が言われ
た。「欺いてはならないが、顔色をうかがわないで強く諫めるこ
とだ」

●中国語訳

子路询问如何服侍君主。孔子说，"不要欺骗他，但要犯颜谏诤。"

●英語訳

When Zi-lu asked how to serve the sovereign, the Master said, "Do not deceive him, but you may confront him."

― 原文 14-24 ―

子曰，"君子上达，小人下达。"

●日本語読み

子曰く、君子は上達す。小人は下達す。

●日本語訳

孔子がおっしゃった。

「君子は上に向かって高明の域に達し、小人は下に向かって利欲
に志して安逸に堕するものだ」

●中国語訳

孔子说，"君子向上通仁达义，小人向下求财谋利。"

●英語訳

The Master said, "The gentleman perceives higher things; the smallman perceives lower things."

── 原文 14-25 ──

子曰、"古之学者为己，今之学者为人。"

●日本語読み

子曰く、古の学者は己の為にし、今の学者は人の為にす。

●日本語訳

孔子がおっしゃった。

「昔の人は自分の修養のために学問をしたが、今の人は人に見せびらかすための名誉を求めて学んでいる」

●中国語訳

孔子说，"古代人求学是为了自己而进德修业，现在人求学是炫耀与人，沽名钓誉。"

●英語訳

The Master said, "The scholars of antiquity learn for themselves; the scholars of today learn for the approbation of others."

── 原文 14-26 ──

蘧伯玉使人于孔子，孔子与之坐而问焉，曰，"夫子何为？"
对曰，"夫子欲寡其过而未能也。"
使者出，子曰，"使乎！使乎！"

●日本語読み

蘧伯玉、人を孔子に使いせしむ。孔子これに座を与えて問いて曰く、夫子何をか為す。対えて曰く、夫子は其の過ち寡なからんことを欲して、未だ能わざるなり。使者出ず。子曰く、使いなるかな、使いなるかな。

●日本語訳

蘧伯玉が人を孔子のもとに遣わされた。孔子は使者と席に着いてから尋ねられた。「ご主人はこのところ何をなさっています

か？」。使者が答えて言った。「私の主人は自らの過ちを少しでも減らそうと考えておられますが、まだ思い通りになっていません」。使者が立ち去ってから、孔子が言われた。「良い使者だ！立派な使者だ！」

●中国語訳

蘧伯玉派人去拜访孔子，孔子与使者同坐然后问道，"主人近来在干什么啊？"那人答道，"我家主君想减少自己的失误但还没能做到。"使者退出后，孔子说，"好使者！好使者！"

●英語訳

When Qu Bo-yu sent a messenger to the Master, the Master sat with him and asked, "What has His Excellency been doing?"
The messenger replied, "His Excellency wishes to make fewer mistakes but has not succeeded as yet."
When the messenger left, the Master said, "A messenger indeed! A messenger indeed!"

原文 14-27

子曰，"不在其位，不谋其政。"

●日本語読み

子曰く、其の位に在らざれば、其の政を謀らず。

●日本語訳

孔子がおっしゃった。
「その職務上の地位にいなければ、その職務に口出ししてはならない」

●中国語訳

孔子说，"不在那个职位上负责，便不参与那方面的政事。"

●英語訳

The Master said, "If you are not in a certain position, do not concern yourself with its affairs."

─ 原文 14-28 ─

曾子曰，"君子思不出其位。"

●日本語読み
曾子曰く、君子は思うこと其の位を出でず。

●日本語訳
曾子が言った。
「君子の考えは自分の本分を超えていない」

●中国語訳
曾子说，"君子思虑的东西不超出他的职位。"

●英語訳
Master Zeng said, "The gentleman does not think beyond his position."

─ 原文 14-29 ─

子曰，"君子耻其言而过其行。"

●日本語読み
子曰く、君子は其の言の其の行に過ぐるを恥ず。

●日本語訳
孔子がおっしゃった。
「君子は言葉ばかり多くて、行いの少ないのを恥とするものだ」

●中国語訳
孔子说，"君子以说得多，做得少为耻辱。"

●英語訳
The Master said, "The gentleman deems it shameful if his speech exceeds his action."

― 原文 14-30 ―

子曰，"君子道者三，我无能焉：仁者不忧，知者不惑，勇者不惧。"子贡曰，"夫子自道也。"

●日本語読み

子曰く、君子の道なる者三つ。我能くすること無し。仁者は憂えず、知者は惑わず、勇者は懼れず。子貢曰く、夫子自ら道うなり。

●日本語訳

孔子がおっしゃった。

「君子の人としての規範に三つあるが、私はすべてにそこまで到達していない。仁徳のある人は悩まないし、聡明な人は迷いがないし、勇敢な人は恐れないものだ」。子貢が言った。「先生は随分謙遜されたおっしゃり方をなさいますね」

●中国語訳

孔子说，"君子之道则有三种品行，我都没有做到：仁德的人不忧虑、明智的人不疑惑、勇敢的人不畏惧。"

子贡说，"这正是老师自谦的说法。"

●英語訳

The Master said, "There are three things in the gentleman's Way that I am incapable of: the man of humanity is free from anxiety; the man of wisdom is free from delusion; the man of courage is free from fear."

Zi-gong said, "This is the Master's self-portrayal."

― 原文 14-31 ―

子贡方人。子曰，"赐也贤乎哉？夫我则不暇。"

●日本語読み

子貢、人を方ぶ。子曰く、賜や、賢なるかな。夫れ我は則ち暇あらず。

●日本語訳

子貢がよく人を批判するので、孔子が言われた。「子貢よ、お前はそんなに立派かね？私にはそんな暇はないよ」

●中国語訳

子贡议论别人。孔子说，"端木赐，你就那么好吗？我就没这闲工夫。"

●英語訳

When Zi-gong was disparaging someone, the Master said, "Ci(Zi-gong), are you good enough now? As for me, I do not have the leisure."

── 原文 14-32 ──

子曰，"不患人之不己知，患其不能也。"

●日本語読み

子曰く、人の己を知らざることを患えず、己の能なきを患う。

●日本語訳

孔子がおっしゃった。

「他人が自分を分かってくれないといって気にかけることはない、自分の能力が足りないことを心配せよ」

●中国語訳

孔子说，"不要担心别人不了解自己，要担心自己能力不够。"

●英語訳

The Master said, "Do not worry about men not knowing you; rather, worry about your incapability."

── 原文 14-33 ──

子曰，"不逆诈，不亿不信，抑亦先觉者，是贤乎！"

●日本語読み

子曰く、詐りを逆えず、信ぜられざるを億らず、抑々亦先ず覚

る者は、是れ賢か。

●日本語訳

孔子がおっしゃった。

「初めから他人が騙しているのだと憶測せず、訳もなく他人が自分に不誠実だと疑わず、ひたすら事前に悟ることができれば、これこそ賢人と言うものだ」

●中国語訳

孔子说，"不预先怀疑别人行诈，也不主观臆测别人对自己不诚实，但却能事先觉察出来，这就是贤人吧！"

●英語訳

The Master said, "He who neither presupposes deception nor suspects untruthfulness, yet discerns it all beforehand, is worthy indeed!"

── 原文 14-34 ──

微生亩谓孔子曰，"丘何为是栖栖者与？无乃为佞乎？"孔子曰，"非敢为佞也，疾固也。"

●日本語読み

微生亩、孔子に謂いて曰く、丘、何為れぞ是れ栖栖たる者ぞ。乃ち佞を為すこと無からんや。孔子対えて曰く、敢えて佞を為すに非ざるなり。固を疾むなり。

●日本語訳

魯の国の隠者微生亩が孔子に言った。「丘よ、どうしてそんなに忙しそうにしているかね？自分の弁才でも発揮しようとしているのじゃないかね？」。孔子が言われた。「そんなことはありませんよ、そのような片意地を通す人が憎いのです！」

●中国語訳

微生亩（鲁国隐士）对孔子说，"丘啊，你为何如此忙忙碌碌呢？该不是为了炫耀自己的辩才吧？"

孔子说，"不敢炫耀口才，是痛恨那些顽固不化的人啊！"

●英語訳

Wei-sheng Mu said to the Master, "Qiu (the Master), why are you so restless? Are you not parading your eloquence?"

The Master said, "Not that I dare parade my eloquence, but that I am troubled by the benightedness."

── 原文 14-35 ──

子曰、"驥不称其力、称其德也。"

●日本語読み

子曰く、驥は其の力を称せず、其の徳を称す。

●日本語訳

孔子がおっしゃった。

「いわゆる千里の馬は、その力を褒め称えているのではなく、その徳性を称えているのだよ」

●中国語訳

孔子说，"所谓千里马，不是称道它的气力，而是称道它的品德。"

●英語訳

The Master said, "A thousand-*li* horse is praised not for its strength, but for its virtue."

── 原文 14-36 ──

或曰、"以德报怨、何如？"子曰、"何以报德？以直报怨、以德报德。"

●日本語読み

或るひと曰く、徳を以て怨みに報いば、何如。子曰く、何を以てか徳に報いん。直きを以て怨みに報い、徳を以て徳に報ゆ。

●日本語訳

ある人が聞いた。「恩徳をもって怨みに報いるのは、如何でしょう？」。孔子が答えて言われた。「それでは何によって恩徳に報

いますか？正直によって怨みに報い、恩徳によって恩徳に報いるべきです」

●中国語訳

有人说，"以恩德来回报怨恨，怎么样啊？"

孔子说，"那用什么来回报恩德呢？要以正直来回报怨恨，以恩德来回报恩德。"

●英語訳

Someone said, "'Requite enmity with favor.' What do you think of that?"

The Master said, "Then, how do you requite favor? Requite enmity with impartiality; requite favor with favor."

── 原文 14-37 ──

子曰，"莫我知也夫！"子贡曰，"何为其莫知子也？"子曰，"不怨天，不尤人，下学而上达。知我者其天乎！"

●日本語読み

子曰く、我を知ること莫きかな。子貢曰く、何為れぞ其れ子を知ること莫からん。子曰く、天を怨みず、人を尤めず、下学して上達す。我を知る者は其れ天か。

●日本語訳

孔子がおっしゃった。

「ああ、私を分かってくれる人はいないのか？」。子貢が言った。「なぜ先生を分かる人がいないと言われるのですか？」。孔子が言われた。「天を怨まず、他人を責めず、身近な知識を学んで高遠なものに到達した。こんな私を分かってくれるのは恐らく天だけであろう！」

●中国語訳

孔子说，"为什么没有人了解我啊！"

子贡说，"怎么能说没有人了解老师呢？"孔子说，"不怨恨上天，

不责备他人，学习切身的知识而通达高深的道理，知道我的大概只有上天吧！"

●英語訳

The Master said, "Nobody will ever understand me!"

Zi-gong said, "Why will nobody ever understand you, sir?"

The Master said, "I neither resent Heaven nor blame men. I learn lower things and perceive higher things. The only one who understands me is perhaps Heaven!"

── 原文 14-38 ──

公伯寮愬子路于季孫。子服景伯以告，曰，"夫子固有惑志于公伯寮，吾力猶能肆諸市朝。"

子曰，"道之将行也与，命也；道之将廃也与，命也。公伯寮其如命何！"

●日本語読み

公伯寮、子路を季孫に愬う。子服景伯以て告して曰く、夫子固より公伯寮に惑える志有り。吾が力猶能く諸れを市朝に肆さん。子曰く、道の将に行われんとするや、命なり。道の将に廃せんとするや、命なり。公伯寮、其れ命を如何。

●日本語訳

孔子の弟子公伯寮が季孫に子路を誹謗し、子服景伯がこれを孔子に告げて言った。「季孫は公伯寮の話を信じていますが、私の力で彼を殺して街頭に死体をさらします」。孔子が言われた。「私の主張が施行されるのは天命であり、もし捨て去られるのもまた天命です。公伯寮のような男に天命をどうすることができましょう？」

●中国語訳

公伯寮（孔子弟子）对季孙说子路的坏话，子服景伯把此事告诉了孔子，说，"季孙已经听信了公伯寮的话，但我的力量还会杀了他

陈尸街头示众。"

孔子说，"我的仁道将会实行，是天命啊，如若被废弃亦是天命，公伯寮能把天命怎么样呢？"

●英語訳

Gong-bo Liao slandered Zi-lu before Ji-sun. Zi-fu Jing-bo reported it, saying, "His Excellency's mind is undoubtedly deluded. As for Gong-bo Liao, I still have power enough to have his corpse exposed at the market place or at court."

The Master said, "That the Way shall prevail rests with the decree of Heaven; that the Way shall fail also rests with the decree of Heaven. What can Gong-bo Liao do to the decree of Heaven?"

― 原文 14-39 ―

子曰，"賢者辟世，其次辟地，其次辟色，其次辟言。"
子曰，"作者七人矣。"

●日本語読み

子曰く、賢者は世を避く。其の次は地を避く。其の次は色を避く。其の次は言を避く。子曰く、作す者七人。

●日本語訳

孔子がおっしゃった。

「賢才の人は乱世を避け、その次の人は乱れた国を避け、その次の人は醜い顔色を避け、さらに次の人は聞き苦しい悪言を避けるものだ。このように実行している人はすでに七人はいる」

●中国語訳

贤能的人能避开乱世，次一等的人能避开乱邦，再次一等的人能避开难看的脸色，更次一等的人能避开难听的恶言。"

孔子说，"这样做的人已经有七位了。"

●英語訳

The Master said, "Worthy men flee the world; the next category flee a place; the third category flee a facial expression; the fourth category flee a remark."

The Master said, "Those who did so numbered seven."

― 原文 14-40 ―

子路宿于石門。晨門曰、"奚自？"子路曰、"自孔氏。"曰、"是知其不可而為之者与？"

●日本語読み

子路、石門に宿る。晨門曰く、奚れよりぞ。子路曰く、孔氏よりす。曰く、是れ其の不可なることを知りて而もこれを為す者か。

●日本語訳

子路が石林に宿をとり、早朝街に入った時、門番が聞いた。「どこから来られた？」。子路は「孔子の里からです」と答えた。門番が言った。「つまり、実行できないと分かっていながら、なおかつやろうとしている人ですね？」

●中国語訳

子路在石门借宿，早晨进城时，守门人问，"从哪里来啊？"子路说，"从孔子那里来。"守门人说，"就是那位明知行不通却非要去做的人吗？"

●英語訳

Zi-lu lodged at Stone Gate. The morning gate-keeper said, "Where from?"

Zi-lu said, "From Kong Shi's place."

The gate-keeper said, "Is it the man who knows it cannot be done yet keeps trying?"

── 原文 14-41 ──

子击磬于卫，有荷蒉而过孔氏之门者，曰，"有心哉，击磬乎！"既而曰，"鄙哉，硁硁乎！莫己知也，斯己而已矣，深则厉，浅则揭。"

子曰，"果哉！末之难矣。"

●日本語読み

子、磬を衛に撃つ。蒉を荷ないて孔氏の門を過ぐる者あり。曰く、心あるかな、磬を撃つこと。既にして曰く、鄙きかな、硁硁乎たり。己を知ること莫くんば、斯れ已まんのみ。深ければ厲し、浅ければ掲す。子曰く、果なるかな。難きこと末きなり。

●日本語訳

孔子が衛の国で磬を打たれた時、モッコを担いで孔子の門前を通り過ぎようとした者が言った。「磬を演奏しているのは心のあるお方に違いない！」。しばらくしてまた言った。「見識が浅くて狭い、ひどく固執している！自分を理解してくれる人がいなくても、それでよいではないか。『水が深かったら衣服を着たまま渡れ、水が浅かったら衣服の裾をからげて渡れ』と歌にあるではないか」。孔子が言われた。「思い切りがいいことだ！だがあの人を説得しようがないね」

●中国語訳

孔子在卫国击奏乐磬时，有个背着草筐经过孔子门口的人，说，"击磬的真是有心人啊！"过了一会儿说，"见识浅陋，太固执了！没有人知道自己，那就算了，'水深就和着衣服走过去，水浅就撩起衣服走过去'。"

孔子说，"好干脆啊！没有办法说服他了。"

●英語訳

The Master was striking the chime stone in Wei. A bearer of baskets, passing by Kong Shi's door, said, "Heavy-laden is the chime stone player!" A moment later, he said, "How despicable Keng! Keng! Since nobody knows you, stop trying, that is all.

When deep, wade with garments unlifted;

When shallow, wade with garments uplifted."

The Master said, "How resolute! To him, nothing seems difficult."

― 原文 14-42 ―

子张曰，"《书》云'高宗谅阴，三年不言。何谓也？'"子曰，"何必高宗，古之人皆然。君薨，百官总己以听于冢宰三年。"

●日本語読み

子張曰く、書に云う、高宗、諒陰三年言わずとは、何の謂いぞや。子曰く、何ぞ必ずしも高宗のみならん。古の人皆然り。君薨ずれば、百官、己を総べて以て冢宰に聴くこと三年なり。

●日本語訳

子張が尋ねた。「『書経』には『殷の高宗は親の喪に服して、三年の間ものを言わなかった』とありますが、どういう意味でしょうか？」。孔子が言われた。「必ずしも殷の高宗ばかりでなく、昔の人はみなそうしたものだ。主君が亡くなると、位を継いだ主君は三年の間政務に就かず、各部門の役人は宰相の命によって職務を果たしたものだ」

●中国語訳

子张说，"《书经》上说，'殷高宗守孝，三年不谈论政事'，是什么意思呢？"

孔子说，"不一定是殷高宗，古时候的人都是如此。国君去世了，继位君三年不问政事，各部门的官都要听命于宰相。"

●英語訳

Zi-zhang said, "*History* says, 'Gao-zong, in his mourning hut, for three years did not speak'. What does it mean?"

The Master said, "Why must it be Gao-zong? Men of antiquity all did the same. After a king's demise, the hundred officials assumed total responsibility over their own departments, submitting themselves to the jurisdiction of the prime minister for three years."

── 原文 14-43 ──

子曰，"上好礼，則民易使也。"

●日本語読み

子曰く、上、礼を好めば、則ち民使い易し。

●日本語訳

孔子がおっしゃった。

「上に立つ者が礼儀を重んずれば、民は上の命に従順になるものだ」

●中国語訳

孔子说，"领导者讲究礼仪，老百姓就容易听从使唤了。"

●英語訳

The Master said, "If the sovereign loves the rituals, the people will be easy to employ."

── 原文 14-44 ──

子路问君子。子曰，"修己以敬。"

曰，"如斯而已乎？"曰，"修己以安人。"

曰，"如斯而已乎？"曰，"修己以安百姓。修己以安百姓，尧、舜其犹病诸！"

●日本語読み

子路、君子を問う。子曰く、己を修めて以て敬す。曰く、斯くの如きのみか。曰く、己を修めて以て人を安んず。曰く、斯くの如きのみか。曰く、己を修めて以て百姓を安んず。己を修めて以て百姓を安んずるは、堯・舜も其れ猶諸れを病めり。

●日本語訳

子路が君子はどうあるべきか尋ねた。孔子が言われた。「自らの

修養に努め、仕事は厳しくまじめに取り組むことだ」。子路が言った。「それだけでしょうか？」。孔子が言われた。「自らの修養に努め、親しい人を安楽にさせることだ」。子路が言った。「それだけでしょうか？」。孔子が言われた。「自らの修養に努め、民を安楽にさせることだ。自らの修養に努め、民を安楽にさせることは、堯や舜も苦労したに違いないのだ！」

●中国語訳

子路问怎样才算君子。孔子说，"加强自己的修养，办事严肃认真。"子路说，"象这样就行了吗？"孔子说，"加强自己的修养，使亲近的人安乐。"子路说，"这样就行了吗？"孔子说，"加强自己的修养，使老百姓都安乐。加强自己的修养，使百姓安乐，尧、舜大概还担心做不到呢！"

●英語訳

When Zi-lu asked about the gentleman, the Master said, "He cultivates himself in reverence."
Zi-lu said, "Is that all?"
The Master said, "He cultivates himself in bringing peace to men."
Zi-lu said, "Is that all?"
The Master said, "He cultivates himself in bringing peace to all the people. To cultivate oneself in bringing peace to all the people — even Yao and Shun found it difficult."

― 原文 14-45 ―

原壤夷俟。子曰，"幼而不孙弟，长而无述焉，老而不死，是为贼。"以杖叩其胫。

●日本語読み

原壤、夷して俟つ。子曰く、幼にして孫弟ならず、長じて述ぶること無く、老いて死せず。是れを賊と為す。杖を以て其の脛を叩つ。

●日本語訳

原壌が両足を広げて地べたに座って孔子を迎え入れた。孔子が「お前は小さい時から礼儀を知らず、大人になっても大したこともせず、年を取っても死なないでいる、それこそ禍の元だ」と言われると、杖で彼の向こう脛を打たれた。

●中国語訳

原壤伸开两腿坐在地上接待孔子。孔子说，"你小时候不懂礼貌，长大了无所作为，老了还不去死，真是祸害！"说着用手杖敲他的小腿。

●英語訳

Yuan Rang sat with his legs outstretched, waiting. The Master said, "When young, you were immodest and disobedient; when grownup, you had nothing to recommend you; when old, you refuse to die. You are indeed a pest!" And, with his staff, he tapped him on the shank.

── 原文 14-46 ──

闕党童子将命，或问之曰，"益者与？"子曰，"吾见其居于位也，见其与先生并行也，非求益者也，欲速成者也。"

●日本語読み

闕党の童子、命を将う。或るひとこれを問いて曰く、益者か。子曰く、吾其の位に居るを見る。其の先生と並び行くを見る。益を求むる者に非ざるなり。速かに成らんと欲する者なり。

●日本語訳

闕という村の少年が取り次ぎをしていた。ある人が孔子に尋ねた。「これから向上する人間でしょうか？」。孔子が答えて言われた。「あの子が偉そうに大人と一緒に席に座っているのを見たし、年長者と並んで歩くのも見ていた。あの子は進歩を求めている者ではありません。速成を望む者にしかすぎません」

●中国語訳

阙党的一个童子在传达宾主的谈话，有人问孔子说，"是个求上进的人吗？"

孔子说，"我见到他大模大样坐在席位上，见到他与年长的人并肩而行。他不是个求上进的人，是个想急于求成的人。"

●英語訳

A lad from Que Township served as go-between. Someone asked the Master, saying, "Is he one seeking progress?"

The Master said, "I saw him ensconced in a seat; I saw him walking side by side with his elders. He is not one seeking progress but one eager to become an adult."

344　憲問第十四

【衛霊公第十五】

Ei-reikō-daijūgo

衛霊公第十五

── 原文 15-1 ──

衛霊公問陳于孔子。孔子対曰，"俎豆之事，則嘗聞之矣；
軍旅之事，未之学也。"明日遂行。

●日本語読み

衛の霊公、陳を孔子に問う。孔子対えて曰く、俎豆の事は則ち嘗てこれを聞けり。軍旅の事は未だこれを学ばざるなり。明日遂に行く。

●日本語訳

衛の霊公が孔子に戦陣の策略についてお尋ねになった。孔子が答えて言われた。「礼儀に関しては聞いたことがありますが、軍隊については学んだことがありません」。翌日、孔子は衛の国を立ち去られた。

●中国語訳

卫灵公向孔子询问军队布阵的方法。孔子答道，"有关礼仪的事，我曾经听说过；军事方面的事，我没有学过。"次日孔子就离开了卫国。

●英語訳

When Duke Ling of Wei asked the Master about battle array, the Master replied, "Of ritual affairs, I have heard some; of military affairs, I have learnt nothing. " The following day, he departed.

― 原文 15-2 ―

在陈绝粮，从者病，莫能兴。子路愠见曰，"君子亦有穷乎？"
子曰，"君子固穷，小人穷斯滥矣。"

●日本語読み

陳に在して糧を絶つ。従者病みて能く興つこと莫し。子路愠って
見えて曰く、君子も亦窮すること有るか。子曰く、君子固より窮
す。小人窮すれば斯に濫る。

●日本語訳

孔子は陳の国で食糧が途絶え、付き随っていた人たちは飢えて病
に倒れた。子路が不機嫌そうに言った。「君子でも窮した時には
どうしようもないのですか？」。孔子が言われた。「君子は窮し
ても泰然としてこれに対処するものだが、小人はいったん窮する
と悪の限りを尽くすものだ」

●中国語訳

孔子在陈国断绝了粮食，随行的人饿得病倒了，子路生气地来见孔
子，"君子也有穷得走投无路的时候吗？"
孔子说，"君子虽穷困也能安然处之，小人一旦穷困就会胡作非为
了。"

●英語訳

In Chen, they ran out of food. The followers became so weak that
none could rise. Zi-lu, with conspicuous resentment, said, "So, the
gentleman is also susceptible to adversity?"
The Master said, "The gentleman rests at ease in adversity; the small
man, once reduced to adversity, becomes reckless."

― 原文 15-3 ―

子曰、"賜也、女以予為多学而识之者与？"対曰、"然、非与？"曰、"非也、予一以貫之。"

●日本語読み

子曰く、賜や、女予を以て多く学びてこれを識る者と為すか。対えて曰く、然り、非なるか。曰く、非なり。予は一以てこれを貫く。

●日本語訳

孔子が子貢に聞かれた。「子貢よ、お前は私が多くのものを学んで何でも知っていると思うかね？」。子貢が答えて言った。「その通りです、そうではありませんか？」。

孔子が言われた。「いや違うな、私はむしろ一つの道を以て万事を貫かしているのだ」

●中国語訳

孔子问子贡，"赐啊，你认为我是多学博记的人吗？"

子贡答，"是的，难道不是这样吗？"

孔子说，"不，我是用一个基本道理把它们贯穿始终的。"

●英語訳

The Master said, "Ci (Zi-gong), do you regard me as someone who learns much and commits it all to memory?"

Zi-lu replied, "Yes. Are you not?"

The Master said, "No, I use one string to thread it all together."

― 原文 15-4 ―

子曰、"由、知德者鲜矣。"

●日本語読み

子曰く、由よ、徳を知る者は鮮なし。

●日本語訳

孔子がおっしゃった。

「子路よ、この世で徳をわきまえる人間はほとんどいないのだ」

●中国語訳

孔子说，"由啊，世间真正懂得修德的人太少了。"

●英語訳

The Master said, "You (Zi-lu), those who know virtue are rare indeed!"

── 原文 15-5 ──

子曰，"无为而治者其舜也与？夫何为哉？恭己正南面而已矣。"

●日本語読み

子曰く、無為にして治まる者は其れ舜なるか。夫れ何をか為さんや。己を恭々しくして正しく南面するのみ。

●日本語訳

孔子がおっしゃった。

「無為にして天下の安定を保てたのは、多分舜くらいではなかろうか？彼がやったのは何だったのだろう？自らを厳しく律し、姿勢正しく帝王に座っていただけである」

●中国語訳

孔子说，"不用管理政事就能治好了天下的大概就只有舜吧？他做了些什么呢？只是严格要求自己，朝南端坐王位罢了。"

●英語訳

The Master said, "The only one who achieved good government through non action was perhaps Shun! For what did he do? He conducted himself respectfully facing due south, that is all."

── 原文 15-6 ──

子張問行。子曰，"言忠信，行篤敬，雖蠻貊之邦行矣。言不忠信，行不篤敬，雖州里行乎哉？立則見其參于前也，在輿則見其倚于衡也，夫然后行。"子張書諸紳。

●日本語読み

子張、行われんことを問う。子曰く、言忠信、行篤敬なれば、蛮貊の邦と雖も行われん。言忠信ならず、行篤敬ならざれば、州里と雖も行われんや。立ちては則ち其の前に参するを見、輿に在りては則ち其の衡に倚るを見る。夫れ然る後に行われん。子張、諸れを紳に書す。

●日本語訳

子張がどうしたら筋を通して行われるか尋ねた。孔子が言われた。「言葉に信義があり、行いに真心があれば、たとえ辺鄙な地方に行っても通行できる。言葉に信義がなく、行いが軽薄で真心がないと、たとえ自分の生まれ故郷でも通ることはできない。立っている時は、これらのきまりに則って自らが面前に立っているように見え、車に乗った時はこれらのきまりに則って車の横木に寄りかかって見えるようにすれば、筋道が通るようになるのだ」。子張はこれらのお言葉を大帯に書き付けた。

●中国語訳

子张问如何很好处世行事。孔子说，"言而有信，行为忠厚，即使在边远的地方也能行得通；说话言而无信，行为轻佻不实，即使在本乡本土也行不通吧？站立时就好象这些准则立在自己面前，乘车时就如同这些准则刻在车横木上，这样才能行事通顺。"子张把这些写话在了绅带上。

●英語訳

When Zi-zhang asked how to get on in the world, the Master said, "If your speech is wholeheartedly sincere and truthful and your deeds honest and reverent, even in barbarian states, you will get on. If your speech is neither wholeheartedly sincere nor truthful, and your deeds neither honest nor reverent, even in your native place, can you get on? Standing, you seem to see these tenets greeting you in front; in a carriage, you see them leaning against the yoke. Only then will you get on."

Zi-zhang wrote it down on his girdle.

── 原文 15-7 ──

子曰、"直哉史魚！邦有道，如矢；邦无道，如矢。君子哉蘧伯玉！邦有道，則仕；邦无道，則可卷而懷之。"

●日本語読み

子曰く、直なるかな史魚。邦に道あるにも矢の如く、邦に道なきにも矢の如し。君子なるかな蘧伯玉。邦に道あれば則ち仕え、邦に道なければ則ち巻きてこれを懐にすべし。

●日本語訳

孔子がおっしゃった。

「真っ直ぐな人間だったなあ、史魚は！国の政治がよく治まっている時は矢のように真っ直ぐで、国の政治が腐敗している時も矢のように真っ直ぐだった。真の君子だったなあ、蘧伯玉は！国の政治が治まっている時は出て官職に就き、国の政治が腐敗している時は身を退いた」

●中国語訳

孔子说，"史鱼真是正直的人啊！国家政治清明时，他像箭一样直；国家政治腐败时，他仍像箭一样直。蘧伯玉真是君子啊！国家清明时，他就出来做官；国家政治腐败时，他又抽身隐退。"

●英語訳

The Master said, "How straight Shi Yu was! When the state possessed the Way, he was like an arrow; when the state lost the Way, he was like an arrow. What a gentleman Qu Bo-yu is! When the state possessed the Way, he took title; when the state lost the Way, he retired it."

── 原文 15-8 ──

子曰、"可与言而不与之言，失人；不可与言而与之言，失言。知者不失人亦不失言。"

●日本語読み

子曰く、与に言うべくしてこれと言わざれば、人を失う。与に言うべからずしてこれと言えば、言を失う。知者は人を失わず、亦言を失わず。

●日本語訳

孔子がおっしゃった。

「共に語るべき人と語らないでいると、善い相手をとり逃がしてしまう。共に語る価値のない人と語っても、言葉をむだにしてしまうだけだ。聡明な人は良い語らいのできる相手を誤らないし、言葉の浪費もしないものだ」

●中国語訳

孔子说，"值得与之交谈的人却没有与他交谈，会失落其人；不应该与之交谈的人却与他谈话，会失落己言。聪明的人既不错过好的交谈对象也不会白费口舌。"

●英語訳

The Master said, "If a man is worth talking to and you do not talk to him, you lose a man; if a man is not worth talking to and you talk to him, you lose your words. The man of wisdom neither loses a man nor loses his words."

― 原文 15-9 ―

子曰，"志士仁人，无求生以害仁，有杀身以成仁。"

●日本語読み

子曰く、志士仁人は、生を求めて以て仁を害すること無し。身を殺して以て仁を成すこと有り。

●日本語訳

孔子がおっしゃった。

「大志を抱き、人に貢献する心を持った人間は命を惜しんで仁を損なうこともなく、自らを犠牲にして仁を成し遂げるものだ」

●中国語訳

孔子说，"志士仁人不能为了贪生怕死而损害仁德，只有牺牲自己以成就仁德。"

●英語訳

The Master said, "Lofty-minded men and humane men do not seek to preserve their lives at the expense of humanity; rather, they give their lives to attain humanity."

― 原文 15-10 ―

子贡问为仁。子曰，"工欲善其事，必先利其器。居是邦也，事其大夫之贤者，友其士之仁者。"

●日本語読み

子貢、仁を為されことを問う。子曰く、工、其の事を善くせんと欲すれば、必ず先ず其の器を利くす。是の邦に居りては、其の大夫の賢者に事え、其の士の仁者を友とす。

●日本語訳

子貢が仁者になるにはどうしたらよいか尋ねた。孔子が言われた。「職人が良い仕事をしようと思えば、まず道具を磨くのが大切である。ある国に住んだら、そこの大夫の中の賢徳の者に仕

え、彼らの中の仁徳のある人と交際することである」

●中国語訳

子贡询问怎样做到仁，孔子说，"工匠想要做好他的事情，必须首先磨快工具。居住在这个国家，要侍奉那里大夫中的贤者，应该结交他们中有仁德的人。"

●英語訳

When Zi-gong asked how to cultivate humanity, the Master said,"If an artisan wishes to perfect his craft, he must first sharpen his tools. Living in this state, serve the worthy of its ministers and befriend the humane of its man."

── 原文 15-11 ──

顔淵問为邦。子曰，"行夏之时，乘殷之辂，服周之冕，乐则《韶》《舞》。放郑声，远佞人。郑声淫，佞人殆。"

●日本語読み

顔淵、邦を為めんことを問う。子曰く、夏の時を行い、殷の辂に乗り、周の冕を服し、楽は則ち韶舞し、鄭声を放ちて佞人を遠ざけよ。鄭声は淫に、佞人は殆うし。

●日本語訳

顔淵がどのようにして国を治めたらよいか尋ねた。孔子が言われた。「夏の時代の暦法を用い、殷の時代の車に乗り、周代の礼服を身に着け、舞楽は『韶』を用いる。鄭の国の音楽を廃止し、悪知恵の働く小人は遠ざける。なぜなら鄭の国の音楽は淫乱で、悪知恵の働く小人は危険だからだ」

●中国語訳

颜回询问治理国家的方法。孔子说，"用夏代的历法令，乘殷代的车辆，穿戴周代的礼服，乐舞则用《韶》；禁绝郑国的乐曲，疏远奸佞的小人。因为郑国的乐曲淫荡，奸佞的小人危险。"

354　衛霊公第十五

●英語訳

When Yan Yuan asked how to govern a state, the Master said, "Follow the Xia calendar, ride in the Yin coach, and wear the Zhou crown. As for music, imitate *The Succession* and *Military Exploits*. Ban the songs of Zheng and keep away from glib-tongued men. For the songs of Zheng are obscene and glib-tongued men are dangerous."

── 原文 15-12 ──

子曰，"人无远虑，必有近忧。"

●日本語読み
子曰く、人にして遠き慮り無ければ、必ず近き憂い有り。

●日本語訳
孔子がおっしゃった。

「人は先の先まで考えなければ、必ずや近い将来災いがやってくる」

●中国語訳
孔子说，"人没有长远的谋虑，必定会有眼前的忧患。"

●英語訳
The Master said, "If a man does not have long-range considerations, he will surely incur imminent afflictions."

── 原文 15-13 ──

子曰，"已矣乎！吾未见好德如好色者也。"

●日本語読み
子曰く、已んぬるかな。吾未だ徳を好むこと色を好むが如くする者を見ざるなり。

●日本語訳
孔子がおっしゃった。

「非常に残念なことだ！私は美人を好きなのと同じように徳行を

愛する人に会ったことがない」

●中国語訳

孔子说，"没希望了！我从未见到爱好德行如同爱好美色一样的人。"

●英語訳

The Master said, "I am so disappointed! I have never seen anyone who loves virtue as much as he loves beautiful women."

― 原文 15-14 ―

子曰，"臧文仲其窃位者与！知柳下惠之贤而不与立也。"

●日本語読み

子曰く、臧文仲は其れ位を窃める者か。柳下惠の賢を知りて与に立たず。

●日本語訳

孔子がおっしゃった。

「臧文仲はおそらく官位を独占して職に適していない人間だ！彼は柳下惠が才能があると知りながら、朝廷での任官に推薦しなかった」

●中国語訳

孔子说，"臧文仲大概是个占据官位而不称职的人吧！他知道柳下惠有才能却不举荐他在朝廷任职。"

●英語訳

The Master said, "Zang Wen-zhong was indeed a usurper of his position! Knowing Liu-xia Hui's worth, he would not give him a position."

― 原文 15-15 ―

子曰，"躬自厚而薄责于人，则远怨矣。"

●日本語読み

子曰く、躬自ら厚くして、薄く人を責むれば、則ち怨みに遠ざか

る。

●日本語訳

孔子がおっしゃった。

「己を厳しく律し、人に対して寛大であれば、怨みを買うことはない」

●中国語訳

孔子说，"严于律己，宽以待人，就不会招来怨恨了。"

●英語訳

The Master said, "Be more demanding with yourself and less so with others and you shall keep resentment away."

── 原文 15-16 ──

子曰，"不曰'如之何，如之何'者，吾末如之何也已矣。"

●日本語読み

子曰く、如之何、如之何と曰ざる者は、吾如之何ともすること末きのみ。

●日本語訳

孔子がおっしゃった。

「物事に遭遇してまず『どうしよう、どうしよう』と考えない人間には、私にはどうしたらよいのか分からない！」

●中国語訳

孔子说，"遇事不考虑'怎么办'、'怎么办'的人，我也就不知道该拿他怎么办啦！"

●英語訳

The Master said, "Those who never say 'How to do? How to do? — I do not know how to do with them indeed!"

── 原文 15-17 ──

子曰，"群居終日，言不及义，好行小慧，难矣哉！"

●日本語読み

子曰く、群居して終日、言義に及ばず、好んで小慧を行う。難い
かな。

●日本語訳

孔子がおっしゃった。

「大勢の者と一日中集まっていても、仁義についての議論にも及
ばず、小賢しく立ち回るだけが好きという、こんな連中は手のつ
けようもない」

●中国語訳

孔子说，"整天与众人聚在一起，言谈不涉及仁义之理，喜欢耍小
聪明，这就不可救药了。"

●英語訳

The Master said, "Those who herd together all day without talking
about anything that touches upon righteousness and love to display
their petty cleverness are difficult indeed!"

── 原文 15-18 ──

子曰，"君子义以为质，礼以行之，孙以出之，信以成之。
君子哉！"

●日本語読み

子曰く、君子、義以て質と為し、礼以てこれを行い、孫以てこれ
を出だし、信以てこれを成す。君子なるかな。

●日本語訳

孔子がおっしゃった。

「君子は道理を根本として、礼儀によってそれを行い、謙遜の態
度でそれを表し、誠実さによってそれを完成させる。これこそ君

子と言うものだ！」

●中国語訳

孔子说，"君子以道义作为根本，用礼仪来实行它，以谦逊的态度来表现它，依诚实来完成它。这就是君子啊！"

●英語訳

The Master said, "A gentleman considers righteousness his major principle: he practices it in accordance with the rituals, utters it in modest terms, and fulfils it with truthfulness. A gentleman indeed!"

── 原文 15-19 ──

子曰，"君子病无能焉，不病人之不己知也。"

●日本語読み

子曰く、君子は能なきことを病う。人の己を知らざることを病えず。

●日本語訳

孔子がおっしゃった。

「君子は自らの能力のないのを気にかけ、他人が自分を認めなくても気にしないものだ」

●中国語訳

孔子说，"君子担心的是自己没有能力，不担心人家不知道自己。"

●英語訳

The Master said, "The gentleman worries about his incapabilty; he does not worry about men not knowing him."

── 原文 15-20 ──

子曰，"君子疾没世而名不称焉。"

●日本語読み

子曰く、君子は世を没えて名の称せられざることを疾む。

●日本語訳

孔子がおっしゃった。

「君子は一生を終えて何の業績も名声もないことを憂う」

●中国語訳

孔子说，"君子所痛心的是死后也不被人们称颂。"

●英語訳

The Master said, "What the gentleman worries about is that, to the end of his life, his name should remain uncommended."

― 原文 15-21 ―

子曰，"君子求诸己，小人求诸人。"

●日本語読み

子曰く、君子は諸れを己に求む。小人は諸れを人に求む。

●日本語訳

孔子がおっしゃった。

「君子は自らに厳しすぎるほどの要求をし、小人はそれを人に要求する」

●中国語訳

孔子说，"君子苛求自己，小人苛求他人。"

●英語訳

The Master said, "The gentleman seeks it in himself; the small man seeks it in others."

― 原文 15-22 ―

子曰，"君子矜而不争，群而不党。"

●日本語読み

子曰く、君子は矜にして争わず、群して党せず。

●日本語訳

孔子がおっしゃった。

「君子は自分の意見に固執しても人と争わず、友と仲良くしても

派閥を作らない」

●中国語訳

孔子说，"君子坚持己见而不与人争执，广交朋友而不拉帮结伙。"

●英語訳

The Master said, "The gentleman is self-esteeming but not contentious, gregarious but not factious."

― 原文 15-23 ―

子曰，"君子不以言举人，不以人废言。"

●日本語読み

子曰く、君子は言を以て人を挙げず、人を以て言を廃せず。

●日本語訳

孔子がおっしゃった。

「君子は口がうまいというだけでその人を重用しないし、人の品徳によってその人の意見まで退けることはしないものだ」

●中国語訳

孔子说，"君子不因一个人能说会道就重用他，也不因为一个人品德不好而排斥他的意见。"

●英語訳

The Master said, "The gentleman does not recommend a man on account of his sayings; he does not reject a man's sayings on account of the man."

― 原文 15-24 ―

子贡问曰，"有一言而可以终身行之者乎？"子曰，"其恕乎！己所不欲，勿施于人。"

●日本語読み

子貢問うて曰く、一言にして以て終身これを行うべき者ありや。子曰く、其れ恕か。己の欲せざる所、人に施すこと勿れ。

361　衛霊公第十五

●日本語訳

子貢が尋ねた。「一言で終生信奉するに足るものがありましょうか？」。孔子が言われた。「それは『思いやり』であろう！自分がされたくないことは、人にもしてはならないということだ」

●中国語訳

子贡问，"是否有一句话足以终生去奉行的呢？"

孔子说，"大概是恕吧！自己不愿做的事，不要强加给别人。"

●英語訳

Zi-gong asked, "Is there one single word that one can practice throughout one's life?"

The Master said, "It is perhaps 'lenientness' 'What you do not wish for yourself, do not impose on others.' "

—— 原文 15-25 ——

子曰，"吾之于人也，谁毁谁誉？如有所誉者，其有所试矣。斯民也，三代之所以直道而行也。"

●日本語読み

子曰く、吾の人に於けるや、誰をか毀り誰をか誉めん。如し誉むる所の者あらば、其れ試みる所あらん。斯の民や、三代の直道にして行う所以なり。

●日本語訳

孔子がおっしゃった。

「私は他人に対して、そしりもしないし誉め称えることもしない。もし私が称賛するとしたら、それはすでに試練を受けた人である。まさにこれらの人民こそが、夏・殷・周の三代にわたって人間性の社会を成り立たせたゆえんである」

●中国語訳

孔子说，"我对待他人不诋毁，不奉承。如果我称赞一个人，那已经是经过考验的了。正是这些民众，使夏、商、周三代都能走在正

道上的啊。"

●英語訳

The Master said, "In associating with others, whom have I disparaged? Whom have I praised? If I have praised any, they are those who have been put to the test, the kind of people that made it possible for the Three Dynasties to follow the straight path."

── 原文 15-26 ──

子曰，"吾犹及史之阙文也。有马者借人乘之，今亡矣夫！"

●日本語読み

子曰く、吾は猶史の文を闕き、馬ある者は人に借してこれに乗らしむるに及べり。今は則ち亡きかな。

●日本語訳

孔子がおっしゃった。

「私は歴史書の信じられないところを人によって知ることができた。馬の持主が馬を人に貸して乗ってもらう、今ではこのような人は見当たらないようになった！」

●中国語訳

孔子说，"我还能见到史书中不可信的地方。有马的人把马借给别人骑，现在见不到这种人了！"

●英語訳

The Master said, "I was in time to see blank spaces in history books and horse-owners would lend his horse to another to break in a horse. Nowadays, there are no such people."

── 原文 15-27 ──

子曰，"巧言乱德，小不忍，则乱大谋。"

●日本語読み

子曰く、巧言は徳を乱る。小、忍びざれば、則ち大謀を乱る。

363　衛霊公第十五

●日本語訳

孔子がおっしゃった。

「美辞麗句は徳行を損ない、小事を耐え忍ぶことができなければ大事を損なってしまう」

●中国語訳

孔子说，"花言巧语会败坏德行，小处不忍让会败坏大事。"

●英語訳

The Master said, "Sweet words undermine virtue; intolerance in small matters undermines great enterprises."

— 原文 15-28 —

子曰，"众恶之，必察焉；众好之，必察焉。"

●日本語読み

子曰く、衆これを悪むも必ず察し、衆これを好むも必ず察す。

●日本語訳

孔子がおっしゃった。

「誰もが嫌っている人に対しては、お前は必ず自分でよく観察しなければならない。誰もが好いている人に対しても、お前は必ず自分でよく観察しなければならない」

●中国語訳

孔子说，"对大家都厌恶的人，你必须亲自考察一下；对大家都喜欢的人，你也必须亲自考察一下。"

●英語訳

The Master said, "If everybody hates a person, you must make inquiries; if everybody loves a person, you must make inquiries, too."

―― 原文 15-29 ――

子曰, "人能弘道, 非道弘人。"

●日本語読み
子曰く、人能く道を弘む。道、人を弘むるに非ず。

●日本語訳
孔子がおっしゃった。
「人間は努力して正義の道を拡充しなければならない。どうかすると人間は、正義の道に乗りかかって自分の名を売り広めようとする」

●中国語訳
孔子说, "人能够使道发扬光大, 却不能用道来光大人。"

●英語訳
The Master said, "It is the man that can broaden the Way, not the Way that broadens the man."

―― 原文 15-30 ――

子曰, "过而不改, 是谓过矣。"

●日本語読み
子曰く、過ちて改めざる、是れを過ちと謂う。

●日本語訳
孔子がおっしゃった。
「過ちを犯してもそれを悔い改めない、これこそ過ちと言う」

●中国語訳
孔子说, "错了却不改错归正, 这才叫做过错。"

●英語訳
The Master said, "To make a mistake and not correct it is a mistake indeed!"

── 原文 15-31 ──

子曰，"吾嘗終日不食，終夜不寝，以思，无益，不如学也。"

●日本語読み

子曰く、吾嘗て終日食らわず、終夜寝ねず、以て思う。益なし。学ぶに如かざるなり。

●日本語訳

孔子がおっしゃった。

「私はかつて一日中何も食べず、一晩中寝ないである問題を考えたことがあるが、何も得るところがなかった。それより勉強をしたほうがよい」

●中国語訳

孔子说，"我曾经整天不吃、整夜不睡、冥思苦想，但毫无收获，不如踏踏实实去学习。"

●英語訳

The Master said, "I once went the whole day without eating and the whole night without sleeping in order to think, but all was fruitless. It would be better learning."

── 原文 15-32 ──

子曰，"君子謀道不謀食。耕也，餒在其中矣；学也，禄在其中矣。君子憂道不憂貧。"

●日本語読み

子曰く、君子は道を謀りて食を謀らず。耕して餒え其の中に在り、学べば禄其の中に在り。君子は道を憂えて貧しきをを憂えず。

●日本語訳

孔子がおっしゃった。

「君子が探し求めるのは学問であって食物ではない。耕作する人

は飢えることがあるが、学問をすれば俸禄を得られるものだ。君子は学問のないことを憂えることはあっても貧困を憂えることはない」

●中国語訳

孔子说，"君子追求的是学问而不是谋求食物。种田的人可能也会挨饿，学习却可能得到俸禄。君子忧患的是没有学问而不忧患贫困。"

●英語訳

The Master said, "What the gentleman seeks is the Way and not food. If he farms, hunger lies therein; if he learns, an official's salary lies therein. What the gentleman worries about is the Way and not poverty."

── 原文 15-33 ──

子曰，"知及之，仁不能守之，虽得之，必失之。知及之，仁能守之，不庄以莅之，则民不敬。知及之，仁能守之，庄以莅之，动之不以礼，未善也。"

●日本語読み

子曰く、知はこれに及べども仁これを守ること能わず、これを得ると雖も必ずこれを失う。知はこれに及び仁能くこれを守れども、荘以てこれに莅まざれば、則ち民は敬せず。知はこれに及び仁能くこれを守り、荘以てこれに莅めども、これを動かすに礼を以てせざれば、未だ善ならざるなり。

●日本語訳

孔子がおっしゃった。

「知識があっても、仁徳でそれを保持できなければ、たとえ手に入れても、必ず失ってしまう。知識があって、仁徳でそれを保持できても、荘重な態度で施行しなければ、人民は敬意を表さない。知識があって、仁徳でそれを保持でき、荘重な態度で施行し

ても、立ち居振舞いが礼儀に合致していなければ、まだ完璧とは言えない」

●中国語訳

孔子说，"有了知识，不能以仁德保持它，即使得到了必定会失去；有了知识，能以仁德来保持它，却不以庄重的态度来实行，民众就不会恭敬；有了知识，能以仁德来保持它，能以庄重的态度来实行，但举动不合乎礼仪，仍算不上完善。"

●英語訳

The Master said, "If a man's wisdom is equal to it, but his humanity cannot keep it, even if he has acquired it, he will surely lose it. If his wisdom is equal to it and his humanity can keep it, but he does not preside over it with dignity, the people will not be reverent. If his wisdom is equal to it, his humanity can keep it, and he presides over it with dignity, but does not conduct it with the rituals, it is still not good."

── 原文 15-34 ──

子曰，"君子不可小知而可大受也，小人不可大受而可小知也。"

●日本語読み

子曰く、君子は小知すべからずして、大受すべし。小人は大受すべからずして、小知すべし。

●日本語訳

孔子がおっしゃった。

「君子は小さな礼節に拘泥しないで重任を担うことができる。小人は重任は担えないが小さな礼節に拘泥するものだ」

●中国語訳

孔子说，"君子可能不拘小节却能担当重任，小人不能担当重任却拘于小节。"

●英語訳

The Master said, "The gentleman may not be recognized for small skills but can undertake great responsibilities; the small man cannot undertake great responsibilities but may be recognized in small skills."

── 原文 15-35 ──

子曰，"民之于仁也，甚于水火。水火，吾见蹈而死者矣，未见蹈仁而死者也。"

●日本語読み

子曰く、民の仁に於けるや、水火よりも甚だし。水火は吾蹈みて死する者を見る。未だ仁を蹈みて死する者を見ざるなり。

●日本語訳

孔子がおっしゃった。

「人民にとって仁徳の必要性は水や火より勝るものである。私は火や水の中に飛び込んで死ぬ人は見たことがあるが、仁を実践して死んだ人を見たことがない」

●中国語訳

孔子说，"民众对于仁的需求，胜过水火。我见过蹈火入水而死去的人，却没见到过实践仁而死去的人。"

●英語訳

The Master said, "People need humanity more than water and fire. As for water and fire, I have seen people tread them and die, but I have never seen anyone die from treading humanity."

── 原文 15-36 ──

子曰，"当仁，不让于师。"

●日本語読み

子曰く、仁に当たりては、師にも譲らず。

●日本語訳

孔子がおっしゃった。

「仁徳に関する事に直面したら、自分の恩師に対しても遠慮することはない」

●中国語訳

孔子说，"面对仁德的事，就是对自己的老师也不要谦让。"

●英語訳

The Master said, "Confronting an act of humanity, do not yield the precedence even to your teacher."

― 原文 15-37 ―

子曰，"君子贞而不谅。"

●日本語読み

子曰く、君子は貞にして諒ならず。

●日本語訳

孔子がおっしゃった。

「君子は正道を堅く守っても小さな信義などには拘わらない」

●中国語訳

孔子说，"君子坚守正道而不必拘于小信。"

●英語訳

The Master said, "The gentleman is firmly upright but not obstinately truthful."

― 原文 15-38 ―

子曰，"事君，敬其事而后其食。"

●日本語読み

子曰く、君に事えては、其の事を敬して其の食を後にす。

●日本語訳

孔子がおっしゃった。

「主君に仕えるには、まず誠意を尽くし力の限り努力してから俸

禄の事を考えるべきである」

●中国語訳

孔子说，"为君主做事，首先要尽心尽力之后再去想俸禄的事。"

●英語訳

The Master said, "In serving the sovereign, perform your duties reverently before taking your emolument."

― 原文 15-39 ―

子曰，"有教无类。"

●日本語読み

子曰く、教えありて類なし。

●日本語訳

孔子がおっしゃった。

「人を教育し育てるのに、貴賤の区別はない」

●中国語訳

孔子说，"教书育人不分贵贱类别。"

●英語訳

The Master said, "I instruct regardless of kind."

― 原文 15-40 ―

子曰，"道不同，不相为谋。"

●日本語読み

子曰く、道同じからざれば、相為に謀らず。

●日本語訳

孔子がおっしゃった。

「目指すものが異なるなら、お互いに問題を協議する必要はない」

●中国語訳

孔子说，"主张不同，就不要相互商讨谋划。"

●英語訳

The Master said, "Those who pursue different ways do not consult each other."

― 原文 15-41 ―

子曰，"辞达而已矣。"

●日本語読み

子曰く、辞は達するのみ。

●日本語訳

孔子がおっしゃった。

「言葉は意志が通じればそれで足りる」

●中国語訳

孔子说，"言辞能表达意思就足够了。"

●英語訳

The Master said, "As long as speech conveys the idea, it suffices."

― 原文 15-42 ―

师冕见，及阶，子曰，"阶也。"及席，子曰，"席也。"皆坐，子告之曰，"某在斯，某在斯。"

师冕出。子张问曰，"与师言之道与？"子曰，"然。固相师之道也。"

●日本語読み

師冕見ゆ。階に及べり。子曰く、階なり。席に及べり。子曰く、席なり。皆座す。子これに告げて曰く、某は斯に在り、某は斯に在り。師冕出ず。子張問いて曰く、師と言うの道か。子曰く、然り。固より師を相くるの道なり。

●日本語訳

盲人の楽師冕が孔子に面会に来て、階段の前にさしかかった時、孔子が彼に「これは階段ですよ」と言われた。座席の側に来た時、

孔子は「これは座席ですよ」と言われた。皆が着席すると、孔子は「私はここにいます、誰々はここにいます」といちいち教えられた。冕が退出すると、子張が尋ねた。「これは盲人と話す時の作法ですか？」。孔子が言われた。「そうだ、これが盲人を介添えする時の作法なのだよ」

●中国語訳

盲人乐师冕来拜见孔子，走到台阶前时，孔子对他说，"这是台阶。"走到坐席旁时，孔子说，"这是坐席。"都坐定了，孔子对他说，"我在这里，我在这里。"

师冕走后，子张问到，"这是与盲人说话的规矩吗？"孔子说，"是的，这本来是帮助盲人的方式。"

●英語訳

Blind Music Master Mian visited the Master. On reaching the steps, the Master said, "Here are the steps." On reaching his seat, the Master said, "Here is your seat." When all were seated, the Master told him, "I am here, so and so is there."

When Music Master Mian left, Zi-zhang asked, "Is this the way to talk to a blind?"

The Master said, "Yes, this is indeed the way to assist a blind."

衛霊公第十五

【季氏第十六】

Kishi-daijūroku

季氏第十六

― 原文 16-1 ―

季氏将伐颛臾。冉有、季路见于孔子曰，"季氏将有事于颛
臾。"

孔子曰，"求，无乃尔是过也？夫颛臾，昔者先王以为东蒙
主，且在邦域之中矣，是社稷之臣也。何以伐为？"

冉有曰，"夫子欲之，吾二臣者皆不欲也。"

孔子曰，"求，周任有言曰，'陈力就列，不能者止。'危而
不持，颠而不扶，则将焉用彼相矣？且尔言过矣，虎兕出于
柙，龟玉毁于椟中，是谁之过与？"

冉有曰，"今夫颛臾，固而近于费，今不取，后世必为子孙
忧。"

孔子曰，"求，君子疾夫舍曰欲之而必为之辞。丘也闻，有
国有家者，不患贫而患不均，不患寡而患不安。盖均无贫，
和无寡，安无倾。夫如是，故远人不服，则修文德以来之，
既来之，则安之。今由与求也，相夫子，远人不服，而不能
来也；邦分崩离析，而不能守也；而谋动干戈于邦内。吾恐
季孙之忧，不在颛臾，而在萧墙之内也。"

●日本語読み

季氏、将に顓臾を伐たんとす。冉有・季路、孔子に見えて曰く、
季氏、将に顓臾に事あらんとす。孔子曰く、求よ、乃ち爾是れ
過てること無からんや。夫れ顓臾は、昔者先王以て東蒙の主と為
し、且つ邦域の中に在り。是れ社稷の臣なり。何を以てか伐つこ
とを為さん。冉有曰く、夫の子これを欲す。吾二臣は皆欲せざる

なり。孔子曰く、求よ、周任に言あり曰く、力を陳べて列に就き、能わざれば止むと。危うくして持せず、顛って扶けずんば、則ち将に焉んぞ彼の相を用いん。且つ爾の言は過てり。虎兕、柙より出で、亀玉、櫝中には毀るれば、是れ誰の過ちぞや。冉有曰く、今夫れ顓臾は固くして費に近し。今取らずんば、後世必ず子孫の憂いと為らん。孔子曰く、求よ、君子は夫のこれを欲すと曰うを舎いて必ずこれが辞を為すことを疾む。丘や聞く、国を有ち家を有つ者は寡なきを患えずして均しからざるを患え、貧しきを患えずして安からざるを患うと。蓋し均しければ貧しきこと無く、和すれば寡なきこと無く、安ければ傾くこと無し。夫れ是くの如し、故に遠人服せざれば則ち文徳を修めて以てこれを来たし、既にこれを来たせば則ちこれを安んず。今、由と求とは夫の子を相け、遠人服せざれども来たすこと能わず、邦分崩離析すれども守ること能わず、而して干戈邦内に動かさんことを謀る。吾恐る、季孫の憂いは顓臾に在らずして蕭牆の内に在らんことを。

●日本語訳

季氏が顓臾を攻撃しようとしている時、冉有・季路が孔子の前に出てお知らせした。「季氏が顓臾に対して武力に訴えようとしています」。孔子が言われた。「求よ、それはお前の過ちではないのか？顓臾はかつては先王が東蒙山での祭を任された国で、しかもそこは魯の国の領域で、いわば魯の国の家臣ではないか。どうしてその国を武力に訴えようとするのか？」。冉求が言った。「季氏がそのようなことをするのは、私たち二人は同意できません」。孔子が言われた。「求よ、周任はかつてこう言っている。『力の限り自分の職務に堪え、その能力がなかったら去れ』。危難に遭遇した時支えてやらず、転ぶのを助けてやらないで、なんで補佐と言えようか？しかもお前の言ったことは間違っている。虎や野牛が檻から逃げ出したり、亀の甲羅や美玉が箱の中で壊れ

たりしたら、これは一体誰の過ちと言うのか？」。冉求が言った。「顓臾の城郭は堅固で季氏の領地の費の近くにあり、今のうちに奪い取っておかないと、後世必ずや子孫の心配の種になるでしょう」。孔子が言われた。「求よ、君子は欲望を隠したり自ら弁解したりする者を嫌悪するものである。私はこう聞いている。諸侯や家族をたくさん抱えた人は、貧困を憂うのではなく平等でないのを憂え、人口が少ないのを憂うのではなく不安定であることを憂うのである、と。なぜなら、平等であれば貧困はなく、調和がとれていれば人口が少なくても憂えることはなく、安定していれば転覆させられることはないからである。もし、辺境の人がまだ帰順していなかったら、仁義礼教を公明にして彼らを招き寄せれば、彼らを安定させられる。今お前たち二人は季氏を補佐し、辺境の人がまだ帰順しないのを招き寄せられなかったり、国が散らばっていて維持できなかったりした場合には、国内で武力を用いて画策するがよい。私が心配するのは季氏の憂いは顓臾ではなく、自らの宮廷内部にあるということだ」

●中国語訳

季氏准备攻打颛臾，冉求、子路去见孔子，告诉他，"季氏将要对颛臾动武。"

孔子说，"求啊，这不是你的过错吗？颛臾，过去先王任命他主持东蒙山的祭祀，而且那地方在鲁国的疆域之内，是鲁国的臣属。为什么要攻打他呢？"

冉求说，"季氏要这么做，我们两个都不同意。"

孔子说，"求啊，周任曾经说过，'要尽力胜任自己的职务，没有能力就不干。'遇到危难时不支持，跌倒时不扶持，要辅佐又有什么用呢？而且，你的话是错的。老虎、犀牛从笼子里跑出来了，龟壳、美玉在匣子里毁坏了，这是谁的过错呢？"

冉求说，"现在颛臾城邑坚固而接近季氏的封邑费，现在不去夺取，到了后世必定会成为子孙的忧患。"

孔子说，"求啊，君子厌恶隐瞒欲望要为自己辩解的人。我曾经听说，

拥有封国、家族的人，不担忧贫困而担忧不平均，不担忧人口稀少而担忧不安定。因为，平均了就没有贫困，和谐了就不会担心人少，安定了就不会被推翻。如果这样，边远的人还不归服，就修明仁义礼教来招徕他们，招来后就安定他们。现在你们两个人辅佐季氏，边远的人不归服却不能招徕他们，国家四分五裂却不能保全，反而图谋在国家之内动用武力。我担心季氏的忧患不是颛臾，而是在自己的宫廷内部。"

●英語訳

When Ji Shi was about to attack Zhuan-yu, Ran You and Ji-lu called upon the Master, saying, "Ji Shi is about to take action against Zhuan- yu."

The Master said, "Qiu (Ran You), are you not to blame for this? Now, the lord of Zhuan-yu was long ago appointed by a former king head administrator of sacrifices for Mount Dong Meng. Besides, lying within the bounds of our territory, it is a vassal to the state. What reason do you have for attacking it?"

Ran You said, "His Excellency wishes it. Neither of us, his two officers, wishes to do so."

The Master said, "Qiu (Ran You), Zhou Ren had a saying that goes, 'If you can contribute your ability, take your position; if you cannot, then stop'. When a man is in danger, you cannot support him; when he is falling, you cannot steady him. Then, why should he employ you as his aides? Moreover, what you said is mistaken indeed. When a tiger or a rhinoceros breaks loose from the cage, or a tortoises' shell or a jade ornament is crushed in the cabinet, whose fault is it?" Ran You said, "Now, Zhuan-yu is strongly fortified and is close to Bi. If we do not take it today, it will surely become a source of concern to posterity."

The Master said, "Qiu (Ran You), the gentleman hates those who, instead of saying that they want something, always try to find an excuse for it. I hear that he who possesses a state or a noble house does not worry about poverty but worries about unequal distribution. He does not worry about scarcity but worries about instability. For if there is equal distribution, there will be no poverty; if there is harmony, there will be no scarcity; if there is stability, there will be no downfall. In that case, if people in re-virtue to make them come. And when they come, he should then make them live in peace. Now, you, You and Qiu (Ran You), serve as His Excellency's aides. But when people in remote parts do not submit, you cannot make them come; when the state is falling apart and splitting asunder, you cannot preserve it. Instead, you are planning to wield shield and spear within the state. I am afraid that Ji-sun's trouble does not lie in Zhuan-yu but lies within the awe-inspiring screen-wall."

━━ 原文 16-2 ━━

孔子曰，"天下有道，則礼乐征伐自天子出；天下无道，則礼乐征伐自诸侯出。自诸侯出，盖十世希不失矣；自大夫出，五世希不失矣；陪臣执国命，三世希不失矣。天下有道，則政不在大夫；天下有道，則庶人不议。"

●日本語読み

孔子曰く、天下道あれば、則ち礼楽征伐、天子より出ず。天下道なければ、則ち礼楽征伐、諸侯より出ず。諸侯より出ずれば、蓋し十世にして失わざること希なし。大夫より出ずれば、五世にして失わざること希なし。陪臣国命を執れば、三世にして失わざること希なし。天下道あれば、則ち政は大夫に在らず。天下道あれば、則ち庶人は議せず。

●日本語訳

孔子がおっしゃった。

「天下の政治が安定していれば、礼楽の制定や征伐への出兵は天

子によってなされる。天下が乱れ不安定なら、礼楽の制定や征伐への出兵は諸侯によってなされる。諸侯によってなされれば、おそらく十代伝えられた後はほとんどが失われてしまうだろう。大夫によってなされれば、五代伝えられた後はほとんどが失われてしまうだろう。家臣が国の運命を握れば、三代伝えられた後はほとんど失われてしまうだろう。天下の政治が正しく行われれば、国政は大夫の手中には落ちない。天下の政治が正しく行われれば、一般庶民が政治について物議をかもすことはない」

●中国語訳

孔子说，"天下政治安定，制礼作乐、出兵征伐由天子做出决定；天下动乱不安，制礼作乐、出兵征伐由诸侯做出决定。出自诸侯，大概传到十代之后就很少有不丧失的；出自大夫，传到五代之后就很少有不丧失的；家臣执掌了国家的命运，传到三代很少有不丧失的。天下政治清明，政权不会落在大夫手中；天下政治清明，平民就不会议论政治。"

●英語訳

The Master said, "When the empire possessed the Way, decrees governing the rituals, music, and punitive expeditions were issued by the Son of Heaven. When the empire lost the Way, decrees governing the rituals, music, and punitive expeditions were issued by one of the various princes. When they were issued by a prince, it is rare that in ten generations his family would not lose that prerogative. When they are issued by a minister, it is rare that in five generations, his family will not lose that prerogative. When a twofold officer is in control of state decrees, it is rare that in three generations, his family will not lose that prerogative. If the empire possessed the Way, state power would not be in the hands of ministers. If the empire possessed the Way, the common people had nothing to censure."

── 原文 16-3 ──

孔子曰，"禄之去公室五世矣，政逮于大夫四世矣，故夫三桓之子孫微矣。"

●日本語読み

孔子曰く、禄の公室を去ること五世なり。政の大夫に逮ぶこと四世なり。故に夫の三桓の子孫は微なり。

●日本語訳

孔子がおっしゃった。

「魯の国の君主が政権を掌握できなくなってすでに五代過ぎ、国政が大夫に強奪されてからすでに四代経った。そのため、魯の桓公の子孫は衰微してしまったのだ」

●中国語訳

孔子说，"鲁国国君不能掌握政权已经五代了，政权被大夫抢夺之后已经四代了。所以鲁桓公的子孙快要衰微了。"

●英語訳

The Master said, "The prerogative to confer official salaries has departed from the ducal house for five generations. State power has reached the ministers for four generations. Hence, the descendants of the Three Huans are waning."

── 原文 16-4 ──

孔子曰，"益者三友，損者三友。友直，友諒，友多聞，益矣。友便辟，友善柔，友便佞，損矣。"

●日本語読み

孔子曰く、益者三友、損者三友。直きを友とし、諒を友とし、多聞を友とするは、益なり。便辟を友とし、善柔を友とし、便佞を友とするは、損なり。

●日本語訳

孔子がおっしゃった。

「三種類の友は有益で、三種類の友は有害である。正直な友、誠実な友、見識のある友、これらは有益である。おべっかを使う友、媚び諂う友、美辞麗句を並べる友、これらは有害である」

●中国語訳

孔子说，"三种朋友有益，三种朋友有害。正直的朋友、诚实的朋友、有见识的朋友，是有益的；好奉承的朋友、喜谗媚的朋友、花言巧语的朋友，是有害的。"

●英語訳

The Master said, "Three types of friends are beneficial; three types of friends are harmful. To befriend the honest, befriend the trustworthy, and befriend the erudite is beneficial; to befriend the hypocritical, befriend the obsequious, and befriend the glib-tongued is harmful."

── 原文 16-5 ──

孔子曰，"益者三乐，损者三乐。乐节礼乐，乐道人之善，乐多贤友，益矣。乐骄乐，乐佚游，乐宴乐，损矣。"

●日本語読み

孔子曰く、益者三楽、損者三楽。礼楽を節せんことを楽しみ、人の善を道うことを楽しみ、賢友多きを楽しむは、益なり。驕楽を楽しみ、佚遊を楽しみ、宴楽を楽しむは、損なり。

●日本語訳

孔子がおっしゃった。

「三種類の楽しみは有益で、三種類の楽しみは有害である。礼楽の楽しみ、他人の長所を語る楽しみ、多くの賢人と交わる楽しみ、これらは有益である。贅沢の楽しみ、遊蕩の楽しみ、飲み食いの楽しみ、これらは有害である」

●中国語訳

孔子说，"三种乐趣有益，三种乐趣有害。以礼乐为乐、以称道他人的长处为乐、以多结交贤明朋友为乐，是有益的。以骄奢为乐、以游荡为乐、以吃喝为乐，是有害的。"

●英語訳

The Master said, "Three types of delight are beneficial; three types of delight are harmful. To delight in conducting oneself in tune with the rituals and music, delight in guiding people to goodness, and delight in having many worthy friends is beneficial; to delight in extravagant pleasures, delight in idle loafing, and delight in the pleasure of feasting is harmful."

── 原文 16-6 ──

孔子曰，"侍于君子有三愆，言未及之而言谓之躁，言及之而不言谓之隐，未见颜色而言谓之瞽。"

●日本語読み

孔子曰く、君子に侍するに三愆あり。言未だこれに及ばずして言う、これを躁と謂う。言これに及びて言わざる、これを隠と謂う。未だ顔色を見ずして言う、これを瞽と謂う。

●日本語訳

孔子がおっしゃった。

「君子に仕えて三つの犯し易い過ちがある。言うべきではないのに言ってしまう『軽率』、言うべきなのに言わない『隠し立て』、顔色を窺わないで言ってしまう『盲目』、この三つである」

●中国語訳

孔子说，"侍奉君子有三种易犯的过失，不该说的先说了叫做急躁，该说的却不说叫做隐晦，不先察颜就说话叫做盲目。"

●英語訳

The Master said, "Those who attend on the gentleman are susceptible to three faults: to speak when not spoken to, which is called rashness; not to speak when spoken to, which is called concealing; to speak without first looking at his facial expression, which is called blindness."

── 原文 16-7 ──

孔子曰，"君子有三戒，少之時，血气未定，戒之在色；及其壮也，血气方剛，戒之在斗；及其老也，血气既衰，戒之在得。"

●日本語読み

孔子曰く、君子に三戒あり。少き時は血気未だ定まらず、これを戒むること色に在り。其の壮なるに及んでは血気方に剛なり、これを戒むること闘に在り。其の老いたるに及んでは血気既に衰う、これを戒むること得に在り。

●日本語訳

孔子がおっしゃった。

「君子には三つの戒めがある。若い時には、血気がまだ安定していないから、女色に溺れないように戒める。壮年になると、血気盛んとなるので、勝とうとして争わないよう戒める。老年になると、血気は弱まるので、貪欲にならないように戒めることだ」

●中国語訳

孔子说，"君子要警戒三种事，年轻时，血气尚未稳定，要警戒迷恋女色；到了壮年，血气方刚，要警戒争强好胜；到了老年，血气衰弱，要警戒贪得无厌。"

●英語訳

The Master said, "The gentleman has three abstentions: in adolescence when his sap has not settled, he abstains from sex; in the prime of life when his sap is exuberant, he abstains from belligerence; in old age when his sap has waned, he abstains from greed."

― 原文 16-8 ―

孔子曰，"君子有三畏，畏天命、畏大人、畏圣人之言。小人不知天命而不畏也，狎大人，侮圣人之言。"

●日本語読み

孔子曰く、君子に三畏あり。天命を畏れ、大人を畏れ、聖人の言を畏る。小人は天命を知らずして畏れず、大人に狎れ、聖人の言を侮る。

●日本語訳

孔子がおっしゃった。

「君子には三つの畏敬するものがある。天命を畏敬し、徳行のある人を畏敬し、聖人の言葉を畏敬する。小人は天命を知らないので畏敬せず、徳行のある人を見下げ、聖人の言葉を侮辱する」

●中国語訳

孔子说，"君有敬畏三件事，敬畏天命、敬畏有德行的人、敬畏圣人的话。小人因为不知道天命而不敬畏，轻视有德行的人、亵渎圣人的话。"

●英語訳

The Master said, "The gentleman has three fears: he fears the decree of Heaven; he fears great men; he fears the sage men's words. The small man, not knowing the decree of Heaven, does not fear it; he scorns great men and mocks the sage men's words."

― 原文 16-9 ―

孔子曰，"生而知之者上也，学而知之者次也；困而学之，又其次也；困而不学，民斯为下矣。"

●日本語読み

孔子曰く、生まれながらにしてこれを知る者は上なり。学びてこれを知る者は次なり。困みてこれを学ぶは又其の次なり。困みて

学ばざる、民斯れを下と為す。

●日本語訳

孔子がおっしゃった。

「生まれながらに事の道理に通じた人は最も優秀で、学問によって事の道理に通じた人はその次、困難に遇ってもなお学問をした人はまたその次である。困難に遇っても学問をしない人は、下の下である」

●中国語訳

孔子说，"天生就通晓事理的人最优秀，通过学习而通晓事理的人次一等，遇到困难才去学习的人又次一等。遇到困难还不学习，这种人是最下等的。"

●英語訳

The Master said, "Those who know it at birth belong to the highest category; those who know it through learning belong to the second category; those who learn it when baffled belong to the third category; those who do not learn even when baffled — such people belong to the lowest category."

― 原文 16-10 ―

孔子曰，"君子有九思，视思明，听思聪，色思温，貌思恭，言思忠，事思敬，疑思问，忿思难，见得思义。"

●日本語読み

孔子曰く、君子に九思あり。視るには明を思い、聴くには聡を思い、色には温を思い、貌には恭を思い、言には忠を思い、事には敬を思い、疑わしきには問を思い、忿りには難を思い、得るを見ては義を思う。

●日本語訳

孔子がおっしゃった。

「君子は常に九つの事を考えねばならない。見る時はよく分かっ

て見ているかどうかを考え、聴く時ははっきり聴いているかどうかを考え、表情・態度が温和かどうかを考え、容姿が恭しいかどうかを考え、言葉が誠実かどうかを考え、政務には慎重であるかどうかを考え、疑わしく判断しにくいことは質問してもよいかどうかを考え、慣れば後の憂いになるかどうかを考え、ある程度結果を得たらもっと得てよいかどうかを考える」

● 中国語訳

孔子说，"君子有九件用心思虑的事，看要想到看明白没有、听要想到听清楚没有、神态要想到是否温和、容貌要想到是否恭敬、言谈要想到是否诚实、处事要想到是否谨慎、疑难要想到是否要求教、愤怒要想到是否有后患、见到有所得要想到是否理所该得。"

● 英語訳

The Master said, "The gentleman has nine things to think about: In seeing, he thinks about clarity; in hearing, he thinks about distinctness; in facial expression, he thinks about gentleness; in appearance, he thinks about respectfulness; in speech, he thinks about wholehearted sincerity; in his duties, he thinks about reverence; in doubt, he thinks about inquiry; in anger, he thinks about its aftermath; on seeing gain, he thinks about righteousness."

── 原文 16-11 ──

孔子曰，"见善如不及，见不善如探汤，吾见其人矣，吾闻其语矣。隐居以求其志，行义以达其道。吾闻其语矣，未见其人也。"

● 日本語読み

孔子曰く、善を見ては及ばざるが如し、不善を見ては湯を探るが如くす。吾其の人を見る、吾其の語を聞く。隠居して以て其の志を求め、義を行いて以て其の道を達す。吾其の語を聞く、未だ其の人を見ず。

●日本語訳

孔子がおっしゃった。

「善を見るとただ追いつけないのではないかと恐れ、不善を見ると熱湯を恐がって急いで手をそこから遠ざけてしまう、私はこのような人に会ったこともあるし、このような話を聞いたこともある。世を避けて隠居し自らの志を成し、正義を行って自らの主張を貫徹する、私はこのような話は聞いたことはあるが、このような人に実際に会ったことはない」

●中国語訳

孔子说，"见到好人和好事唯恐赶不上似的，遇到不好的人和事象怕烫手似地赶紧躲开，我见到过这样的人，也听到过这样的话；避世隐居来成就自己的志向，做正义的事来贯彻自己的主张，我听到过这样的话，却没有见到过这样的人。"

●英語訳

The Master said, " 'On seeing a good man, I feel as if unable to catch up with someone. On seeing an evil man, I feel as if dipping my finger into boiling water'. I have seen such men and heard such a saying. 'I live in seclusion to seek my aspiration; I perform my duty to implement the Way. I have heard such a saying but have never seen such a man."

― 原文 16-12 ―

〔孔子曰，诚不以富，亦祇以异〕齐景公有马千驷，死之日，民无德而称焉。伯夷、叔齐饿于首阳下，民到于今称之。其斯之谓与？

●日本語読み

〔孔子曰く、誠に富を以てせず、亦祇に異を以てす〕斉の景公、馬千駟あり。死するの日、民徳として称すること無し。伯夷・叔斉、首陽の下に餓う。民今に到るまでこれを称す。其れ斯れをこ

れ謂うか。

●日本語訳

〔孔子がおっしゃった。こういう考えは実は豊かなのではなく、単に意志が弱いのだ〕斉の景公は四千頭の馬を所有していたが、死んだ時、人民は誰一人として彼の徳を讃える者はいなかった。伯夷・叔斉は首陽山の麓で餓死したが、人民は今でも彼らを讃えている。『彼らが富裕であったからでなく、品徳に優れていたからである』と言われるが、つまりはこの意味であったのか！

●中国語訳

〔孔子说，确实不是因为他富有，只是因为见异思迁罢了〕齐景公有四千匹马，去世的时候，民众觉得他没有什么德行值得称颂；伯夷、叔齐饿死在首阳山下，民众到现在仍然称颂他们。"不是因为他们富有，而是他们品德超群。"那就是这个意思吧！

●英語訳

[The Master said, 'If not for wealth, It can only be for novelty.'] Duke Jing of Qi possessed a thousand teams of four horses each. On the day of his death, people found no virtue to praise him with. Bo-yi and Shu-qi starved at the foot of Mount Shou-yang. People to this day still praise them. This is perhaps what it means.

― 原文 16-13 ―

陈亢问于伯鱼曰，"子亦有异闻乎？"

对曰，"未也。尝独立，鲤趋而过庭。曰，'学《诗》乎？'对曰，'未也。''不学《诗》，无以言。'鲤退而学《诗》。""他日，又独立，鲤趋而过庭。曰，'学礼乎？'对曰，'未也。''不学礼，无以立。'鲤退而学礼。闻斯二者。"

陈亢退而喜曰，"问一得三，闻《诗》，闻礼，又闻君子之远其子也。"

●日本語読み

陳亢、伯魚に問うて曰く、子も亦異聞ありや。対えて曰く、未だし。嘗て独り立てり。鯉趨りて庭を過ぐ。曰く、詩を学びたりや。対えて曰く、未だし。詩を学ばずんば、以て言うこと無し。鯉退きて詩を学ぶ。他日又独り立てり。鯉趨りて庭を過ぐ。曰く、礼を学びたりや。対えて曰く、未だし。礼を学ばずんば、以て立つこと無し。鯉退きて礼を学ぶ。斯の二者を聞けり。陳亢退きて喜びて曰く、一を問いて三を得たり。詩を聞き、礼を聞き、又君子の其の子を遠ざくるを聞く。

●日本語訳

陳亢が伯魚に聞いた。「あなたは先生のところで皆とは違った教えを受けておられるでしょう！」。伯魚が答えて言った。「そんなことはありません。父が一人で立っておられた時、私が小走りに前の庭を通りすぎようとしたところ、『詩は学んだか』と聞かれましたので、私が『まだです』とお答えすると、『詩を学ばないと、話の応対ができないぞ』と言われました。私は退いてから詩の勉強をしました。他日、父はまた一人で立っておられる時、私が小走りで庭を横切ろうとすると、『礼を学んだか』と聞かれました。『まだです』とお答えすると、『礼を学ばなければ、こ

の世で立っていけないぞ』と言われましたので、私は退いてから礼を勉強しました。私が父から聞いたことはこの二回だけです」。陳亢は退出すると大喜びで言った。「私は一つを聴いて三つの収穫を得た。『詩』の大切さを知り、礼の大切さを知り、また君子は自分の子供でも偏愛しないと知ったことだ」

●中国語訳

陈亢向伯鱼问道，"你在老师那里得到与众不同的教诲吧！"

伯鱼回答说，"没有。父亲曾独自站着，我从庭院快步走过时，他问，'学过《诗》吗？'我回答，'没有。'他说'不学《诗》，就不能言谈应对。'我退下来就学习《诗》。"

"另一天，父亲又独自站在那里，我快步走过庭院时，他问，'学过礼吗'？我回答，'没有。'他说，'不学礼，就不能立身处世。'我退下来就学习礼。我所听到的就是这两次。"

陈亢告辞后高兴地说，"我问了一件事得到了三个收获，得知《诗》的重要，得知礼的重要，又得知君子不偏爱自己的子女。"

●英語訳

Chen Kang asked Bo-yu, saying, "Have you learnt anything special from the Master?"

Bo-yu replied, "No, I haven't. One day when Father (Master Kong) was standing by himself, I hastened to cross the court. He said, 'Have you learnt *Poetry*?' I replied, 'I haven't'. 'If you do not learn *Poetry*, you will not know how to speak.' So I retired and learnt *Poetry*. Another day when he was again standing by himself, I hastened tocross the court. He said, 'Have you learnt *The Rituals*?' I replied, 'I haven't'. 'If you do not learn *The Rituals* you have no way of establishing yourself.' So I retired and learnt *The Rituals*. I have learnt these two things."

Chen Kang retired and said joyfully, "I asked one question and obtained three answers: I heard about *Poetry*; I heard about *The Rituals*; I heard about how the gentleman keeps aloof from his son."

― 原文 16-14 ―

邦君之妻，君称之曰夫人，夫人自称曰小童；邦人称之曰君夫人，称诸异邦曰寡小君；异邦人称之亦曰君夫人。

●日本語読み

邦君の妻、君これを称して夫人と曰う。夫人自ら称して小童と曰う。邦人これを称して君夫人と曰う。異邦に称して寡小君と曰う。異邦の人これを称して亦君夫人と曰う。

●日本語訳

君主の妻は、君主は彼女を夫人と称し、夫人自らは小童と称する。その国の人は彼女を君夫人と称し、他国の人に対しては彼女を寡小君と称する。他国の人も彼女を君夫人と称する。

●中国語訳

国君的妻子，国君称她为夫人，夫人自称为小童；本国的人称她为君夫人，对别国的人则称她为寡小君；别国的人也称她为君夫人。

●英語訳

The wife of the sovereign of a state — the sovereign addresses her as "my lady" and her ladyship calls herself "your little lass"; the people of the state address her as "your sovereign ladyship"; to foreign states, she is referred to as "our deficient junior sovereign";people of foreign states also address her as "your sovereign ladyship."

季氏第十六

【陽貨第十七】

Yōka-daijūshichi

陽貨第十七

―― 原文 17-1 ――

阳货欲见孔子，孔子不见，归孔子豚。孔子时其亡也，而往拜之，遇诸途。谓孔子曰，"来，予与尔言。"

曰，"怀其宝而迷其邦，可谓仁乎？"曰，"不可。"

"好从事而亟失时，可谓知乎？"曰，"不可。"――"日月逝矣，岁不我与。"

孔子曰，"诺，吾将仕矣。"

●日本語読み

陽貨、孔子を見えんと欲す。孔子見えず。孔子に豚を帰る。孔子其の亡きを時として往きてこれを拝す。塗に遇う。孔子に謂いて曰く、来たれ。予爾と言わん。曰く、其の宝を懐きて其の邦を迷わす、仁と謂うべきか。曰く、不可なり。事に従うを好みて亟々時を失う、知と謂うべきか。曰く、不可なり。日月逝く、歳我と与ならず。孔子曰く、諾。吾将に仕えんとす。

●日本語訳

陽貨（名を虎と言い、季氏の家臣）が孔子に会いたいと思ったが、孔子はこれに応じようとされなかった。そこで陽貨は孔子の留守中に蒸し豚を贈った。孔子も陽貨の留守をねらって返礼に行ったが、その帰り、思いがけず二人は路上で出会ってしまった。陽貨は孔子に言った。「これはこれは！あなたにお話があります」。彼は言った。「身に才識がありながら国の乱れを傍観する、それでも仁徳があると言えますか？」。孔子が答えて言われた。「言えません」。陽貨が続けさまに言った。「政務に参画されるのがお好きなのに何度もチャンスを逃していますが、それでも、智と

言えますか？」。孔子が言われた。「言えません」。陽貨がさらに言った。「時は一日一日と過ぎ行き、歳月は私たちを待ってはくれませんよ！」。孔子が言われた。「いいでしょう、私もそのうち仕官するつもりです」

●中国語訳

阳货（名虎，季氏的家臣）想让孔子见他，孔子不肯去。他送给孔子一只蒸熟的小猪。孔子趁他不在家时到他那里去拜谢，不料二人在路上相遇。阳货对孔子说，"来！我有话跟你说。"他说，"怀着一身本领，而坐视国家迷乱，可以叫做仁德吗？"孔子答道，"不可以。"阳货接着说，"一个热衷于做官的人，却屡次错过良机，能叫做明智吗？"孔子说，"不可以。"阳货又说，"时间一天天地过去了，岁月不会等着我们哪！"孔子说，"好吧！我打算做官了。"

●英語訳

Yang Huo wished to see the Master, but the Master would not see him. So he presented the Master with a piglet. The Master, availing himself of the other's absence, went to return his respects but met him on the way.

He said to the Master, "Come, I want to speak with you." Then he added, "To pocket one's gem and allow one's state to go awry — can this be called humanity? It cannot. "To love to engage in state affairs but to have repeatedly missed the opportunity — can this be called wisdom? It cannot." The days and moons are flitting away; the years do not us await."

The Master said, "All right, I shall take position."

― 原文 17-2 ―

子曰，"性相近也，习相远也。"

●日本語読み

子曰く、性、相近し。習えば、相遠し。

●日本語訳

孔子がおっしゃった。

「人の天性はもともと非常に近いが、環境や習慣の影響を受けて、その差が開いてくるものである」

●中国語訳

孔子说，"人的禀性本来是很相近的，由于受环境习俗的薰陶，便相异远离了。"

●英語訳

The Master said, "By nature, people are close to one another; through practice, they drift far apart."

─── 原文 17-3 ───

子曰，"唯上知与下愚不移。"

●日本語読み

子曰く、唯上知と下愚とは移らず。

●日本語訳

孔子がおっしゃった。

「最高に聡明な人と極端に愚かな人だけは、変わりにくいものだ」

●中国語訳

孔子说，"只有上等的智慧的人和下等愚顽的人，才是难以改变的。"

●英語訳

The Master said, "Only the highest of the wise and the lowest of the stupid do not change."

― 原文 17-4 ―

子之武城，闻弦歌之声。夫子莞尔而笑，曰，"割鸡焉用牛刀？"

子游对曰，"昔者偃也闻诸夫子曰，'君子学道则爱人，小人学道则易使也。'"

子曰，"二三子！偃之言是也。前言戏之耳。"

●日本語読み

子、武城に之きて絃歌の声を聞く。夫子莞爾として笑いて曰く、鶏を割くに焉んぞ牛刀を用いん。子游対えて曰く、昔者偃や諸れを夫子に聞けり、曰く、君子道を学べば則ち人を愛し、小人道を学べば則ち使い易しと。子曰く、二三子よ、偃の言是なり。前言はこれに戯れしのみ。

●日本語訳

孔子が武城に行かれると、琴の音や歌声が聞こえてきた。思わずにっこりされて言われた。「鶏を殺すのに牛刀を用いるのだろうか？」。子游（姓は言、名は偃）が答えて言った。「以前、私は先生が『君子が礼楽を学べば人民を愛するようになり、小人が礼楽を学べば使いやすくなる』と言われたのをお聞きしたことがあります」。孔子が弟子たちに言われた。「お前たち、言偃の言ったことはその通りだ。私がさっき言ったのは冗談だよ」

●中国語訳

孔子到武城去，听到弹琴唱歌的声音，便微笑着说，"杀鸡哪里用得着宰牛刀呢？"子游（姓言，名偃）回答道，"以前我听老师说过，'君子学了礼乐就会爱人，小人学了礼乐就容易听使唤。'"孔子说，"学生们，言偃的话是对的。我刚才讲的话不过是开玩笑罢了。"

●英語訳

When the Master went to Wu City, he heard the sounds of stringed instruments and chanting. The Master, with a gentle smile, said, "In killing a chicken, why need you use an ox-knife?"

Zi-you replied, "Formerly I heard Master say, 'If the gentleman acquires the Way, he loves men; if the small man acquires the Way, he is easily ruled.' "

The Master said, "My disciples, what Yan said is correct. My previous remark was but a joke."

── 原文 17-5 ──

公山弗扰以费畔，召，子欲往。子路不说，曰，"末之也，已，何必公山氏之之也？"子曰，"夫召我者，而岂徒哉？如有用我者，吾其为东周乎！"

●日本語読み

公山弗擾、費を以て畔く。召く。子往かんと欲す。子路説ばずして曰く、之くこと末きのみ。何ぞ必ずしも公山氏にこれ之かん。子曰く、夫れ我を召く者にして、豈に徒ならんや。如し我を用うる者あらば、吾は其れ東周を為さんか。

●日本語訳

公山弗擾（季氏の家臣）が費の町を反乱を起こし画策して不法にも占拠してしまった。ここに孔子が招かれ、孔子は行かれるつもりであった。子路が不機嫌そうに言った。「たとえ行かれるところがないにしても、何で公山氏のところなどに行かれる必要がありますか？」。孔子が言われた。「こうして私を呼び寄せるには、よほどのことがあるからではないのか？もし私を用いる人がいたら、私は周の文王や周の武王の徳政を東方で復興させるのだが！」

●中国語訳

公山弗扰（又叫公山不狃，季氏家臣）盘踞着费邑图谋叛乱。叫孔子去，孔子准备前往。子路不高兴地说，"没地方去也就算了，何必非要到公山氏那里去呢？"孔子说，"那个让我去的人，难道会

让我白去吗？如果有人用我，我将让周文王、周武王的德政在东方复兴起来啊！"

●英語訳

Gong-shan Fu-rao, using Bi as his base, staged a revolt. When he summoned, the Master was inclined to go.

Zi-lu, displeased, said, "If we have nowhere to go, let us stop trying. Why must we go to Gong-shan Shi's place?"

The Master said, "He who summoned me — could he have done so for no purpose? If anyone should employ me again, I would create an eastern Zhou!"

— 原文 17-6 —

子張問仁于孔子。孔子曰，"能行五者于天下为仁矣。"
请问之。曰，"恭、宽、信、敏、惠。恭则不侮，宽则得众，信则人任焉，敏则有功，惠则足以使人。"

●日本語読み

子張、仁を孔子に問う。孔子曰く、能く五つの者を天下に行うを仁と為す。これを請い問う。曰く、恭寛信敏惠なり。恭なれば則ち侮られず、寛なれば則ち衆を得、信なれば則ち人任じ、敏なれば則ち功あり、惠なれば則ち以て人を使うに足る。

●日本語訳

子張が孔子にどのように仁徳を行ったらよいか尋ねた。孔子が言われた。「天下で五つの美徳を実行できたら、それが仁である」。子張が言った。「その五つをお教えくださいますか？」。
孔子が言われた。「丁重であること、寛大であること、誠実であること、聡明であること、互いに便宜・恩恵を図り合うこと、以上の五つである。丁重であれば侮辱されないで済み、寛大であれば民衆の支持が得られ、誠実であれば他人から信頼が得られ、聡明であれば仕事が成功しやすく、互いに便宜・恩恵を図れば人が

喜んで働いてくれる」

●中国語訳

子张向孔子问为仁之道。孔子说，"能够在天下实行五种美德的，就可以叫做仁了。"子张说，"请问哪五种？"孔子说，"庄重、宽厚、诚实、勤敏、慈惠。庄重就能免受侮辱，宽厚就能赢得大众的拥护，诚实能受到别人倚仗，勤敏就能使事情容易成功，慈惠就能很好地使唤别人。"

●英語訳

When Zi-zhang asked the Master about humanity, the Master said, "To be able to practice five things under Heaven constitutes humanity."

When further questioned about them, he said, "Respectfulness, lenience, truthfulness, industry, and beneficence. Be respectful and you shall not be humiliated; be lenient and you shall win the multitude; be truthful and the people shall trust you; be industrious and you shall score successes; be beneficent and you shall be fit to employ the people."

━━ 原文 17-7 ━━

佛肸召，子欲往。子路曰，"昔者由也闻诸夫子曰，'亲于其身为不善者，君子不入也。'佛肸以中牟畔，子之往也，如之何？"

子曰，"然，有是言也。不曰坚乎，磨而不磷；不曰白乎，涅而不缁。吾岂匏瓜也哉？焉能系而不食？"

●日本語読み

仏肸、召く。子往かんと欲す。子路曰く、昔者由や諸れを夫子に聞けり、曰く、親ら其の身に於いて不善を為す者は、君子は入らざるなりと。仏肸中牟を以て畔く。子の往くや、これを如何。子曰く、然り。是の言有るなり。堅しと曰わざらんや、磨すれど

も磷がず。白しと曰わざらんや、涅すれども緇まず。吾豈に匏瓜ならんや。焉んぞ能く繫りて食らわれざらん。

●日本語訳

仏肸（晋の国の大夫範中行の家臣）が孔子を招かれ、孔子が行こうとされた。子路が言った。「以前私は先生から『自ら悪事を働く者のところへは、君子は行かないものである』とお聞きしたことがあります。今のように仏肸が中牟を占拠して趙氏に背いているのに、先生はそこへ行こうとされています。なぜ行かれるのかお聞かせください」。孔子が言われた。「その通り、そんな話をしたことがあったな。堅いものはいくら磨いても薄くはならないではないか？純白なものはいくら染めても黒くならないではないか？私がまさかフクベとでも言うのか？どうしてそこにぶら下がっていて人に食べられないでいられようか？」

●中国語訳

佛肸（晋国大夫范中行的家臣，任中牟宰）召见孔子，孔子打算去。子路说，"从前我听老师说过，'亲自做过坏事的人那里，君子是不去的。'如今佛肸占据中牟以背叛赵氏，您却要去。这怎么能说得过去呢？"孔子说，"是的，我说过这话。不是说最坚固的东西磨而不薄吗？不是说最洁白的东西染而不黑吗？我难道是个匏瓜吗？怎么能悬挂在那里而不被食用呢？"

●英語訳

When Bi Xi summoned, the Master was inclined to go.

Zi-lu said, "Formerly, I heard Master say, 'If a man personally engages in evil-doing, the gentleman does not enter his state.' Now Bi Xi, with Zhong-mou as his base, has staged a revolt. Sir, your gong there — how do you justify it?"

The Master said, "Yes, I did make such a remark. However, did I not also say, 'That which is hard enough can stand grinding without becoming thinner?' Did I not also say, 'That which is white enough can stand dyeing in a dark fluid without turning black'? I am not a gourd, am I? How could I be hung up somewhere without eating?"

━━ 原文 17-8 ━━

子曰、"由也、女聞六言六蔽矣乎? 対曰、"未也。"
"居! 吾語女。好仁不好学、其蔽也愚；好知不好学、其蔽
也蕩；好信不好学、其蔽也賊；好直不好学、其蔽也絞；好
勇不好学、其蔽也乱；好剛不好学、其蔽也狂。"

● 日本語読み

子曰く、由よ、女六言の六蔽を聞けるか。対えて曰く、未だし。
居れ、吾女に語げん。仁を好みて学を好まざれば、其の蔽や愚。
知を好みて学を好まざれば、其の蔽や蕩。信を好みて学を好まざ
れば、其の蔽や賊。直を好みて学を好まざれば、其の蔽や絞。勇
を好みて学を好まざれば、其の蔽や乱。剛を好みて学を好まざれ
ば、其の蔽や狂。

● 日本語訳

孔子がおっしゃった。
「仲由よ、お前は六つの品徳が六つの弊害を引き起こすというこ
とを聞いたことがあるかね?」。仲由が答えて言った。「ありま
せん」。孔子が言われた。「座りなさい、私が話してあげよう。
仁徳を愛しても学問が嫌いだと、その弊害は愚かで是非の判断が
できなくなることだ。知識を愛しても学問が嫌いだと、その弊害
は放埒でしつけが悪くなる。誠実さを愛しても学問が嫌いだと、
その弊害は、強情で互いに傷つけ合う。率直さを愛しても学問が
嫌いだと、その弊害は言葉が辛辣で人を傷つける。武勇を愛して
も学問が嫌いだと、その弊害は悪事をなして犯罪を犯す。気丈さ
を愛しても学問が嫌いだと、その弊害は大胆でやたらなことをし
て糾弾される」

●中国語訳

孔子说，"仲由啊！你听说过这六种品德也常会带来六种流弊吗？"子路答道，"没有。"孔子说，"坐下来，我告诉你！喜欢'仁德'而不喜欢学习，它的弊病是愚昧而不受人愚弄；爱好'智慧'而不喜好学习，它的弊病是放荡不羁而无所约束；爱好'信实'而不爱好学习，它的弊病是固执己见而相互伤害；爱好'直率'而不爱好学习，它的弊病是刻薄而不近情理；爱好'勇猛'而不爱好学习，它的弊病是为非作歹而违法犯罪；爱好'刚强'而不爱好学习，它的弊病是狂妄自大而倍受谴责。"

●英語訳

The Master said, "You, have you heard 'the six words and their six latent defects'?"

Zi-lu replied, "I haven't."

"Be seated. Let me explain to you. To love humanity and not to love learning — the latent defect is foolishness; to love wisdom and notto love learning — the latent defect is unprincipledness; to love truthfulness and not to love learning — the latent defect is harmfulness; to love straightforwardness and not to love learning — the latent defect is impetuosity; to love courage and not to love learning — the latent defect is rebelliousness; to love staunchness and not to love learning — the latent defect is recklessness."

— 原文 17-9 —

子曰，"小子何莫学夫《诗》？《诗》，可以兴，可以观，可以群，可以怨。迩之事父，远之事君，多识于鸟兽草木之名。"

●日本語読み

子曰く、小子、何ぞ夫の詩を学ぶこと莫きや。詩は以て興こすべく、以て観るべく、以て群すべく、以て怨むべし。邇くは父に事え、遠くは君に事え、多く鳥獣草木の名を識る。

●日本語訳

孔子が弟子たちに言われた。「お前たちよ、どうして『詩経』を学ばないのかね？詩は心を興し、物事を深く見せ、群に和することも悲しみ嘆くことも、皆教えてくれる。それによって近くでは父母に仕える道を学べ、遠くでは主君に忠節を尽くすことが学べる。その上多くの鳥獣草木の名も覚えられるというものだ」

●中国語訳

孔子说，"学生们！你们为什么不研习《诗经》呢？《诗经》可以激发情思，可用来观察社会，可以陶冶群体观念，可以抒发心中的不平。近的而言，学得侍奉父母的道理；远的而言，学会效忠国君的道理。而且还可以多认识一些鸟兽草木的名称。"

●英語訳

The Master said, "Young men, why do you not learn *Poetry*? *Poetry* can be of help to you in using metaphors, observing things, becoming gregarious, employing satire, serving your father nearby, serving your sovereign afar, and making you better acquainted with the names of birds, beasts, grasses, and trees."

━━ 原文 17-10 ━━

子谓伯鱼曰，"女为《周南》，《召南》矣乎？人而不为《周南》，《召南》，其犹正墙面而立也与？"

●日本語読み

子、伯魚に謂いて曰く、女、周南、召南を為びたるか。人にして周南、召南を為ばずんば、其れ猶正しく牆に面して立つがごときか。

●日本語訳

孔子が伯魚に言われた。「お前は『周南』、『召南』二篇の詩を学んだことがあるかね？人として『周南』、『召南』を学ばなければ、壁と向かい合って立っているようなもので、一歩も前へは

進めないのだ！」

●中国語訳

孔子对伯鱼说，"你读过《周南》,《召南》两篇诗吗？一个人如果不学习《周南》,《召南》，就好比面对着墙壁站立——寸步难行啊！"

●英語訳

The Master said to Bo-yu, "Have you learnt *South of Zhou* and *South of Shao*? If a man does not learn *South of Zhou* and *South of Shao*, he is like one standing with his face against the wall."

— 原文 17-11 —

子曰，"礼云礼云，玉帛云乎哉？乐云乐云，钟鼓云乎哉？"

●日本語読み

子曰く、礼と云い礼と云うも、玉帛を云わんや。楽と云い楽と云うも、鐘鼓を云わんや。

●日本語訳

孔子がおっしゃった。

「礼だ！礼だ！と言っても宝石や絹布などの礼器の実物だけを言うのだろうか？楽だ！楽だ！と言っても鐘や太鼓などの楽器の実物だけを言うのであろうか？」

●中国語訳

孔子说，"礼呀！礼呀！难道仅仅是玉帛等礼器一类的实物吗？乐呀！乐呀！难道仅仅是钟鼓等乐器一类的实物吗？"

●英語訳

The Master said, " 'The rituals, the rituals,' they say. Do they merely refer to jade and silk? 'Music, music,' they say. Do they merely refer to bells and drums?"

― 原文 17-12 ―

子曰，"色厉而内荏，譬诸小人，其犹穿窬之盗也与？"

●日本語読み

子曰く、色厉しくて内荏なるは、諸れを小人に譬うれば、其れ猶穿窬の盗のごときか。

●日本語訳

孔子がおっしゃった。

「表面は厳しいのに、心の中が卑しいのは、小人にたとえると、まるでこそこそ盗みを働く盗賊と同じだ」

●中国語訳

孔子说，"外表刚强而内心懦弱，若是拿小人作比方，那就像挖洞翻墙的盗贼一样吧！"

●英語訳

The Master said, "He who is awesome of mien but faint of heart, to cite an example from small men, is perhaps like a hole-boring and wall-climbing burglar?"

― 原文 17-13 ―

子曰，"乡愿，德之贼也。"

●日本語読み

子曰く、郷原は徳の賊なり。

●日本語訳

孔子がおっしゃった。

「よしあしの分別がつかない、八方美人のお人好しは、仁徳の盗人である」

●中国語訳

孔子说，"是非不分、八面玲珑的好好先生，是败坏道德的小人。"

●英語訳

The Master said, "Those who try please everybody in your prefecture undermine virtue."

― 原文 17-14 ―

子曰，"道听而途说，德之弃也。"

●日本語読み

子曰く、道に聴きて塗に説くは、徳をこれ棄つるなり。

●日本語訳

孔子がおっしゃった。

「路上で聞いたことをあちこちに言い触らすのは、道徳に反した行為でやってはならないことだ」

●中国語訳

孔子说，"在道路上听到的传言就四处散布的，这是背弃道德的行为，应该革除。"

●英語訳

The Master said, "To hear something in the street and discourse on it along the road is to forsake virtue."

― 原文 17-15 ―

子曰，"鄙夫可与事君也与哉？其未得之也，患不得之；既得之，患失之。苟患失之，无所不至矣。"

●日本語読み

子曰く、鄙夫は与に君に事うべけんや。其の未だこれを得ざれば、これを得んことを患え、既にこれを得ざれば、これを失わんことを患う。苟もこれを失わんことを患うれば、至らざる所なし。

●日本語訳

孔子がおっしゃった。

「心の卑しい人と一緒に主君に仕えることなどできるだろうか？ そういう人間は官職に就けなければ、あくせくする。官職に就けば就いたで、またそれを失わないように警戒する。もし官職を失うのを恐れると、どんなことでもやってしまうものだ」

●中国語訳

孔子说，"浅陋之徒，岂能和他一起做官共事呢？当他没有得到这个位子的时候，就生怕得不到；已经得到了官职，又生怕失掉。如果害怕丢失官职，那就什么事都能做得出来了。"

●英語訳

The Master said, "Can a vulgar fellow serve the sovereign? When he has not obtained it, he worries about obtaining it. Having obtained it, he worries about losing it. When he worries about losing it, he will stop at nothing."

── 原文 17-16 ──

子曰，"古者民有三疾，今也或是之亡也。古之狂也肆，今之狂也荡；古之矜也廉，今之矜也忿戾；古之愚也直，今之愚也诈而已矣。"

●日本語読み

子曰く、古者、民に三疾あり。今や或いは是れ亡きなり。古の狂や肆、今の狂や蕩。古の矜や廉、今の矜や忿戻。古の愚や直、今の愚や詐のみ。

●日本語訳

孔子がおっしゃった。

「昔、人間には三種類の困り者がいたが、今ではそのような人すらいなくなってしまった。昔の無軌道な人は意のままに直言したが、今の無軌道な人は締まりがない。昔の傲慢な人は威厳があって人を圧倒したが、今の傲慢な人は横暴で残酷である。昔の愚か者は正直であったが、今の愚か者は悪賢いだけである」

●中国語訳

孔子说，"古代的老百姓有三种毛病，现在或许连这些毛病也没有了。古代狂放的人肆意敢言，现在狂放的人则放荡不羁；古代矜持的人威严逼人，现在矜持的人则乖戾悖理；古代愚笨的人还很简单憨直，现在愚笨的人则只是奸诈虚伪罢了。"

●英語訳

The Master said, "In antiquity, people had three infirmities. Today, even these are perhaps nowhere to be found. In antiquity, the high-minded were unreserved; today, the high-minded are unprincipled. In antiquity, the self-esteeming were clean and honest; today, the self-esteeming are irritable and perverse. In antiquity, the foolish were straightforward; today, the foolish are utterly deceitful."

― 原文 17-17 ―

子曰，"巧言令色，鮮矣仁！"

●日本語読み

子曰く、巧言令色、鮮なし仁。

●日本語訳

孔子がおっしゃった。

「巧みな言葉を遣い、顔色をよくするのは、仁者の心に欠ける」

●中国語訳

孔子说，"花言巧语，伪颜假色，这类人就缺少仁爱心了。"

●英語訳

The Master said, "Sweet words and a pleasing countenance have indeed little humanity in them!"

── 原文 17-18 ──

子曰，"恶紫之夺朱也，恶郑声之乱雅乐也，恶利口之覆邦家者。"

●日本語読み

子曰く、紫の朱を奪うを悪む。鄭声の雅楽を乱るを悪む。利口の邦家を覆すを悪む。

●日本語訳

孔子がおっしゃった。

「私は雑然とした紫色が赤色を押さえつけるのが気にくわない。耽溺的な鄭の国の音楽が正統的で優雅な音楽を攪乱するのを憎む。あれこれ巧みな弁舌で国を転覆させるような人間も憎む」

●中国語訳

孔子说，"我讨厌混杂的紫色压住正红的颜色，我厌恶淫荡的郑国乐曲扰乱正统典雅的音乐，我厌恶那些以能言善辩而倾覆国家的人。"

●英語訳

The Master said, "I hate purple usurping the place of red; I hate the songs of Zheng confounding classical music; I hate the glib-tongued toppling states and noble houses."

── 原文 17-19 ──

子曰，"予欲无言。"子贡曰，"子如不言，则小人何述焉？"子曰，"天何言哉？四时行焉，百物生焉，天何言哉？"

●日本語読み

子曰く、予言うこと無からんと欲す。子貢曰く、子如し言わずんば、則ち小人何をか述べん。子曰く、天何をか言うや。四時行われ、百物生ず。天何をか言うや。

●日本語訳

孔子がおっしゃった。

「私はもう何も言いたくはない」。子貢が言った。「先生がもし何も言われなかったら、私たちは何を言い伝えていったらよいのでしょうか？」。孔子が言われた。「天は何を語ろうか？四季はこれまで通り巡り、万物はこれまで通り成長する。天は何を語ろうか？」

●中国語訳

孔子说，"我不想再说什么了。"子贡说，"您如果不说，那么我们还传述什么呢？"孔子说，"上天说了什么呢？四季照样运行，百物照样生长。上天说了什么呢？"

●英語訳

The Master said, "I want to speak no more."

Zi-gong said, "Sir, if you do not speak, what shall we, your pupils, abide by?"

The Master said, "What does Heaven say? Yet the four seasons revolve and a hundred things grow. What does Heaven say?"

― 原文 17-20 ―

孺悲欲見孔子，孔子辞以疾。将命者出戸，取瑟而歌，使之聞之。

●日本語読み

孺悲、孔子に見えんと欲す。孔子辞するに疾を以てす。命を将う者、戸を出ず。瑟を取りて歌い、これをして聞かしむ。

●日本語訳

魯の国の人、孺悲が孔子に面会に来たが、孔子は病気と言って会われなかった。取次の人が出て行ってから、孔子は瑟を取り出されて弾きながら歌い、わざと孺悲に聞こえるようにされた。

●中国語訳

孺悲（鲁国人）想求见孔子，孔子推托有病而不见。传话的人出门以后，孔子取出瑟来边弹边唱，故意使孺悲听到。

●英語訳

Ru Bei wished to see the Master, but the Master declined on the excuse of illness. As soon as the go-between went out of the door, he took his zither and sang to it so that the former might hear him.

— **原文 17-21** —

宰我问，"三年之丧，期已久矣。君子三年不为礼，礼必坏；三年不为乐，乐必崩。旧谷既没，新谷既升，钻燧改火，期可已矣。"子曰，"食夫稻，衣夫锦，于女安乎？"曰，"安。""女安则为之！夫君子之居丧，食旨不甘，闻乐不乐，居处不安，故不为也。今女安，则为之！"宰我出，子曰，"予之不仁也！子生三年，然后免于父母之怀。夫三年之丧，天下之通丧也，予也有三年之爱于其父母乎！"

●日本語読み

宰我問う、三年の喪は期にして已に久し。君子三年礼を為さずんば、礼必ず壊れん。三年楽を為さずんば、楽必ず崩れん。旧穀既に没きて新穀既に升る、燧を鑽りて火を改む。期にして已むべし。子曰く、夫の稲を食らい、夫の錦を衣る、女に於いて安きか。曰く、安し。女安くんば則ちこれを為せ。夫れ君子の喪に居る、旨きを食らうも甘からず、楽を聞くも楽しからず、居処安からず、故に為さざるなり。今女安くんば則ちこれを為せ。宰我出ず。子曰く、予の不仁なるや。子生まれて三年、然る後に父母の懐を免る。夫れ三年の喪は天下の通喪なり。予や、其の父母に三年の愛あらんか。

●日本語訳

宰我が尋ねた。「父母の死後、子供が三年も喪に服するのは長すぎます。君子が三年も礼儀を行わなかったら、礼儀は必ず廃れてしまいます。三年も音楽を演奏しなかったら、音楽は必ず伝承が絶えてしまいます。古い穀物を食べ尽くして、新しい穀物が出回ると、火おこし用の木ぎれを一年で交換します。喪に服するのも一年でよいと思います」。孔子が言われた。「服喪の間、お前は米を食べたり、錦の衣を着たりして、平気でいられると言うのか？」。宰我が言った。「平気です」。孔子が言われた。「平気だったら、そうすればよい。君子は喪に服している間、ご馳走を食してもうまくなく、音楽を聞いても楽しくなく、家にいても落ち着かない、だからそういうことはしないのだ。今お前が平気だったら、そうするがいいよ！」。宰我が退出してから、孔子が言われた。「宰我はなんと仁徳のない奴だ！子供は生まれて三年経って、やっと父母の懐から離れられるのだ。三年喪に服するのは、天下に通用する喪礼で、宰我も三年の間父母の懐に抱かれて可愛がられたはずだと思うが？」

●中国語訳

宰我问道，"父母死后，子女守孝三年，时间太长了。君子在三年间不演习礼仪，礼仪一定会废弃；三年不演奏音乐，音乐一定会失传。陈谷已经吃完，新谷已经上市，取火用的木头一年一轮换，守孝一年也就可以了。"孔子说，"服丧期间，你吃白米饭，穿着绸缎衣，心安吗？"宰我说，"我心安。"孔子说，"你心安，你就那么做吧！君子在守孝期间，吃着美味不觉香甜，听着音乐不觉快乐，住在家里也不觉安适，所以不肯那样做。现在你心安，你就去做吧！"宰我出去以后，孔子说，"宰我真没有仁爱之心哪！儿子生下三年，这才能离开父母的怀抱。守孝三年是天下通行的丧礼，宰予难道没从他父母那里享受三年怀抱的抚爱之恩吗？"

●英語訳

Zai Wo asked about the three-year mourning, saying,"A

twelvemonth is already long enough. 'If the gentleman for three years does not perform the rituals, the rituals will surely decline; if for three years he does not perform music, music will surely fall apart. The old grains will have been consumed, the new grains will have ripened, and the different kinds of fire-drilling wood will have completed their cycle. A twelvemonth is good enough.

The Master said, "Eating rice and wearing brocade — do you feel at ease?"

Zi Wo said, "I do."

"If you do, then do so! When the gentleman is in mourning, eating delicacies, he does not relish their good taste; listening to music, he does not feel any happiness; living at home, he does not enjoy its comfort. Therefore, he does not do so. Now, if you feel at ease, do so!"

When Zai Wo went out, the Master said, "How inhumane Yu is! A son does not leave his parents' arms until three years after his birth. The three-year mourning is a universal mourning under Heaven. Does Yu have three years' love for his parents?"

── 原文 17-22 ──

子曰、"飽食終日、无所用心、难矣哉! 不用博弈者乎? 为之、犹贤乎已。"

●日本語読み

子曰く、飽くまで食いて日を終え、心を用うる所なし、難いかな。博奕なる者あらずや。これを為すは猶已むに賢れり。

●日本語訳

孔子がおっしゃった。

「一日中腹一杯食べて、終日何もしないでいるのは、だめなことだ!碁や将棋などがあるじゃないか?あんな遊びでもするほうがしないよりまだましだ」

●中国語訳

孔子说，"整天吃饱了饭，无所事事，不行的呀！不是有弈棋的游戏吗？就算是下下棋也胜过没事做呀！"

●英語訳

The Master said, "Those who are sated with food all day without applying their minds to anything at all are difficult indeed! Are there no people who play double six and siege? Even doing these would be better than to stop thinking altogether."

― 原文 17-23 ―

子路曰，"君子尚勇乎？"子曰，"君子义以为上。君子有勇而无义为乱，小人有勇而无义为盗。"

●日本語読み

子路曰く、君子勇を尚ぶか。子曰く、君子義以て上と為す。君子勇ありて義なければ乱を為す。小人勇ありて義なければ盗を為す。

●日本語訳

子路が尋ねた。「君子は勇気を尊びますか？」。孔子が言われた。「君子は正義を第一位に置いている。君子が勇気を重んじ正義を軽んじたら、謀反を起こすだろう。小人が勇気を重んじ正義を軽んじたら、匪賊や強盗になるだろう」

●中国語訳

子路说，"君子崇尚勇敢吗？"孔子说，"君子把道义放在第一位。君子讲勇敢而不讲道义，就会造反作乱；小人讲勇敢而不讲道义，就会成为土匪强盗。"

●英語訳

The Master said, "Does the gentleman uphold courage?
The Master said, "The gentleman regards righteousness as supreme. A gentleman who possesses courage but wants righteousness will

become a rebel; a small man who possesses courage but wants righteousness will become a bandit."

── 原文 17-24 ──

子貢曰，"君子亦有惡乎？"子曰，"有惡，惡称人之惡者，惡居下而訕上者，惡勇而无礼者，惡果敢而窒者。"曰，"賜也亦有惡乎？""惡徼以为知者，惡不孫以为勇者，惡訐以为直者。"

●日本語読み

子貢問いて曰く、君子も亦悪むこと有りや。子曰く、悪むこと有り。人の悪を称する者を悪む。下に居て上を訕る者を悪む。勇にして礼なき者を悪む。果敢にして窒がる者を悪む。曰く、賜や亦悪むこと有りや。徼めて以て知と為す者を悪む。不遜にして以て勇と為す者を悪む。訐きて以て直と為す者を悪む。

●日本語訳

子貢が言った。「君子でも憎むものがありますか？」。孔子が言われた。「憎むことはある。人の欠点を言いたがる者を憎み、下位に身を置きながら上の人を誹謗する者を憎み、勇気があっても礼儀の分からない者を憎み、思い切りはよいが頑迷な者を憎む」。さらに言われた。「子貢よ、お前も憎むものがあるのかね？」。子貢が答えて言った。「あります。私は他人の成果を盗んで自分は聡明だと思っている者を憎み、遠慮がないのを勇気と思っている者を憎み、他人の秘密を暴露して自分は正直だと思っている者を憎みます」

●中国語訳

子贡说，"君子也有憎恶的事吗？"孔子说，"有憎恶的事。憎恶专说别人坏处的人，憎恶身居下位而诽谤在上位的人，憎恶勇敢却不懂礼仪的人，憎恶果断却顽固不化的人。"又说，"端木赐，你也有憎恶的事吗？"子贡说，"我憎恶窃取别人的成果却自以为聪明的人，

憎恶毫不谦虚却认为是勇敢的人，憎恶揭发别人的隐私却自认为直率的人。"

●英語訳

Zi-gong said, "Does the gentleman also have people he hates?"

The Master said, "Yes, I do. I hate those who babble about other people's vices; I hate those who, being in the lower position, slander their superiors; I hate those who are courageous but have no regard for the rituals; I hate those who are resolute and daring but obstinate." Then he said, "Ci, are there also people you hate?"

"I hate those who plagiarize and consider themselves wise; I hate those who are impertinent and consider themselves courageous; I hate those who divulge other people's unseemly secrets and consider themselves straightforward."

― 原文 17-25 ―

子曰，"唯女子与小人为难养也，近之则不孙，远之则怨。"

●日本語読み

子曰く、唯女子と小人とは養い難しと為す。これを近づくれば則ち不孫なり。これを遠ざくれば則ち怨む。

●日本語訳

孔子がおっしゃった。

「ただ教養のない女性と無知な男性だけはどうも扱いにくいものだ。近づけば世話がやけるし、遠ざけると逆恨みされてしまう」

●中国語訳

孔子说，"只有无教养的女人和无知的男人是最难与他们相处的。太亲近了，就对你失礼；太疏远了，便会遭到怨恨。"

●英語訳

The Master said, "Women and small men are the most difficult to keep: If you stay close to them, they become insolent; if you keep them at a distance, they are resentful."

419　陽貨第十七

── 原文 17-26 ──

子曰，“年四十而見惡焉，其終也已。”

●日本語読み

子曰く、年四十にして悪まるるは、其れ終わらんのみ。

●日本語訳

孔子がおっしゃった。

「四十歳になっても人から嫌われるようでは、そんな一生はもうどうにもないものだ」

●中国語訳

孔子说，“到了四十岁还被人讨厌，这辈子就没有希望了。”

●英語訳

The Master said, "If, at forty, a man is still hated, he is done for."

【微子第十八】

Bishi-daijūhachi

微子第十八

─ 原文 18-1 ─

微子去之，箕子为之奴，比干谏而死。孔子曰，"殷有三仁焉。"

●日本語読み

微子はこれを去り、箕子はこれが奴と為り、比干は諌めて死す。
孔子曰く、殷に三仁あり。

●日本語訳

殷の紂王は愚昧で残虐であったため、彼の実の兄微子（名は啓）
は国を離れ、箕子（名は胥余、紂王の叔父）は狂人を装って奴隷
に身をやつし、比干（紂王の叔父）は懸命に諌めたが心臓をえぐ
られ極刑にされた。孔子が言われた。「殷朝には三人の大志を抱
いた仁者がいたのだ！」

●中国語訳

殷纣王昏庸残暴，他的胞兄微子（名启）便离开那个国家，箕子（名
胥余，纣王的叔父）装疯而被贬为奴隶，比干（名干，封于比，纣
王的叔父）因极力谏阻而被剖心处死。孔子说，"殷商有三位志士
仁人啊！"

●英語訳

The viscount of Wei left him; the viscount of Ji became his slave; Bi
Gan remonstrated and was killed.
The Master said, "The Yin had three men of humanity."

― 原文 18-2 ―

柳下惠为士师，三黜。人曰，"子未可以去乎？"曰，"直道
而事人，焉往而不三黜？枉道而事人，何必去父母之邦？"

●日本語読み

柳下惠、士師と為り、三たび黜けらる。人曰く、子未だ以て去
るべからざるか。曰く、道を直くして人に事うれば、焉に往くと
して三たび黜けられざらん。道を枉げて人に事うれば、何ぞ必ず
しも父母の邦を去らん。

●日本語訳

柳下惠が裁判官になったが、三度も罷免された。ある人が彼に
言った。「あなたはここを離れないのですか？」。柳下惠が言っ
た。「正直な態度で主君に仕えるなら、どこへ行っても再三再四
罷免されないことがありましょうや？不正なやり方で主君に仕え
るくらいなら、どうして自分の祖国を離れる必要がありましょう
や？」

●中国語訳

柳下惠做法官，三次被免职。有人劝他说，"您不能离开这里吗？"
柳下惠说，"公正无私地办事并忠诚侍奉君主，到哪能不被一而再，
再而三地免职呢？用歪门邪道去侍奉君主，又何必要离开自己的祖
国呢？"

●英語訳

When Liu-xia Hui served as criminal judge, he was thrice dismissed.
Someone said, "Sir, can you not leave?"

He said, "If I pursue the straight way in serving man, where can I
go without being thrice dismissed? If I pursue the crooked way in
serving man, why must I leave my father and mother's state?"

423　微子第十八

― 原文 18-3 ―

齐景公待孔子曰，"若季氏，則吾不能；以季、孟之间待之。"曰，"吾老矣，不能用也。"孔子行。

●日本語読み

斉の景公、孔子を待つに曰く、季氏の若きは則ち吾能わず。季孟の間を以てこれを待たん。曰く、吾老いたり、用うること能わざるなり。孔子行る。

●日本語訳

斉の景公が孔子をどのように待遇するかについて言われた。「魯の主君の季氏に対するような待遇は、私にはできない。季氏と孟氏の両者の間の礼節で待遇することぐらいはできる」。さらに言われた。「私は年老いた、あなたを用いる力はない」。孔子はこれを聞かれて、斉の国を後にされた。

●中国語訳

齐景公谈到怎样对待孔子时说，"要是象鲁君对待季氏那样，那么我还做不到。我只能介于季氏和孟氏两者间的礼节对待他。"不久又说，"我老了，可能对你不会有什么用处了。"孔子听了这话，就离开了齐国。

●英語訳

Duke Jing of Qi, on how to treat the Master, said, "To treat him like Ji Shi — that we cannot do. We shall treat him like someone between Ji and Meng."

The duke said, "we are too old to employ him now." Whereupon, The Master departed.

―― 原文 18-4 ――

齐人归女乐，季桓子受之，三日不朝，孔子行。

●日本語読み

斉人、女楽を帰る。季桓子これを受く。三日朝せず。孔子行る。

●日本語訳

斉の国が魯の国へ多くの歌姫と舞女を贈ってきた。魯の国の大夫季桓子がこれを引き受けたが、彼女たちに溺れて三日の間政務を行わず、孔子は国を去られた。

●中国語訳

齐国送给鲁国不少歌姬舞女，季桓子（鲁国大夫）接受了，沉醉于女色，一连三天不问政事，孔子离职而去。

●英語訳

When the man of Qi presented a group of singing girls, Ji Huan-zi accepted them. For three days, there was no court. The Master departed.

―― 原文 18-5 ――

楚狂接舆歌而过孔子曰，"凤兮凤兮，何德之衰？往者不可谏，来者犹可追。已而，已而！今之从政者殆而！"孔子下，欲与之言。趋而辟之，不得与之言。

●日本語読み

楚の狂接舆、歌いて孔子を過ぐ、曰く、鳳よ鳳よ、何ぞ徳の衰えたる。往く者は諫むべからず、来たる者は猶追うべし。已みなん已みなん。今の政に従う者は殆うし。孔子下りてこれと言わんと欲す。趨りてこれを辟く。これと言うことを得ず。

●日本語訳

楚の国の接舆と言う名の狂人が孔子の車の前を通りながら、歌を繰り返し歌った。「鳳凰よ、鳳凰！世の徳行はどうして衰えてし

まったのか？過ぎ去ったことは、取り戻せないが、これから追求できる。もういい、もういい、今の政治に携わる者は危険だ！」。孔子は車から下りてこの男と話そうとされた。だが彼は早足で走り去ったため、話すことはできなかった。

●中国語訳

楚国有一个名叫接舆的狂人从孔子车前走过，反复唱着一首歌：“凤凰啊，凤凰！世上的德行怎么这样衰微？过去的已经不能挽回，未来的还能补救。算了吧！算了吧！现在那些当政的人芨芨可危！”孔子从车上下来，想和他说话。他快走几步躲开了，孔子没能和他交谈。

●英語訳

Chu's Madan Jie-yu passed by the Master, singing,

"O phoenix! O phoenix!

How thy virtue hath declined!

What hath gone by is beyond remonstration;

What is to come may yet be overtaken.

Stay! Stay!

Perilous are those engaged in government today."

The Master descended, hoping to speak with him, but he has tened off to evade him. So the Master did not get to speak with him.

― 原文 18-6 ―

长沮、桀溺耦而耕，孔子过之，使子路问津焉。长沮，"夫执舆者为谁？"子路曰，"为孔丘。"曰，"是鲁孔丘与？"曰，"是也。"曰，"是知津矣。"问于桀溺。桀溺曰，"子为谁？"曰，"为仲由。"曰，"是鲁孔丘之徒与？"对曰，"然。"曰，"滔滔者天下皆是也，而谁以易之？且而与其从辟人之士也，岂若从辟世之士哉？"耰而不辍。子路行以告。夫子怃然曰，"鸟兽不可与同群，吾非斯人之徒与而谁与？天下有道，丘不与易也。"

● 日本語読み

長沮・桀溺、耦して耕す。孔子これを過ぐ。子路をして津を問わしむ。長沮曰く、夫の輿を執る者は誰と為す。子路曰く、孔丘と為す。曰く、是れ魯の孔丘か。対えて曰く、是れなり。曰く、是れならば津を知らん。桀溺に問う。桀溺曰く、子は誰とか為す。曰く、仲由と為す。曰く、是れ魯の孔丘の徒か。対えて曰く、然り。曰く、滔滔たる者、天下皆是れなり。而して誰と以にかこれを易えん。且つ而其の人を辟くるの士に従わんよりは、豈に世を辟くるの士に従うに若かんや。耰して輟まず。子路以て告す。夫子憮然として曰く、鳥獣は与に群を同じくすべからず。吾斯の人の徒と与にするに非ずして誰と与にかせん。天下道あらば、丘は与に易えざるなり。

● 日本語訳

長沮・桀溺の二人が耕作しているところへ、孔子が通りかかり、子路に渡し場を尋ねさせた。長沮が言った。「あの馬の手綱を取っているのは誰かね？」。子路が言った。「孔丘です」。男はさらに言った。「魯の国の孔丘かね？」。子路が言った。「そうです」。長沮が言った。「それなら渡し場がどこか知っているは

ずだ」。子路が今度は桀溺に聞くと、桀溺が言った。「あなたは誰かね？」。子路が答えて言った。「子路と言います」。彼がまた聞いた。「では魯の国の孔丘の弟子かね？」。子路が答えて言った。「そうです」。桀溺が言った。「滔々と流れる洪水のように混乱し、天下は至るところこれと同じではないか！あなたたちは誰と一緒にこれを変えられると言うのかね？その上あなたはあんな悪人を避けてばかりいる孔丘と一緒にいるより、乱世を避けている我々についたらどうかね？」。そう言い終わるとそのまま耕作を続けた。子路が戻って孔子に報告した。孔子は放心して言われた。「我々は鳥や獣と一緒に生活はできない。世間の人と一緒にならなくて誰と一緒になろうと言うのか？もし天下の政治が正しければ、私もお前たちと改革などする必要はないのだが」

●中国語訳

长沮、桀溺（二隐士）两人一块儿耕田，孔子从旁边经过，让子路去打听一下渡口在哪里。长沮说，"两个拉马缰绳的人是谁？"子路说，"是孔丘。"他又说，"是鲁国的孔丘吗？"子路说，"是的。"长沮说，"他是应该知道渡口在哪里的。"子路又去问桀溺。桀溺说，"您是谁？"子路答，"我是仲由。"他又问，"你是鲁国孔丘的徒弟吗？"子路答到，"是的。"桀溺说，"像滔滔的洪水一样混乱，天下到处都是如此啊！你们跟谁能改变得了呢？而且你与其跟着躲避坏人的孔丘，还不如跟着躲避乱世的我们呢！"说完他仍旧不停地耕田。子路回来向孔子报告。孔子茫然若失地说，"我们不能跟鸟兽生活在一起，我不跟世人在一起又能跟谁在一起呢？如果天下政治清明，我孔丘也不会出来与你们一道去改变它了。"

●英語訳

Chang-ju and Jie-ni were sowing side by side. The Master, passingby, sent Zi-lu to inquire where the ford was.

Chang-ju said, "Who is the man holding the reins?"

Zi-lu said, "It is Kong Qiu."

Chang-ju said, "Is it Kong Qiu of Lu?"

Zi-lu said, "Yes."

Chang-ju said, "Then he knows where the ford is."

Thereupon, Zi-lu asked of Jie-ni.

Jie-ni said, "Who are you, sir?"

Zi-lu said, "I am Zhong You."

Jie-ni said, "Are you a disciple of Lu's Kong Qiu?"

Zi-lu said, "Yes."

Jie-ni said, "Turbulent waves are surging everywhere under Heaven. With whom are you to change all this? Besides, would it not be better for you to follow a man who fled the world than one who fled a man?" And he went on covering the seeds without stopping.

Zi-lu departed and reported it. The Master, disappointed, said, "I cannot herd with birds and beasts, can I? If I do not associate with my fellow men, with whom shall I associate then? If the empire possessed the Way, I would not be involved in changing it."

── 原文 18-7 ──

子路从而后，遇丈人，以丈荷莜。子路问曰，"子见夫子乎？"丈人曰，"四体不勤，五谷不分，孰为夫子？"植其杖而芸。子路拱而立。止子路宿，杀鸡为黍而食之，见其二子焉。明日，子路行以告。子曰，"隐者也。"使子路反见之。至，则行矣。子路曰，"不仕无义。长幼之节，不可废也；君臣之义，如之何其废之？欲洁其身，而乱大伦。君子之仕也，行其义也。道之不行，已知之矣。"

●日本語読み

子路従いて後れたり。丈人の杖を以て莜を荷なうに遇う。子路問いて曰く、子、夫子を見るか。丈人曰く、四体勤めず、五穀分かたず、孰をか夫子と為さん。其の杖を植てて芸る。子路拱して立つ。子路を止めて宿せしめ、鶏を殺し黍を為りてこれに食らわし

め、其の二子を見えしむ。明日、子路行きて以て告す。子曰く、隠者なり。子路をして反りてこれを見えしむ。至れば則ち行る。子路曰く、仕えざれば義なし。長幼の節は廃すべからざるなり。君臣の義はこれを如何ぞ其れ廃すべけんや。其の身を潔くせんと欲して大倫を乱る。君子の仕うるや、其の義を行わんとなり。道の行われざるや、已にこれを知れり。

●日本語訳

子路が孔子に従って列国を周遊した時、一行から後れてしまった。杖に除草道具をかけて担いで歩いている老人に出会った。子路が尋ねた。「私の先生を見ませんでしたか？」。老人が言った。「手足も働かせず、五穀の区別もできない、私は誰が先生か分かっているよ」。そう言い終わると老人は杖を地に突き立て除草を始めた。子路は手を組んだままそこに突っ立っていた。老人は子路を自分の家に泊まらせ、鶏を殺し、黍の飯を炊いて子路に食べさせ、二人の息子を子路に引き会わせた。次の日、子路は孔子に追いつき、このことを報告した。孔子は「その老人は隠者に違いない」と言われて、子路に引き返えさせて老人に会いにやらせた。子路が家を訪れると、老人は出かけた後だった。子路が言った。「仕官しなければ道義に合いませんが、長幼の間の礼節も捨てられません。君臣の間の大義もどうして捨てられましょうか？自分だけが潔癖でいたいと思えば、かえって君臣の間の倫理関係を乱します。君子が仕官するのは、君臣の間の大義を実行するためです。私たちの主張が通らないのは、承知していることです」

●中国語訳

子路跟随孔子周游列国，落在了后边。遇见了一个老人用手杖挑着除草的工具走过来。子路问道，"您看见我的老师了吗？"老人说，"四肢不劳动，五谷分不清，我知道谁是老师？"说完老人便把手杖插在地上就除草。子路拱着手站在那里。老人留子路在家里住宿，杀了鸡，做好了黄米饭请子路吃，还让两个儿子出来和子路相见。第

二天，子路赶上了孔子，把这事告诉了他。孔子说，"他是个隐士呀！"让子路返回去拜见他。子路到那里，老人离家出行了。子路说，"不出来做官是不合乎道理的，长幼之间的礼节也是不能废弃的。而君臣之间的道义怎么能废弃呢？想洁身自好，却又损害了君臣之间的基本伦常。君子出来做官，是为了履行君子义务，至于自己的主张行不通，那是在预料之中的。"

●英語訳

Zi-lu, who had been following, fell behind. On encountering an old man carrying a weeding implement on his shoulder with a staff, Zi-lu asked, "Sir, did you see my master?"

The old man said, "Your four limbs seem unused to regular toil, and you look incapable of distinguishing the five grains. Who may your master be?" Leaning on his staff, he fell to weeding. Zi-lu, cupping his hands, stood by.

The old man persuaded Zi-lu to stay for the night. Having killed a chicken and steamed some millet, he fed him and introduced him to his two sons.

The next day, Zi-lu departed and reported it. The Master said, "He must be a hermit." He then sent Zi-lu back to see him. But upon his arrival, the old man had already left.

Zi-lu said, "Not to take position is to ignore one's duty. Since the etiquette between the old and the young cannot be abandoned, how, then, can the duty between the sovereign and the subject be abandoned? In attempting to preserve one's own purity, one undermines an important moral principle. The gentleman, in taking position, is performing his duty. That the Way shall not prevail, he already knows."

― 原文 18-8 ―

逸民：伯夷、叔齐、虞仲、夷逸、朱张、柳下惠、少连。子曰，"不降其志，不辱其身，伯夷、叔齐与！"谓"柳下惠、少连，降志辱身矣，言中伦，行中虑，其斯而已矣。"谓"虞仲、夷逸，隐居放言，身中清，废中权。我则异于是，无可无不可。"

●日本語読み

逸民は、伯夷・叔斉・虞仲・夷逸・朱張・柳下惠・少連。子曰く、其の志を降さず、其の身を辱しめざるは、伯夷・叔斉か。柳下惠・少連を謂う。志を降し身を辱しむ。言倫に中り、行慮に中る、其れ斯れのみ。虞仲・夷逸を謂う。隠居して放言し、身清に中り、廃権に中る。我は則ち是れに異なり、可も無く不可も無し。

●日本語訳

世に隠れた逸材で仕官しない人には、伯夷・叔斉・虞仲・夷逸・朱張・柳下惠・少連がいる。孔子が評して言われた。「志を曲げず、体面を辱しめられなかったのは、伯夷と叔斉である」。また言われた。「柳下惠・少連は、志を曲げ、体面も辱しめられたが、言葉は道理に合い、行いは思慮深かった。まあ彼らはこんなところだ」。さらに言われた。「虞仲・夷逸は世を捨てて隠居し、沈黙を守ったが、自らは清廉潔白で、放置されても臨機応変に対応した。私は彼らと違うから、何がよくて、何がよくないとは言えないよ」

●中国語訳

隐逸不做官的人才有：伯夷、叔齐、虞仲、夷逸、朱张、柳下惠、少连。孔子评论说，"志向不肯降低，身份不被辱没的，要算是伯夷和叔齐吧。"又说，"柳下惠、少连志向降低，身份受辱了，但说话合乎伦理，行事经过思考，他们不过如此罢了。"又说，"虞仲、夷逸避世隐居，说话放肆，但自身清廉，虽被放弃而合乎权变。我却和他们不一样，没什么可以，也没有什么不可以。"

●英語訳

Lofty hermits were: Bo-yi, Shu-qi, Yu-zhong, Yi-yi, Zhu-zhang, Liu-xia Hui, and Shao-lian.

The Master said, "The ones that neither abated their aspirations nor brought disgrace upon themselves were perhaps Bo-yi and Shu-qi." He said about Liu-xia Hui and Shao-lian, "They did abate their aspirations and bring disgrace upon themselves. However, their speech conformed to moral principle and their conduct conformed to deliberation, that is all."

He said about Yu-zhong and Yi-yi, "They lived in seclusion andabandoned speech. Their character conformed to purity and theirself-banishment conformed to expediency. However, I am different from them. I have neither favorable nor unfavorable situation."

── 原文 18-9 ──

大师挚适齐，亚饭干适楚，三饭缭适蔡，四饭缺适秦，鼓方叔入于河，播鼗武入于汉，少师阳，击磬襄入于海。

●日本語読み

大師挚は斉に適く。亜飯干は楚に適く。三飯繚は蔡に適く。四飯缺は秦に適く。鼓方叔は河に入る。播鼗武は漢に入る。少師陽・撃磬襄は海に入る。

●日本語訳

魯の国の大師（楽官長）の挚は斉の国へ行き、亜飯の干（二食目の食事の時演奏する楽師で、名は干。昔の天子・諸候は必ず音楽の伴奏を伴って食事をした）は楚の国へ行き、三飯の繚は蔡の国へ行き、四飯の缺は秦の国へ行き、太鼓手の方叔は黄河の辺に隠遁し、小太鼓手の武は漢中へ行き、少師（大師の補佐官）の陽と磬の楽師襄は海辺へ逃げて行った。

●中国語訳

鲁国的大师挚到齐国去了，亚饭干（掌第二顿饭奏乐的乐师，名干。古代天子、诸侯吃饭时必奏乐助食）到楚国去了，三饭缭到蔡国去了，四饭缺到秦国去了，击鼓手方叔避居到黄河岸边，小鼓手武到汉中去了，少师阳和击磬的襄逃到海滨去了。"

●英語訳

Senior Music Master Zhi left for Qi; Second Repast Gan left for Chu; Third Repast Liao left for Cai; Fourth Repast Que left for Qin; Drummer Fang-shu went into the River area; Hand-drummer Wu went into the River Han area; Junior Music Master Yang and Chime-stone player Xiang went to sea.

— 原文 18-10 —

周公謂鲁公曰，"君子不施其亲，不使大臣怨乎不以。故旧無大故，則不棄也。無求備于一人。"

●日本語読み

周公、魯公に謂いて曰く、君子は其の親を施てず、大臣をして以いざるに怨みしめず、故旧、大故なければ、則ち棄てず。備わるを一人に求むること無かれ。

●日本語訳

周公の旦が息子の魯公伯禽に言われた。「君子は自分の親族を粗略にしてはならず、大臣に任用されないと言って怨まれるようなことはせず、老臣や旧友はよほどの過ちがない限り捨て去るようなことはしてはならない。一人の人間に対してすべての責めを負わせてはならない」

●中国語訳

周公旦对他的儿子鲁公伯禽说，"君子不怠慢他的亲族，不让大臣抱怨自己未被重用，老臣旧友若无大的缘故就不要抛弃他们。对一个人不要求全责备。"

●英語訳

The Duke of Zhou said to the Duke of Lu, "The gentleman does not neglect his kin or give his great ministers cause to complain that their advices are not adopted. His old acquaintances, except for major offences, he does not abandon. He does not demand perfection in one man."

― 原文 18-11 ―

周有八士：伯达、伯适、仲突、仲忽、叔夜、叔夏、季随、季䯄。

●日本語読み

周に八士あり、伯達・伯适・仲突・仲忽・叔夜・叔夏・季随・季䯄。

●日本語訳

周代には八人の賢者がいた。伯達・伯适・仲突・仲忽・叔夜・叔夏・季随・季䯄の八人である。

●中国語訳

周代有八个贤士：伯达、伯适、仲突、仲忽、叔夜、叔夏、季随、季䯄。

●英語訳

The Zhou had eight wise men: Bo-da, Bo-kuo, Zhong-hu, Shu-ye, Shu-xia, Ji-sui, and Ji-gua.

微子第十八

【子張第十九】

Shichō-daijūku

子張第十九

── 原文 19-1 ──

子張曰、"士見危致命、見得思义、祭思敬、喪思哀、其可已矣。"

●日本語読み

子張曰く、士は危うきを見ては命を致し、得るを見ては義を思い、祭には敬を思い、喪には哀を思う。其れ可ならんのみ。

●日本語訳

子張が言った。

「学問をして礼を知る者は危急に際しては、一命を投げ出し、利益を目の前にしたら大義を考え、神を祭るには敬虔であることを考え、葬儀の時には悲しみ悼むことを考えに入れれば、それでひとかどと言えよう」

●中国語訳

子张说、"知书达礼的人遇见危难要敢于豁出性命、在看见利益的时候要思及道义、祭祀时要想着是否恭敬、居丧时要想着是否悲伤、这样也就可以了。"

●英語訳

Zi-zhang said, "A man who, on seeing danger, is ready to give his life; on seeing gain, thinks of righteousness; in offering sacrifices, thinks of reverence; in mourning, thinks of grief, is commendable indeed!"

― 原文 19-2 ―

子張曰，"执德不弘，信道不笃，焉能为有？焉能为亡？"

●日本語読み

子張曰く、徳を執ること弘からず、道を信ずること篤からずんば、焉んぞ能く有りと為さん、焉んぞ能く亡しと為さん。

●日本語訳

子張が言った。

「人は道徳を実行しても力の限り尽くさず、道を信じても情に厚くない者は、いてもいなくても同じことだ」

●中国語訳

子张说，"一个人实行仁德不弘大，信仰道义不笃实，这样的人有他不算多，没有他不算少。"

●英語訳

Zi-zhang said, "He who neither adheres to virtue tenaciously nor believes in the Way firmly — how can we say there is such a man? How can we say there is no such man?"

― 原文 19-3 ―

子夏之门人问交于子张。子张曰，"子夏云何？"
对曰，"子夏曰，'可者与之，其不可者拒之。'"
子张曰，"异乎吾所闻：君子尊贤而容众，嘉善而矜不能。我之大贤与，于人何所不容？我之不贤与，人将拒我，如之何其拒人也？"

●日本語読み

子夏の門人、交わりを子張に問う。子張曰く、子夏は何とか云える。対えて曰く、子夏曰く、可なる者はこれに与し、其の不可なる者はこれを距がんと。子張曰く、吾が聞く所に異なり。君子、賢を尊びて衆を容れ、善を嘉して不能を矜む。我の大賢なら

んか、人に於いて何の容れざる所あらん。我の不賢ならんか、人将に我を距がん。これを如何ぞ其れ人を距がんや。

●日本語訳

子夏の弟子が子張に友達とどのように付き合ったらよいか教えを請う。子張が言った。「子夏はどのように言っているかね？」。弟子が答えて言った。「子夏先生は、『交われる友なら付き合い、交われない友なら断わるべきだ』と言われました」。子張が言った。「私が聞いているのとは違うね。君子は賢人を尊び、一般の人々も包容し、善人をたたえながらも、能力の劣った者を哀れむべきである。私は大賢人だろうか？他人に対して何も受け入れられないのではないか？私は不徳な人間ではないか？他人が私を拒むのに、どうして他人を拒めようか？」

●中国語訳

子夏的学生向子张请教如何交朋友。子张说，"子夏是怎么说的呢？"学生答道，"子夏说，'可交的人就与他结交，不可交的就拒绝他。'"子张说，"我所听到的和这不同，君子尊重贤人容纳众人，鼓励好人，怜悯无能的人。我如果有大贤德的话，对别人有什么不能容纳的呢？我如果不够贤德的话，别人会拒绝我，我怎么能去拒绝别人呢？"

●英語訳

When one of Zi-xia's pupils asked Zi-zhang about making friends, Zi-zhang said, "What did Zi-xia say?"

The pupil replied, "Zi-xia said, 'Those who are good enough — associate with them; those who are not good enough — reject them.'"

Zi-zhang said, "This is different from what I have heard, 'The gentleman esteems the worthy and tolerates the multitude; he commends the good and sympathizes with those who are incapable.' If I am eminently worthy, what men can I not tolerate? If I am unworthy, others will reject me. How can I reject others?"

― 原文 19-4 ―

子夏曰，"虽小道，必有可观者焉，致远恐泥，是以君子不为也。"

●日本語読み

子夏曰く、小道と雖も必ず観るべき者あり。遠きを致さんには泥まんことを恐る、是を以て君子は為さざるなり。

●日本語訳

子夏が言った。

「たとえとるに足らない技芸でも、必ず見るに値するところがある。しかし遠く道を求める者が心をとらわれると、精神を分散させる恐れがあるので、君子はやらないのである」

●中国語訳

子夏说，"即使是雕虫小技必定会有值得一顾的地方，但恐怕对致力于远大的事业会有妨碍，所以君子不去干。"

●英語訳

Zi-xia said, "Even minor ways must have something worth seeing. However, journeying afar, one might get bogged down. Hence, the gentleman does not pursue them."

― 原文 19-5 ―

子夏曰，"日知其所亡，月无忘其所能，可谓好学也已矣。"

●日本語読み

子夏曰く、日々に其の亡き所を知り、月々に其の能くする所を忘るること無し。学を好むと謂うべきのみ。

●日本語訳

子夏が言った。

「毎日自分の知らないものを学ぼうとし、毎月自分が身に付けた知識を忘れないようにすれば、好学者と言えよう」

441　子張第十九

●中国語訳

子夏说，"每天知晓一些自己所不懂的东西，每月都不要忘记自己所掌握的知识，可以说是爱好学习了。"

●英語訳

Zi-xia said, "He who each day acquires something he lacks and each moon does not forget what he is proficient in may be said to love learning indeed."

── 原文 19-6 ──

子夏曰，"博学而篤志，切問而近思，仁在其中矣。"

●日本語読み

子夏曰く、博く学びて篤く志し、切に問いて近く思う。仁其の中に在り。

●日本語訳

子夏が言った。

「博く学んで、志をしっかりと定め、疑問に突き当たったら機を逸せず人に教えを請い、現実の問題をじっくり考えれば、仁徳はおのずからそこに生まれる」

●中国語訳

子夏说，"广泛地学习，志向坚定，始终不渝；遇到疑问要及时恳切地向人求教，多思考一些现实的问题，仁德就在其中了。"

●英語訳

Zi-xia said, "To learn extensively and memorize tenaciously; to inquire specifically and think closely — humanity lies therein."

── 原文 19-7 ──

子夏曰，"百工居肆以成其事，君子学以致其道。"

●日本語読み

子夏曰く、百工、肆に居て以て其の事を成す。君子、学びて以て

其の道を致す。

●日本語訳

子夏が言った。

「さまざまな職人たちはそれぞれの仕事場で物を作り上げるように、君子は学問を通して知識を会得し、その道を究める」

●中国語訳

子夏说，“各种工匠只有在作坊里才能完成各自的工作，君子则通过学习来获得道理和知识，以达至自己的仁道。”

●英語訳

Zi-xia said, "The hundred artisans live in the shop to perfect their craftsmanship; the gentleman engages in learning to exhaust the Way."

── **原文 19-8** ──

子夏曰，"小人之过也必文。"

●日本語読み

子夏曰く、小人の過つや、必ず文る。

●日本語訳

子夏が言った。

「小人は自分の過ちを、必ず覆い隠そうとするものだ」

●中国語訳

子夏说，"小人对于过错，一定要设法加以掩饰。"

●英語訳

Zi-xia said, "When the small man makes a mistake, he always glosses over it."

── **原文 19-9** ──

子夏曰，"君子有三变：望之俨然，即之也温，听其言也厉。"

●日本語読み

子夏曰く、君子に三変あり。これを望めば儼然たり、これに即け

443　子張第十九

ば温なり、其の言を聴けば厲し。

●日本語訳

子夏が言った。「君子は三つの変化を見せる。遠くから望むと、威厳があって恐れ多い。近づいて見ると、温和で親しみ易い。話してみると、厳しくいい加減なところがない」

●中国語訳

子夏说，"君子给人的感觉有三种变化：远望他，庄严可畏；接近他，温和可亲；听他说话，严厉不苟。"

●英語訳

Zi-xia said, "The gentleman has three changes: when gazed at, he looks awesome; when approached, he is gentle; when listened to, he sounds austere."

── 原文 19-10 ──

子夏曰，"君子信而后劳其民；未信，则以为厉己也。信而后谏；未信，则以为谤己也。"

●日本語読み

子夏曰く、君子、信ぜられて而して後に其の民を労す。未だ信ぜられざれば則ち以て己を厲ましむと為す。信ぜられて而して後に諫む。未だ信ぜられざれば則ち以て己を謗ると為す。

●日本語訳

子夏が言った。

「上に立つ者はまず人民の信頼を得てから、彼らを使役する。信頼が得られなければ、人民は自分たちを陥れるものと思い込む。上に立つ者はまず主君の信任を得てから諫める。そうでないと主君は自分を誹謗・攻撃していると思うに違いない」

●中国語訳

子夏说，"君子要先取得老百姓的信任，然后再使唤他们；未取得信任，老百姓则认为有意虐待他们。君子先取得君主信任以后再去

进谏，不然他会认为你是对他毁谤、攻击。"

●英語訳

Zi-xia said, "The gentleman must be trusted before making the people toil. If he is not trusted, they will consider themselves tyrannized. He must be trusted before remonstrating. If he is not trusted, the sovereign will consider himself slandered."

── 原文 19-11 ──

子夏曰、"大德不逾閑，小德出入可也。"

●日本語読み

子夏曰く、大徳は閑を踰えず。小徳は出入して可なり。

●日本語訳

子夏が言った。

「修養の上では大事な点で足を踏みはずすことがなければ、小さな過不及の誤りは数え立てるに及ばない」

●中国語訳

子夏说，"人的德性，在大节上不能超越规矩界限，在小节上略有出入则是可以的。"

●英語訳

Zi-xia said, "In major virtues, one may not overstep the threshold; in minor virtues, some leeway is permissible."

── 原文 19-12 ──

子游曰，"子夏之門人小子，当洒扫应对进退，則可矣，抑末也。本之則无，如之何？"

子夏聞之，曰，"噫！言游过矣！君子之道，孰先傳焉？孰后倦焉？譬諸草木，区以別矣。君子之道，焉可誣也？有始有卒者，其惟聖人乎！"

●日本語読み

子游曰く、子夏の門人小子、洒掃応対進退に当たりては則ち可なり。抑々末なり。これを本づくれば則ち無し。これを知何。子夏これを聞きて曰く、噫、言游過てり。君子の道は孰れをか先にし伝え、孰れをか後にし倦まん。諸れを草木の区して以て別あるに譬う。君子の道は焉んぞ誣うべけんや。始め有り卒わり有る者は、其れ唯だ聖人か。

●日本語訳

子游が言った。「子夏のところの門弟たちは、水を撒いたり掃除をしたり、客を応対したり、送り迎えをしたりする作法はできている。だが、これは枝葉末節なことだ。根本的なことはまだ学んでいない、どうするつもりかね？」。子夏がこれを聞いて言った。「いや！子游は間違っているよ！君子の学問はどれを先に伝授し、どれを後から伝授すべきかね？たとえば草木に、大小の区別があるようなものである。君子の学問は、どうして勝手に事実を曲げられようか？終始一貫して、小から大へと、順を追って漸進するように門弟に伝授する。何もかも兼ね備えるのは聖人だけだ！」

●中国語訳

子游说，"子夏的那些学生们，做些洒水扫地、应酬宾客、送往迎来的事情，那是可以的。不过这只是末节小事。根本的东西没有学

到，怎么行呢？"子夏听到这话以后，说，"哎！子游错了！君子的学问哪些应该先传授，哪些应该后传授呢？譬如草木，大大小小是有区别的。君子的学问怎么能任意歪曲呢？能够有始有终、由小到大、循序渐进地去教授学生的，大概只有圣人吧！"

●英語訳

Zi-you said, "Zi-xia's students and pupils, in coping with such duties as sprinkling and sweeping, responding and answering, advancing and retreating, are good enough. However, these are the incidentals. As for the fundamentals, they have none. What can one do with them?"

Zi-xia, on hearing this, said, "Alas! Yan You (Zi-you) is mistaken indeed! Of the gentleman's Way, which part is to be transmitted first; which part is to be ignored in the end? Like herbs and trees, they should be divided into different categories. The gentleman's Way — how can it be mishandled? However, the only one who could carry it from beginning to end systematically was perhaps the sage man."

── 原文 19-13 ──

子夏曰、"仕而優則学、学而優則仕。"

●日本語読み

子夏曰く、仕えて優なれば則ち学ぶ。学びて優なれば則ち仕う。

●日本語訳

子夏が言った。

「官職に就いて、あり余る時間と精神力があったら学問をする。学成って、あり余る時間と精神力があったら官職に就く」

●中国語訳

子夏说，"做了官，有了优裕的时间和精力就去学习；完成了学业，有了充沛的时间和精力就去做官。"

●英語訳

Zi-xia said, "Those who excel in position should learn; those who excel in learning should take position."

── 原文 19-14 ──

子游曰、"喪致乎哀而止。"

●日本語読み

子游曰く、喪は哀を致して止む。

●日本語訳

子游が言った。

「喪に服する時は、余すところなく悲しみの情を表現できれば十分だ」

●中国語訳

子游说，"在服丧时，能够充分表达出心中的悲哀也就够了。"

●英語訳

Zi-you said, "In mourning, one should stop after exhausting one's grief."

── 原文 19-15 ──

子游曰、"吾友张也为难能也，然而未仁。"

●日本語読み

子游曰く、吾が友張や、能く難きを為す。然れども未だ仁ならず。

●日本語訳

子游が言った。

「我が友の子張は得がたく貴いが、まだ仁の境地には達していない」

●中国語訳

子游说，"我的朋友子张是难能可贵的，但是还没有达到仁的境界。"

●英語訳

Zi-you said, "My friend Zhang is difficult to emulate. However, he has not attained humanity yet."

― 原文 19-16 ―

曽子曰く、"堂堂乎張也、难与并为仁矣。"

●日本語読み

曽子曰く、堂々たるかな張や、与に並んで仁を為し難し。

●日本語訳

曽子が言った。

「子張はなんと堂々たる風采をしていることか！だが彼と一緒に仁を行うのは難しい」

●中国語訳

曽子说，"子张真是仪表堂堂、自高自大！但很难跟他一道去推行仁爱精神。"

●英語訳

Master Zeng said, "How impressive Zhang looks! However, it is difficult to pursue humanity with him."

― 原文 19-17 ―

曽子曰く、"吾闻诸夫子，人未有自致者也，必也亲丧乎！"

●日本語読み

曽子曰く、吾諸れを夫子に聞けり、人未だ自ら致す者有らず。必ずや親の喪か。

●日本語訳

曽子が言った。

「私は先生にお聞きしたことがあるが、人はいつもは自分の真情をめったに表に出さないが、もし出すとすれば、それは父母が亡くなった時ぐらいであろう！」

●中国語訳

曽子说，"我听老师说过，一个人平时是不轻易表露自己的真实感情的，如果有，那一定是在他亲人去世的时候吧！"

●英語訳

Master Zeng said, "I heard it from the Master, 'There is hardly anything that can make a man spontaneously exhaust his grief. If an exception must be made, it is perhaps a parent's death."

― 原文 19-18 ―

曾子曰，"吾闻诸夫子，孟庄子之孝也，其他可能也；其不改父之臣与父之政，是难能也。"

●日本語読み

曽子曰く、吾諸れを夫子に聞けり、孟荘子の孝や、其の他は能くすべきなり。其の父の臣と父の政とを改めざるは、是れ能くし難きなり。

●日本語訳

曽子が言った。

「私は先生からお聞きしたことがある。孟荘子（名は速、魯の国の大夫）の孝行は、他の人でもできる。しかし彼は父親の古くからの老臣を代えることをせず、父親の政治姿勢もそのまま受け継いだ。これは誰でもできることではない、と」

●中国語訳

曾子说，"我从老师那里听说，孟庄子（名速，鲁国大夫）的孝道，其他的人家都是能够做到的。而他不撤换他父亲的故旧老臣，不改变他父亲的政治主张，则是别人难以做到的。"

●英語訳

Master Zeng said, "I heard it from the Master, 'Of Meng Zhuang-zi's filial piety, other aspects are possible to emulate, but the way he never replaced his father's officers and his father's decrees is difficult to emulate."

― 原文 19-19 ―

孟氏使阳肤为士师，问于曾子。曾子曰，"上失其道，民散久矣。如得其情，则哀矜而勿喜！"

●日本語読み

孟氏、陽膚をして士師たらしむ。曾子に問う。曾子曰く、上其の道を失いて、民散ずること久し。如し其の情を得ば、則ち哀矜して喜ぶこと勿れ。

●日本語訳

孟孫氏が陽膚（曾子の門人）を裁判官に任命したので、陽膚に曾子に教えを請うた。曾子が言った。「上に立つ者が正道に背いたら、民心はたちまちにばらばらになってしまうだろう。もし犯罪の実情をつかんだときは彼らを憐れみ、同情することはあっても、自分で得意になって喜ぶようなことがあってはならない」

●中国語訳

孟孙氏任命阳肤（曾子的学生）做法官，阳肤向曾子求教。曾子说，"在上位的人治国无道，民心早就涣散了。如果了解到犯罪的真情，就应当哀怜他们，同情他们，而不要自鸣得意。"

●英語訳

When Meng-Sun Shi appointed Yang Fu criminal judge, the latter consulted Master Zeng.

Master Zeng said, "Since the sovereign lost the Way, the people have long gone astray. If you get at the truth of a case, have compassion, and do not take delight in it."

── 原文 19-20 ──

子貢曰，"紂之不善，不如是之甚也。是以君子惡居下流，天下之惡皆歸焉。"

●日本語読み

子貢曰く、紂の不善や、是くの如くこれ甚だしからざるなり。是を以て君子は下流に居ることを惡む。天下の惡皆焉れに歸す。

●日本語訳

子貢が言った。

「殷の紂王の悪行は、言われているほどには酷くはなかったようである。そのため君子が道徳の水準が低いところにあるのを最も嫌がるのは、一旦悪評が立つと、天下のすべての汚名はみなそこに集まってくるからである」

●中国語訳

子贡说，"殷纣王的恶行并不象所说的那么厉害。所以君子最厌恶处在污秽的地方，一旦沾上恶名，便把天下的坏事都归加到他身上了。"

●英語訳

Zi-gong said, "Zhou's wickedness was hardly as monstrous as that. Hence, the gentleman hates to find himself in the lower stream, for all the evils under Heaven flow thither."

── 原文 19-21 ──

子貢曰，"君子之過也，如日月之食焉，過也，人皆見之；更也，人皆仰之。"

●日本語読み

子貢曰く、君子の過ちや、日月の蝕するが如し。過つや人皆これを見る、更むるや人皆これを仰ぐ。

●日本語訳

子貢が言った。

「君子の過ちは日食や月食と同じように、過てば、人々はみな目を向けるし、過ちを改めれば人々はみな彼を崇めるようになるのだ」

●中国語訳

子贡说，"君子的过错就象日蚀和月蚀一样，有了过错，人人都能看到；改正了错误，人人都仰望他。"

●英語訳

Zi-gong said, "The gentleman's errors are like the eclipses of the sun and the moon. When he makes one, everyone sees it; when he corrects it, everyone looks up to him."

── 原文 19-22 ──

卫公孙朝问于子贡曰，"仲尼焉学？"子贡曰，"文武之道，未坠于地，在人。贤者识其大者，不贤者识其小者。莫不有文武之道焉。夫子焉不学？而亦何常师之有？"

●日本語読み

衛の公孫朝、子貢に問うて曰く、仲尼焉にか学べる。子貢曰く、文武の道、未だ地に墜ちずして人に在り。賢者は其の大なる者を識し、不賢者は其の小なる者を識す。文武の道あらざること莫し。夫子焉にか学ばざらん。而して亦何の常師かこれ有らん。

●日本語訳

衛の国の大夫公孫朝が子貢に尋ねた。「孔仲尼（孔子）さんはどこで学問をされたのですか？」。子貢が言った。「周の文王・武王の道はまだ地に落ちたわけではなく、民間に今でも伝えられております。賢者は根本となる重要なことは覚えており、一般の人はただ枝葉末節だけを覚えているだけです。周の文王・武王の道はどこにでもありますから、私の先生はどこでも学ぶことができ

ます。ですから、決まった師などどうして必要と言えるでしょうか？」

●中国語訳

卫国的大夫公孙朝向子贡问道，"孔仲尼的学问是从哪里学来的？"子贡说，"周文王、武王的道并没有失传，流传在民间。贤能的人能够记住那些根本重大的内容，一般人只能记住些细枝末节。周文王、武王的道无所不在，我的老师在哪里不能学呢？而且哪能一定要有固定的老师呢？"

●英語訳

Wei's Gong-sun Chao asked of Zi-gong, "From whom did Zhong-ni learn?"

Zi-gong said, "The Way of Wen and Wu had not crumbled to the ground. It was still there among men. The worthy remembered its major tenets; the unworthy remembered its minor tenets. None did not possess a portion of the Way of Wen and Wu. From whom did the Master not learn? And yet what regular teachers did he have?"

── 原文 19-23 ──

叔孙武叔语大夫于朝曰，"子贡贤于仲尼。"
子服景伯以告子贡。子贡曰，"譬之宫墙，赐之墙也及肩，窥见室家之好。夫子之墙数仞，不得其门而入，不见宗庙之美，百官之富。得其门者或寡矣。夫子之云，不亦宜乎！"

●日本語読み

叔孫武叔、大夫に朝に語りて曰く、子貢は仲尼よりも賢れり。子服景伯以て子貢に告ぐ。子貢曰く、諸れを宮牆に譬うれば、賜の牆や肩に及べり。室家の好きを窺い見ん。夫子の牆や数仞、其の門を得て入らざれば、宗廟の美・百官の富を見ず。其の門を得る者、或いは寡なし。夫の子の云うこと、亦宜ならずや。

●日本語訳

魯の国の大夫叔孫武叔が朝廷で同僚に言った。「子貢は彼の師孔子より優れているよ」。同じ大夫の子服景伯がこの話を子貢に告げた。子貢が言った。「家の外の塀にたとえると、私の塀は肩の高さしかないので、人々はみな塀の外から室内の立派な物品が見えてしまいます。先生の塀は何丈もの高さがあり、大門を探して中に入らなければ、宗廟の美しさも部屋の華やかさも見ることができません。大門を探して入る人はごく少なく、叔孫武叔老先生がそう言われるのも、無理もないことです」

●中国語訳

鲁国大夫叔孙武叔在朝廷上对一班官说,"子贡胜过他的老师仲尼。"子服景伯(鲁国大夫)把这话告诉了子贡。子贡说,"譬如房外的围墙,我的围墙只有齐肩高,人人都可以从墙外看见室内的美好物品。老师的围墙有几丈高,如果找不到大门进去,就看不到宗庙的壮美和宫室的富丽。能够找到大门进去的人或许是很少的,叔孙武叔老先生那么说,不也是很自然的吗?"

●英語訳

Shu-sun Wu-shu spoke to the ministers at court, saying, "Zi-gong is worthier than Zhong-ni."

When Zi-fu Jing-bo told Zi-gong about it, Zi-gong said, "Take our enclosing walls as an example. My wall is shoulder-high, over which one may peep at the comeliness of my residential quarters. The Master's wall is much higher (than mine). If one cannot find the main gate to enter, one will see neither the beauty of his ancestral temple nor the splendor of a hundred official buildings. Those who can find the main gate are perhaps few. That His Excellency should have made such a remark — is it not natural enough?"

― 原文 19-24 ―

叔孫武叔毀仲尼。子貢曰，"无以為也！仲尼不可毀也。他人之賢者，丘陵也，猶可逾也；仲尼，日月也，无得而逾焉。人雖欲自絶，其何傷于日月乎？多見其不知量也。"

●日本語読み

叔孫武叔、仲尼を毀る。子貢曰く、以て為すこと無かれ。仲尼は毀るべからざるなり。他人の賢者は丘陵なり、猶踰ゆべきなり。仲尼は日月なり、得て踰ゆること無し。人自ら絶たんと欲すと雖も、其れ何ぞ日月を傷らんや。多に其の量を知らざるを見るなり。

●日本語訳

叔孫武叔が孔子を中傷したので、子貢が言った。「そんなことを言ってはいけません！先生は人から中傷されるような方ではありません。他の賢人はあたかも丘陵ほどの小山で、これを越えることはできるでしょう。先生はあたかも日や月のようで、とても越えられるものではありません。たとえ人が自ら日や月を遠ざけようとしても、日や月にどんな損害を与えられましょうか？自らの力がいかに小さいかを思い知るだけです」

●中国語訳

叔孫武叔詆毀仲尼。子貢説，"不要這樣做！仲尼是詆毀不了的。其他的賢人好比是丘陵，還是可以超越的。仲尼好比是日月，是无法超越的。有人即使想自絶于日月，那対于日月又会有什么損害呢？足見他太不自量力罷了。"

●英語訳

When Shu-sun Wu-shu slandered Zhong-ni, Zi-gong said, "It is useless to do so. Zhong-ni is above slander. Other men of worth are mounds and hillocks, which may yet be surmounted. Zhong-ni is the sun and the moon, which can never be surmounted. Although men may wish to sever themselves, what harm will it do to the sun and the moon? It only shows that they do not know their capacity."

―― 原文 19-25 ――

陈子禽谓子贡曰，"子为恭也，仲尼岂贤于子乎？"

子贡曰，"君子一言以为知，一言以为不知，言不可不慎也。夫子之不可及也，犹天之不可阶而升也。夫子之得邦家者，所谓立之斯立，道之斯行，绥之斯来，动之斯和。其生也荣，其死也哀，如之何其可及也？"

●日本語読み

陳子禽、子貢に謂いて曰く、子は恭を為すなり。仲尼、豈に子より賢らんや。子貢曰く、君子は一言以て知と為し、一言以て不知と為す。言は慎まざるべからざるなり。夫子の及ぶべからざるや、猶天の階して升るべからざるがごときなり。夫子にして邦家を得るならば、所謂これを立つれば斯に立ち、これを道ければ斯に行い、これを綏んずれば斯に来たり、これを動かせば斯に和す、其の生くるや栄え、其の死するや哀しむ。これを如何ぞ其れ及ぶべけんや。

●日本語訳

陳子禽が子貢に言った。「あなたは謙遜過ぎますよ。まさか孔子さんがあなたより勝っているとでも言うのですか？」。子貢が言った。「君子は一言で智者ともなり、一言で愚者ともなってしまうから、言葉は慎まなければならない。私の先生に誰も追いつけないのは、青空に梯子をかけても登れないのと同じである。先生がもし国を治める大権を掌握なさり、人民に立ち止まれと言われれば、人民は立ち止まり、人民をどこへ導びかれても、人民は一緒についてくるだろう。もし人民を慰撫されれば、他郷の人も頼って来るだろう。もし人民を動員されれば、人民は一致協力してくれるだろう。生きておられる時は称えられ、死んだ時は人々

から悲しまれる。誰が先生を超えられると言うのか？」

●中国語訳

陈子禽对子贡说，"您太谦恭了，难道孔仲尼真比您强吗？"子贡说，"君子说一句话可以表明他聪明，说一句话也可以表明他不聪明，所以说话是不能不谨慎的。我们夫子是不可以比及的啊，就象青天不能沿着梯子登上去一样。我们夫子如果能掌握治理国家的大权，他说让老百姓站住脚，老百姓就会站住；他引导百姓到哪里，老百姓就会跟着走；如果安抚老百姓，外乡人就会前来投奔；若动员老百姓，百姓就会同心协力。他老人家活得光荣，死了令人哀痛，这样的人如何可以比及呢？"

●英語訳

Chen Zi-qin said to Zi-gong, "Sir, you are being modest. How can Zhong-ni be worthier than you?"

Zi-gong said, "The gentleman, for one single remark, may be considered wise and, for one single remark, may be considered unwise. One cannot be in discrete in speech. For the impossibility of equaling the Master is like the impossibility of ascending Heaven by scaling a ladder. If the Master had acquired a state or a fief, it would have been just like what people used to say, 'When he set forth to establish them, they would forthwith follow; when he set forth to pacify them, they would forthwith respond. When he lived, he was honored; when he died, he was lamented.' How could he ever be equaled?"

【堯日第二十】

Gyōetsu-dainijū

堯曰第二十

--- **原文 20-1** ---

堯曰、"咨！尔舜！天之历数在尔躬，允执其中。四海困穷，
天禄永终。"舜亦以命禹。

曰、"予小子履敢用玄牡，敢昭告于皇皇后帝：有罪不敢赦。
帝臣不蔽，简在帝心。朕躬有罪，无以万方；万方有罪，罪
在朕躬。"

周有大赉，善人是富。"虽有周亲，不如仁人。百姓有过，
在予一人。"

●日本語読み

堯
ぎょう
曰
いわ
く、咨
ああ
、爾
なんじ
舜
しゅん
、天
てん
の暦数
れきすう
、爾
なんじ
の躬
み
に在
あ
り。允
まこと
に其
そ
の中
ちゅう
を執
と
れ。
四海困窮
しかいこんきゅう
。天禄永
てんろくなが
く終
お
えん。舜
しゅん
も亦
また
以
もっ
て禹
う
に命
めい
ず。

〔湯
とう
〕曰
いわ
く、予
われ
小子
しょうし
履
り
、敢
あ
えて玄牡
げんぼ
を用
もっ
て、敢
あ
えて昭
あきら
かに皇皇
こうこう
后帝
こうてい
に告
もう
す。罪
つみ
あるは敢
あ
えて赦
ゆる
さず、帝臣蔽
ていしんかく
さず、簡
えら
ぶこと帝
てい
の
心
こころ
に在
あ
り。朕躬罪
わがみつみ
あらば、万方
ばんぼう
を以
もっ
てすること無
な
けん。万方罪
ばんぼうつみ
あ
らば、罪
つみ
は朕躬
わがみ
に在
あ
らん。

周
しゅう
に大賚
たいらい
あり、善人是
ぜんにんこ
れ富
と
む。周親
しゅうしん
ありと雖
いえど
も仁人
じんじん
に如
し
かず。百
ひゃく
姓過
せいあやま
ち有
う
らば予一人
われひとり
に在
あ
らん。

●日本語訳

堯帝が舜に禅譲された時に言われた。「ああ！汝舜よ！天帝は帝
王の大任を汝の身の上に降ろし賜った。汝は忠実に正しく原則を
遵守せねばならない。もしあまねく天下の人民が困窮した境遇に
陥ったら、天帝が汝に賜った禄位も永遠に失われるであろう」。
舜帝が禅譲された時も、同様にこの話を禹に戒めて言われた。殷
の湯王が言われた。「わたくし履（湯の名）は、あえて黒色の牡

牛を供えて、大胆にも分かり切ったことですが、偉大なる天帝に謹んで申し上げます。罪ある者は、決して許しません。天帝の臣下として、隠し事はいっさいせず、天帝の心はとっくにお見通しです。もし私自身に罪がありましても、天下の人民を巻き添えになさいませんように、もし天下の人民に罪がありましても、どうか私一人だけをお咎めください」。

周の武王が天下を取ると、大挙して諸侯に賞を与えられ、善良な人々を裕福にされた。武王が言われた。「殷は親戚をたくさん持っていたが、周のように仁徳のある人はいなかった。人民がたとえ過ちを犯しても、責任は私一人で引き受けよう」

●中国語訳

尧禅位给舜时说，"啧啧，你这位舜呀！上天将帝王的大任降临到你身上，你要忠实地遵守着那正确的原则。如果普天下老百姓都陷入困苦贫穷的境地，上天赐予你的禄位也就永远中止了。"

舜禅位时，也同样用这番话告诫禹。

商汤说，"我——小子履（商汤的名字），胆敢用黑色公牛做祭品，胆敢明明白白地向伟大的皇天后帝禀告：有罪的人，我不敢随便赦免。您的臣下，在您面前不敢有丝毫隐瞒，您的心里早就清清楚楚。若是朕本人有罪，不要连累天下的人民。若是天下百姓有罪，请归罪到朕一人身上。"

周武王得了天下，大举封赏诸侯，使善良的人都富贵起来。他说，"殷商虽然有至亲很多，但不如周有仁德之人。百姓即使有过错，责任也由朕一人承当。"

●英語訳

Yao said,

"Hail, thou Shun!"

Heaven's order of evolution rests upon thy person.

Faithfully adhere to the mean

And thy rule shall extend to the Four Seas' ends;

Heaven's blessings shall last throughout thy reign.

Shun issued the same decree to Yu.

(Tang) said,

"We, thy little son Lü, venture to use a black bull,

And venture to clearly report to thee,

Thou great sovereign of Heaven:

'Those who have sinned, we dare not pardon;

Thy subject, we dare not pardon;

Thy subject, we dare not cover up.

For all this is discerned in thy heart.

If we ourself have sinned,

Do not implicate the ten thousand states;

If we ourself have sinned,

Do not implicate the ten thousand states;

If the ten thousand states have sinned,

Let the sin rest on our person.'"

The Zhou, being richly endowed, abounded in good men.

"Although he has close kinsmen,

They cannot match our humane men.

If the hundred family names should transgress,

Let the blame rest on me one person."

── 原文 20-2 ──

謹权量，審法度，修廃官，四方之政行焉。興灭国，継绝世，
举逸民，天下之民归心焉。
所重：民、食、丧、祭。

●日本語読み

権量を謹み、法度を審かにし、廃官を修むれば、四方の政行われん。滅国を興し、絶世を継ぎ、逸民を挙ぐれば、天下の民、心を帰せん。重んずる所は、民、食、喪、祭。

●日本語訳

厳しく度量衡を定め、礼法制度を改め、廃れた官職を復活すれ
ば、天下の政事は滞りなく行われるであろう。滅びた国を復興さ
せ、途絶えていた家系を受け継ぎ、隠れていた賢者を抜擢すれ
ば、天下の民心は帰服するであろう。大事にしなければならない
のは、人民・食糧・喪儀・祭儀である。

●中国語訳

严格检验度量衡，审订礼乐制度，恢复被废弃的官制，天下的政令
就会通行无阻了。复兴被灭亡的国邦，承续被断绝的世家后代，举
拔被遗弃、埋没的贤才，天下的百姓就会心悦诚服了。所重视的是：
人民、粮食、丧事、祭祀。

●英語訳

"Be strict with weight and capacity measures, be meticulous with
musical temperament and linear measures, rehabilitate neglected
offices, and government decrees shall prevail in the various states."
"Revive defunct states, restore extinct noble houses, promote lofty
recluses, and all under Heaven shall turn their hearts to you."
"Special importance should be attached to: the people, food,
mourning, and sacrifice."

― 原文 20-3 ―

寛則得众，信则人任焉，敏则有功，公则民说。

●日本語読み

寛<ruby>かん</ruby>なれば則<ruby>すなわ</ruby>ち衆<ruby>しゅう</ruby>を得<ruby>え</ruby>、信<ruby>しん</ruby>なれば則<ruby>すなわ</ruby>ち民任<ruby>たみにん</ruby>じ、敏<ruby>びん</ruby>なれば則<ruby>すなわ</ruby>ち功<ruby>こう</ruby>あ
り、公<ruby>こう</ruby>なれば則<ruby>すなわ</ruby>ち説<ruby>よろこ</ruby>ぶ。

●日本語訳

寛大であれば人民は支持し、誠実であれば人民は信頼し、精励し
て政務を行えば成功し、公平であれば人民は喜ぶ。

●中国語訳

宽厚大度会得到群众的拥护，诚实守信能得到百姓的信任，勤敏明

达办事才能成功，公平正直会让民众心悦诚服。

●英語訳

"Be lenient and you shall win the multitude; be truthful and the people shall trust you; be industrious and you shall score successes; be impartial and the people shall be pleased."

── 原文 20-4 ──

子张问于孔子曰，"何如斯可以从政矣？"子曰，"尊五美，屏四恶，斯可以从政矣。"子张曰，"何谓五美？"子曰，"君子惠而不费，劳而不怨，欲而不贪，泰而不骄，威而不猛。"子张曰，"何谓惠而不费？"子曰，"因民之所利而利之，斯不亦惠而不费乎？择可劳而劳之，又谁怨？欲仁而得仁，又焉贪？君子无众寡，无小大，无敢慢，斯不亦泰而不骄乎？君子正其衣冠，尊其瞻视，俨然人望而畏之，斯不亦威而不猛乎？"子张曰，"何谓四恶？"子曰，"不教而杀谓之虐；不戒视成谓之暴；慢令致期谓之贼；犹之与人也，出纳之吝，谓之有司。"

●日本語読み

子張、孔子に問いて曰く、何如なれば斯れ以て政に従うべき。子曰く、五美を尊び四悪を屏ければ、斯れ以て政に従うべし。子張曰く、何をか五美と謂う。子曰く、君子、惠して費えず、労して怨みず、欲して貪らず、泰にして驕らず、威にして猛からず。子張曰く、何をか惠して費えずと謂う。子曰く、民の利とする所に因りてこれを利す、斯れ亦惠して費えざるにあらずや。其の労すべきを択んでこれに労す、又誰を怨みん。仁を欲して仁を得たり、又焉をか貪らん。君子は衆寡と無く、小大と無く、敢えて慢ること無し、斯れ亦泰にして驕らざるにあらずや。君子は

其の衣冠を正しくし、其の瞻視を尊くして儼然たり、人望みてこれを畏る。斯れ亦威にして猛からざるにあらずや。子張曰く、何をか四悪と謂う。子曰く、教えずして殺す、これを虐と謂う。戒めずして成るを視る、これを暴と謂う。令を慢くして期を致す、これを賊と謂う。猶しく人に与うるに出納の吝なる、これを有司と謂う。

●日本語訳

子張が孔子に尋ねた。「どうしたら政治に携わることができるでしょうか？」。孔子が言われた。「五つの美徳を尊び、四つの悪政を排除すれば、政治に携わってよい」。子張が尋ねた。「五つの美徳とは何でしょうか？」。孔子が言われた。「君子は広く恩恵を施しても浪費はせず、人民を使役してもそのために怨まれることもなく、欲はあっても貪欲にならず、気楽さを追求しても横柄でなく、威厳はあっても凶悪ではないことである」。子張が言った。「恩恵を施しても浪費せずとはどういうことですか？」。孔子が言われた。「人民が利益を得られるものをつくって彼らに利益をもたらしてやれば、これが人民に恩恵を施ししかも自らも浪費しないことになるのではないかね？人民の働くべき時間を彼らに適当に選んでもらえば、誰が怨むことがあろうか？自ら仁徳を求めてそれが得られれば、これがどうして貪欲と言われようか？君子は相手の多い少ないにかかわらず、勢力の大小にかかわらず、粗略にしない。これは泰然自若でも横柄でもないのではなかろうか？君子は衣冠を正し、目はキョロキョロさせず、厳粛な態度であれば、人は畏敬の念を持つようになる。これが威厳はあるが凶悪ではないことを言うのではないか？」。子張が言った。「四つの悪政とはどのようなものですか？」。孔子が言われた。「教育も行わないで罪を犯したら殺す、これを暴虐と言う。警告もしないで悪事をなすのをただ見ている、これを残虐と言う。命令はゆっくり出しておいて、突然期限を限定する、これを悪意と

言う。どうせ人に賞を賜るものなのに、けちけちして出し惜しみ
をする、これを小役人根性と言う」

●中国語訳

子张向孔子问道，"怎样才可以当官从政？"孔子说，"能尊崇五种
美德，排除四种恶行，这就可以当官从政了。"子张问，"五种美德
指的是什么？"孔子说，"君子广施恩惠却无所耗费，役使百姓却
无人怨言，有所追求却不贪婪，力求安泰却不骄横，庄重威严却不
凶猛。"子张说，"什么叫做给人恩惠却无所耗费呢？"孔子说，"创
造老百姓能够得利的事情而使他们受益获利，这不就是对百姓既给
了恩惠而自己又无所耗费吗？选择适当的利民劳作的时间让他们劳
动，又有谁会抱怨呢？自己想要仁德便得到仁德，这怎么会去贪求
呢？君子无论人多人少，无论人贵人贱，都不敢怠慢，这不就是泰
然自若而不骄横吗？君子衣冠端正，目不邪视，态度严肃，令人望
而生畏，这不就是庄重威严却不凶猛吗？"子张说，"什么是四种
恶行呢？"孔子说，"不先进行教育，却对民众加以杀戮，这叫暴虐；
不先告诫而坐视成恶，这叫残暴；发布命令迟缓，却突然限期完成，
这叫贼害；同是给人东西，却出手吝啬，这叫小家子气。"

●英語訳

Zi-zhang asked the Master, saying, "What must we do to be able to
engage in government?"

The Master said, "Uphold five virtues and eliminate four vices and
you shall be able to engage in government."

Zi-zhang said, "What are the five virtues?"

The Master said, "The gentleman is beneficent without being
wasteful, capable of making the people toil without causing
resentment, desirous without being greedy, self-possessed without
being swaggering, and awesome without being fierce."

Zi-zhang said, "What do you mean by 'beneficent without
beingwasteful'?"

The Master said, "To profit the people where they can best be profited— is it not 'beneficent without being wasteful'? To choose what they can do in making them toil — who will then resent him? To desire humanity and attain humanity — how can he be considered greedy? The gentleman dares slight neither the majority nor the minority, neither the small nor the great — is it not 'beneficent without being wasteful'? The gentleman is correct in robe and hat, solemn in appearance and gaze, and looks so dignified that people gazing at him cannot help being awe-stricken — is it not 'awesome without being fierce'? "

Zi-zhang said, "what are the four vices?"

The Master said, "To kill without first instructing is called tyranny; to demand immediate completion without first giving warning is called impetuosity; to be slow in issuing orders but abrupt in setting time limits is called crookedness; in making indispensable payments to others, to be niggardly in the actual paying is called the way of a functionary."

── 原文 20-5 ──

孔子曰，"不知命，无以为君子也；不知礼，无以立也；不知言，无以知人也。"

●日本語読み

孔子曰く、命を知らざれば、以て君子たること無きなり。礼を知らざれば、以て立つこと無きなり。言を知らざれば、以て人を知ること無きなり。

●日本語訳

孔子がおっしゃった。

「天命が分からなければ、君子にはなれない。礼儀が分からなければ世に立っていけない。人の言葉が聞き分けられなければ、真に人の善悪を見分けることはできない」

●中国語訳

孔子说，"不懂得天命，就不可能做君子；不懂得礼仪，就不能立
身处世；不懂得辨析别人的言论，就不能真正懂得人的善恶。"

●英語訳

The Master said, "If one does not know the decree of Heaven, one
has no way of becoming a gentleman; if one does not know the
rituals, one has no way of establishing oneself; if one does not know
speech, one has no way of knowing men."

【 付　録 】

Supplements

孔子の生涯年表

孔子の家系図と春秋時代の諸国図

孔子の関連図版

孔子の生涯年表

年齢は数え年（齢）で表示。

年号表示については、西暦・周国年号・魯国（周国の諸
侯国）年号の順で表示。

1歳 紀元前551年、周霊王21年、魯襄公22年。魯国
阪邑昌平郷（山東省曲阜城東南尼山付近）で生
まれる。現在尼山のふもとにある「坤霊洞」は孔子の出
生地だといわれる。

2歳 紀元前550年、周霊王22年、魯襄公23年。魯国に滞在。

3歳 紀元前549年、周霊王23年、魯襄公24年。父親叔梁紇
が死去、魯国東部の防山に葬る。魯国の都曲阜闕里に移
転。

4歳 紀元前548年、周霊王24年、魯襄公25年。魯国に滞在。

5歳 紀元前547年、周霊王25年、魯襄公26年。魯国に滞在。
弟子の秦商（不慈）生まれる。魯国の人。

6歳 紀元前546年、周霊王26年、魯襄公27年。幼い時の母
親顔徴在から、礼儀の教育を受ける。弟子顔路生まれる。

7歳 紀元前545年、周霊王27年、魯襄公28年。魯国
に滞在。周霊王が死去、子の貴が即位。いわゆる
周景王。弟子冉耕（伯牛）生まれる。魯国の人。

8歳 紀元前544年、周景王元年、魯襄公29年。魯国に滞在。

9歳 紀元前543年、周景王2年、魯襄公30年。魯国に滞
在。鄭国で子産が政治を行い、大いに治まる。

10歳 紀元前542年、周景王3年、魯襄公31年。魯国
に滞在。襄公が死去、襄公の子稠が即位。いわ
ゆる魯昭公。弟子の仲由（子路）生まれる。卞の人。

11歳　紀元前541年、周景王4年、魯昭公元年。魯国に滞在。

12歳　紀元前540年、 周景王5年、 魯昭公2年。 魯国に滞在。
弟子漆雕開（子若）生まれる。蔡国の人。

13歳　紀元前539年、周景王6年、魯昭公3年。魯国に滞在。

14歳　紀元前538年、周景王7年、魯昭公4年。魯国に滞在。

15歳　紀元前537年、周景王8年、魯昭公5年。「私は15歳で
学業と徳行の方を工夫する志をたてた」

16歳　紀元前536年、周景王9年、魯昭公6年。魯国に滞在。
弟子閔損（子騫）生まれる。魯国の人。

17歳　紀元前535年、周景王10年、魯昭公7年。母親顔徴在が
死去。魯国の摂政季武子が死去。

18歳　紀元前534年、周景王11年、魯昭公8年。身長が9尺6
寸（尺、寸は往時の寸法）で、世の中の人に「長人」と
呼ばれる。

19歳　紀元前533年、周景王12年、魯昭公9年。宋国の丌官氏
の娘を嫁に迎える。

20歳　紀元前532年、周景王13年、魯昭公10年、子の伯魚生
まれる。魯国の君王に鯉を賜ったことにちなみ、子に鯉
と名づけた。魯国で委吏（倉庫を管理する位の低い役人）
の任に就く。

21歳　紀元前531年、周景王14年、魯昭公11年。魯国で乗田
（牛・羊などの牧畜を管理する役人）に任命される。

22歳　紀元前530年、周景王15年、魯昭公12年。魯国に滞在。
弟子南宮适生まれる。魯国の人。

23歳　紀元前529年、周景王16年、魯昭公13年。魯国に滞在。

24歳　紀元前528年、 周景王17年、 魯昭公14年。 魯
国季孫氏の家来南蒯は費地で反乱を起こし、費の

人に追われて、斉国に逃げた。

25 歳 　紀元前 527 年、周景王 18 年、魯昭公 15 年。魯国に滞在。

26 歳 　紀元前 526 年、周景王 19 年、魯昭公 16 年。魯国に滞在。

27 歳 　紀元前 525 年、周景王 20 年、魯昭公 17 年。郯子が魯君主と会見。彼の教えを受ける。

28 歳 　紀元前 524 年、周景王 21 年、魯昭公 18 年。魯国に滞在。

29 歳 　紀元前 523 年、周景王 22 年、魯昭公 19 年。師襄に琴を教えてもらう。弟子冉求生まれる。

30 歳 　紀元前 522 年、周景王 23 年、魯昭公 20 年。「30 にして立つ」と自分自身を賞める。この頃、すでに学問と徳行の基礎を固めていた。庶民教育を始め、弟子をとり、公開講義を行う。弟子顔回（淵）、冉雍（仲弓）、冉求（子有）、商瞿（子木）生まれる。魯国の人。弟子梁鱣（叔魚）生まれる。斉国の人。

31 歳 　紀元前 521 年、周景王 24 年、魯昭公 21 年。魯国に滞在。弟子巫馬施（予期）生まれる。陳国の人。高柴（子高）生まれる。斉国の人。不斉（子賤）生まれる。魯国の人。

32 歳 　紀元前 520 年、周景王 25 年、魯昭公 22 年。魯国に滞在。周景王が死去、子の匃が即位。いわゆる周敬王。弟子端木賜（子貢）生まれる。衛国の人。

33 歳 　紀元前 519 年、周敬王元年、魯昭公 23 年。魯国に滞在。

34 歳 　紀元前 518 年、周敬王 2 年、魯昭公 24 年。孟僖子が死ぬ前に、二番目の子孟懿子と南宮敬叔に孔子から礼を学べと命じた。

35 歳 　紀元前 517 年、周敬王 3 年、魯昭公 25 年。魯国が陥ったため、斉国へ赴く。

36歳　紀元前516年、周敬王4年、魯昭公26年。孔子は斉国で斉太師と音楽を研究。

37歳　紀元前515年、周敬王5年、魯昭公27年。斉国に滞在していたが、斉の大夫から害を受けたので魯国に戻った。弟子樊須（子遅）生まれる。魯国の人。原憲（子思）生まれる。宋国の人。

38歳　紀元前514年、周敬王6年、魯昭公28年。魯国に滞在。

39歳　紀元前513年、周敬王7年、魯昭公29年。魯国に滞在。

40歳　紀元前512年、周敬王8年、魯昭公30年。魯国に滞在。「40にして惑わず」と言う。弟子澹台滅明（子羽）生まれる。魯国の人。

41歳　紀元前511年、周敬王9年、魯昭公31年。魯国に滞在。弟子陳亢（子禽）生まれる。陳国の人。

42歳　紀元前510年、周敬王10年、魯昭公32年。魯昭公が死去、季孫氏昭公の弟、公子宋を即位させる。いわゆる定公。

43歳　紀元前509年、周敬王11年、魯定公元年。魯国に滞在。弟子公西赤（子華）生まれる。魯国の人。

44歳　紀元前508年、周敬王12年、魯定公2年。魯国に滞在。

45歳　紀元前507年、周敬王13年、魯定公3年。魯国に滞在。弟子卜商（子夏）生まれる。衛国の人。

46歳　紀元前506年、周敬王14年、魯定公4年。魯国に滞在。弟子言偃（子遊）生まれる。呉国の人。

47歳　紀元前505年、周敬王15年、魯定公5年。陽虎が孔子に豚を贈って、役人になるよう孔子に勧めたが、「道がなければ隠居すべきだ」という主張を堅持し、退いて、『詩』『礼』『楽』を修め、弟子達に教える。弟子曽参（子興）生まれる。魯国の人。顔幸（子柳）生まれる。

魯国の人。

48歳　紀元前504年、周敬王16年、魯定公6年。魯国に滞在。司空となる。

49歳　紀元前503年、周敬王17年、魯定公7年。魯国に滞在。弟子顓孫師（子張）生まれる。陳国の人。

50歳　紀元前502年、周敬王18年、魯定公8年。魯国に滞在。彼は自ら「50にして天命を知る」と言う。

51歳　紀元前501年、周敬王19年、魯定公9年。魯国に滞在。魯国は陽虎を征伐した。陽虎は宋国に遁走し、晋国まで逃げた。中都（山東省汶上県西）宰（県の長官）の任に就き、とび抜けた行政成績をあげた。弟子冉魯（子魯）、伯虔（子析）、顔高（子驕）、叔仲会ら生まれる。魯国の人。曹恤（子循）生まれる。蔡国の人。

52歳　紀元前500年、周敬王20年、魯定公10年。魯国にいて、中都宰から司空、さらに大司寇兼相事代行に昇進した。

53歳　紀元前499年、周敬王21年、魯定公11年。魯国で大司寇に就任。

54歳　紀元前498年、周敬王22年、魯定公12年。魯国の司寇を担当。弟子公孫竜（子石）生まれる。楚国の人。

55歳　紀元前497年、周敬王23年、魯定公13年。「斉国人が魯国に女の楽工を送ると、季桓子は受け取って、3日間も宮内に参内しなかったため、孔子は怒って去って行った」。魯の司寇を務めたが、重用されなかった。祭りの管理役人になったが、祭り用の肉を運んでくれなかった。魯の君主は帽子を脱がずに宗廟に入った。これらのことに失望して、孔子は魯国を離れ、衛国へ行った。

56歳	紀元前496年、周敬王24年、魯定公14年。衛国に滞在、衛霊公夫人南子に謁見。
57歳	紀元前495年、周敬王25年、魯定公15年。衛国に滞在。魯定公が死去、子の蔣が即位、いわゆる哀公。
58歳	紀元前494年、周敬王26年、魯哀公元年。衛国に滞在。
59歳	紀元前493年、周敬王27年、魯哀公2年。衛国に滞在。衛霊公が軍隊の隊形について、孔子に教わろうとしたが、孔子は「祭りのことなら、聞いたことがあるが、軍事のことはまったく習いませんでした、明日立ち去ります」と答えた。衛国を離れ、曹国を経由して宋国に行く途中、宋の司馬桓魋に危害を加えられそうになったため、やむなくみすぼらしい身なりをして、宋国から鄭国に行き、鄭国に落ちつくことなく、陳国に行った。
60歳	紀元前492年、周敬王28年、魯哀公3年。陳国に滞在。「60にして耳順う」と言う。
61歳	紀元前491年、周敬王29年、魯哀公4年。陳国に滞在。
62歳	紀元前490年、周敬王30年、魯哀公5年。陳国に滞在。
63歳	紀元前489年、周敬王31年、魯哀公6年。陳国に滞在。呉国と陳国の戦争で、陳国は混乱した。陳を離れ、蔡地を通って負函（楚国の地域、今の河南省信陽）に行こうとしたが、陳と蔡の間で包囲された。7日間も飲まず食わずで、弟子達は皆飢え、病気になったが、孔子は依然として、講義したり朗読したりして、琴の音と歌う声を絶やさなかった。楚昭王は孔子を重用しようと思い、使者を派遣し、お金を持たせて、孔子を招聘した。その上、書社の700里の土地を孔子に封じようとしたが、楚国の令尹子西に阻止され、現実になるには至らなかった。

64 歳　紀元前 488 年、周敬王 32 年、魯哀公 7 年。衛国に滞在。

65 歳　紀元前 487 年、周敬王 33 年、魯哀公 8 年。衛国に滞在。3 月に、呉国が魯国に征伐したが、結局大敗した。孔子の弟子有若が戦いに参加して、戦功を立てた。

66 歳　紀元前 486 年、周敬王 34 年、魯哀公 9 年。衛国に滞在。

67 歳　紀元前485年、周敬王35年、魯哀公10年。衛国に滞在。妻丌官氏死去。

68 歳　紀元前 484 年、周敬王 36 年、魯哀公 11 年。魯国に滞在。春、斉国の軍隊が魯国を攻めた。孔子の弟子冉有は季氏の左軍を率いで魯都の郊外で斉軍と戦い、勝利を収めた。季康子がどういうふうに作戦方法を身につけたかと、冉有に尋ねたところ、孔子に教えてもらったと答えて、孔子を季康子に推薦した。季康子は、公華、公賓、公林を派遣して、魯国まで孔子を迎えに行かせた。それで、孔子は魯国を離れ、諸国を訪ね回る流浪生活に終止符を打った。魯国に戻った。孔子は官位を求めることをやめて、文献整理と教育事業に専念。『詩』と『書』を削除し、『礼』『楽』を定めて、『春秋』を修めた。生徒を集め、授業をして、治国の賢才を育てた。「弟子は 3000 人もあり、六芸（六種の技能）を身につけたのは 72 人」と史書に記載される。

69 歳　紀元前 483 年、周敬王 37 年、魯哀公 12 年。魯国に滞在。『論語・子罕篇』に孔子の次の言葉が記載されている。「私は衛国から魯国に帰って、楽を正した、雅頌はそれぞれその所を得るようになった」。春に魯国は田賦を実施した。夏は魯昭公の妻孟子が死去したので、孔子は弔い

に行った。子伯魚死去。

70歳　紀元前482年、周敬王38年、魯哀公13年。魯国に滞在。
　　　「70にして心の欲する所に従って、矩を踰えず」と言う。
　　　晩年、『易』を好み、よく研究。

71歳　紀元前481年、周敬王39年、魯哀公14年。魯国にいて、
　　　『春秋』を著した。弟子顔回に死なれて、悲しみ嘆いた。
　　　「ああ、天が君を失った。天も私を失った」。斉国で政
　　　変が起こり、弟子宰我死去。

72歳　紀元前480年、周敬王40年、魯哀公15年。魯国に滞在。
　　　衛国で政変が起こり、弟子子路死去、　悲しみに暮れる。

73歳　紀元前479年、周敬王41年、魯哀公16年。夏の四月に
　　　孔子は死去。
　　　哀公は彼を弔って、こう言った。「天があなたを弔わな
　　　いのはあなたを失いたくないからだ。　私と話し合いを
　　　する時座った座と傍の衡立はまだあるが、しかし、1人
　　　残った私は、心の中に憂いと孤独に満ちた涙を流さずに
　　　はいられない。恩師よ、私は仕事の基準と先生を失った
　　　のだ」。　孔子は魯の都の北、泗の川岸に葬られる。現在、
　　　山東省曲阜県の北に、孔林と孔子墓がある。

孔子の家系図と春秋時代の諸国図

❶孔子→❷孔鯉─❸孔伋─❹孔白─❺孔求─❻孔箕─❼孔穿─❽孔謙─❾孔騰─

└❿孔忠─⓫孔武─⓬孔延年─⓭孔霸─⓮孔福─⓯孔房─⓰孔均─⓱孔志─⓲孔損┐

└⓳孔曜─⓴孔完（無嗣）

　　　　　⓴孔讚─㉑孔羨─㉒孔震─㉓孔嶷─㉔孔撫─㉕孔懿─㉖孔鮮┐

└㉗孔乘─㉘孔靈珍─㉙孔文泰─㉚孔渠─㉛孔長孫─㉜孔英悊（無嗣）

　　　　　　　　　　　　　　　　　　㉜孔嗣悊─㉝孔德倫┐

└㉞孔崇基─㉟孔璲之─㊱孔萱─㊲孔齊卿─㊳孔惟晊─㊴孔策─㊵孔振─㊶孔昭儉─

└㊷孔光嗣─㊸孔仁玉─㊹孔宜─㊺孔延世─㊻孔聖佑（無嗣）

　　　　　　　　　　　㊺孔延澤─㊻孔宗愿─㊼孔若蒙

　　　　　　　　　　　　　　　　　　㊼孔若虛─㊽孔端友（無嗣）

　　　　　　　　　　　　　　　　　　　　　　㊽孔端操─────────┐

　　　　　　　　　　　㊼孔若愚─㊽孔端立※

┌────㊾孔玠─㊿孔摠─㊽孔文遠─㊽孔萬春─㊽孔洙（無嗣）

│　㊾孔璠─○孔拯

│　　　　㊿孔摠─㊽孔元措

│　　　　　　㊽孔元宏─㊽孔之固─㊽孔湞（無嗣）

└※㊾孔琥─㊿孔拂─㊽孔元用─㊽孔之全─㊽孔治

　　　　　　㊽孔元孝─㊽孔之厚─㊽孔浣─㊽孔思晦─㊽孔克堅┐

└㊽孔希学─㊽孔訥─㊽孔公鑑─㊽孔彦縉─㊽孔承慶─㊽孔宏緒─㊽孔聞韶─

　　　　　　　　　　　　　　　　　　　　　○孔宏泰

　　　　　　　　　　　㊽孔彦韶─㊽孔承義─㊽孔宏信─㊽孔聞憲─＊

478　　付録・孔子の家系図と春秋時代の諸国図

└(63)孔貞幹—(64)孔尚賢（無嗣）

(63)孔貞寧—(64)孔尚坦—(65)孔衍植—(66)孔興燮—(67)孔毓圻—(68)孔傳鐸—(69)孔繼護

*—(63)孔貞相—(64)孔尚尭—(65)孔衍緒—(66)孔興梅—(67)孔毓良—(68)孔傳吉—(69)孔繼学—★

(70)孔廣棨—(71)孔昭煥—(72)孔憲培（無嗣）

(72)孔憲增

★—(70)孔廣惠—(71)孔昭桂—(72)孔憲禮→*

(73)孔慶鎔—(74)孔繁灝—(75)孔祥珂—(76)孔令貽—(77)孔德成

→*—(73)孔慶功—(74)孔繁宗—(75)孔祥林（孔健）—(76)孔令昊

○孔祥冬（孔偉）

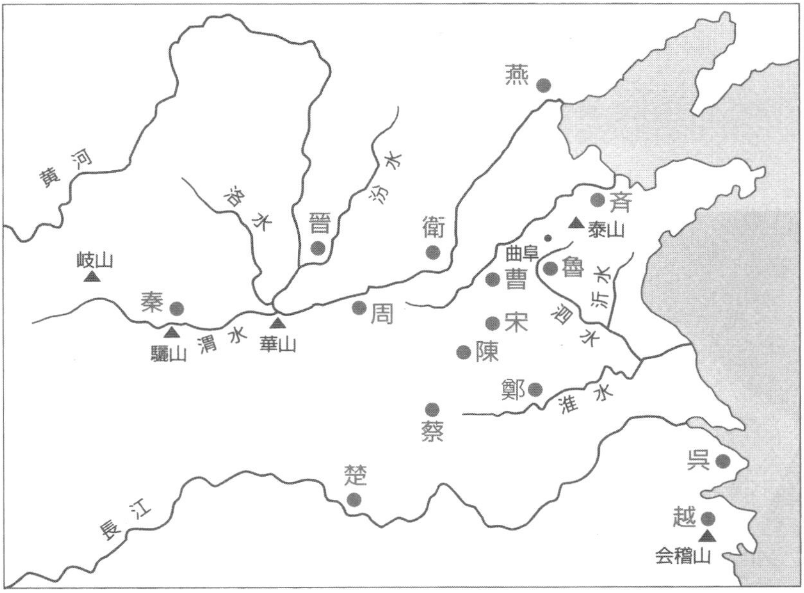

● 春秋時代の国名　▲ 山

孔子の関連図版

図版説明は日本語、中国語、英語の順で記す
＊図版類提供／中国画報社

「易」を読んで修める　韦编三绝
Confucius studying Book of Change

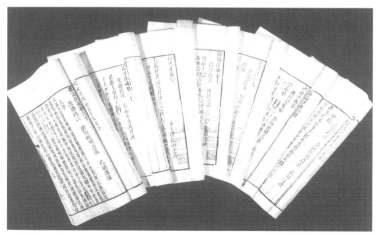

六経書　六经书　The Six Major Classics

俎豆で礼を学ぶ図　俎豆学礼　Practising Li with ZuDou

委史の任に就く　职司委吏　Manager taking care of storehouse

老聃に礼のことを問う　问礼老聃　Learning Li from LaoDan

晏嬰が孔子を封ずるのを阻止める　晏婴诅封
Yan Ying pursuaded Duke of Qi not to choose Confucius

聖門四科　圣门四科　The Four Subjects taught by Confucius

子貢　子贡
Portrait of Zi Gong
（孔子の弟子）

冉雍　冉雍
Portrait of Ran Yong
（孔子の弟子）

閔子騫　闵子骞
Portrait of Min Ziqian
（孔子の弟子）

祭り用の焼き肉を運んでくれなかったため、魯国を離れる図　因膰去魯
Leaving the State of Lu

子路　子路
Portrait of Zi Lu
（孔子の弟子）

子夏　子夏
Portrait of Zi Xia
（孔子の弟子）

国を強くさせるため三都を取り壊す図　礼堕三部　Dismantling the three castles

深い理解で易を読む　読易有感　Reading YiJing deep understanding

あとがき

孔 令昊 （こう れいほう）

孔子直系第76代子孫

　私の祖先である孔子は、中国の偉大な思想家・教育者・哲学者として知られている。彼は中国人にはもちろん、日本や東南アジア及び世界の人々にも崇拝されている。孔子の思想と学説は世界に広く影響を及ぼし、人類の精神的財産の一部となっている。

　孔子は自分の主張を広く知らしめるため、諸国を一生にわたり周遊した。晩年には詩書を精選し、礼楽を定め、『春秋』『詩』『書』『礼』『楽』『易』の六部の著作を整理編纂した。これらは今日まで伝えられ、儒学の経典となっている。彼はまた私学を創設し、そこでは3000人の弟子、72人の賢者が学んだ。『論語』は彼の主張する言説を記録したものである。

　孔子の思想が日本に伝わってからすでに約1700年もの歳月が流れた。その長い年月の中で及ぼした影響は極めて大きい。日本文化としての儒学は、1000年以上にわたって日本社会に大きく貢献してきたばかりか、今日の日本社会においても軽視できない影響力を持っている。孔子の思想は日本でなお活力を秘めているのである。

　孔子の思想は現在も国境を越えて世界から注目されている。儒教聖典『日中英対訳　論語』を通して世界各国の人々と友情の橋を架け、世界に仁愛・正義・平和を満ち溢れさせたいと願っている。

　本書再発行にあたって、私の父親の老朋友である佐藤公彦氏、ならびに関係者の皆さまに深く謝意を表します。

后记

孔令昊

孔子直系第76代子孙

我的祖先孔子是中国历史上伟大的思想家、教育家、杰出的哲学家和文献整理家。他不仅受到中国人的崇敬，而且得到日本和东南亚各国及全世界的尊敬。孔子的思想和学说在世界各地有着广泛的影响，是人类精神财富的一部分。

孔子为宣扬自己的主张，周游列国，奔波一生。晚年册诗书，定礼乐，整理选编了《春秋》、《诗》、《书》、《礼》、《乐》、《易》六部著作，流传至今，视为儒学经典。他首办私学，有弟子三千，贤人七十二，《论语》一书记录了他的主要言论。

孔子思想在日本的传播至今大约已有一千七百年的历史、渊远流长，影响极大。孔子思想几乎深入到日本社会生活的各个领域，特别是对日本的道德观和教育观影响最为深刻。日本文化的儒学，不仅深刻地影响了一千多年来日本社会的发展，而且至今在日本社会中仍有不可忽视的影响。孔子思想在日本仍潜存着一定的活力。

孔子思想的影响，目前已超出国界，被世界所瞩目。愿通过儒教传播协会再版的日中英儒教圣典《论语》架起世界各国人民友谊的桥梁，让世界充满仁爱、正义与和平。

在本书发行之际，对我的父亲的老朋友佐藤公彦以及有关各位的支持深表谢意。

Ending-word

Kong Linghao

The 76th next of kin who is in Confucius's descendants

Confucius, my ancestor, is well-known as a great thinker, educator and philosopher. He is respected not only by Chinese people, but also by the people of Japan and Southeast Asia. The thought and theory of this Sage have great influence throughout the world and are regarded as a part of the spiritual treasure of mankind.

Confucius traveled from one state to another preaching his doctrines until he was old. His works include Book of Spring and Autumn, Book of Odes, Book of History, Book of Rites, Book of Music and Book of Chang. He founded the first private school in Chinese history. He was the teacher of 3,000 disciples among whom 72 were Sages. His major sayings were written down in Lun Yu, one of the Four Shus.

1700 years have passed since Confucianism was first introduced into Japan. The long-term effects have been considerable. Confucianism in the Japanese culture has not only contributed significantly to the development of Japanese society for over a thousand years, but still exerts an influence on modern Japanese society that cannot be overlooked. Confucian ethics are just as valid in today's Japan.

Confucianism has already extended to foreign countries. I hope that through Japanese, Chinese and English translations of Lun Yu, we can build a bridge between Chinese people and foreign friends and fill the world with love, justice and peace.

I would like to express my sincere appreciation and thanks to my father's best friend, Mr. Katsumasa Kato as well as those who have helped me to publish this book.

【編訳者紹介】

孔祥林（孔健）：

中国青島出身。作家、ジャーナリスト、孔子研究家及び評論家。SBI 大学院大学教授、チャイニーズドラゴン新聞社社長兼主幹。世界孔子協会会長、孔子直系 75 代直系当主であり、族譜名は孔祥林である。

山東大学日本語学科卒。上智大学大学院新聞学修士課程と博士課程卒業。1994 年、中国元国家副主席李源潮と日本において週報チャイニーズドラゴン新聞を創刊。孔子思想の普及、日中経済交流の促進および日健先中関係の改善に努めている。また、儒教思想、中国及び中国人、日中関係などについて講演をおこなっている。

著書：《孔子全集》《中英日韓対訳論語》《孔子物語》《日本人は永遠に中国人を理解できない》など中英韓日本語の書籍 100 冊以上。

テレビ出演：テレビ朝日ビットたけし『テレビタックル』、読売テレビ『たかじんのそこまで言って委員会』、TBS『ブロードキャスター』フジテレビ『報道 2001』など。

编译者介绍

孔祥林 （孔健）

作家，教授，孔子学的研究家，孔子第 75 代直系子孙，孔家滕阳掌门人。
1958 年出生于青岛。1982 年山东大学日本语专业毕业。1982 年人民画报日文版编辑。1985 年进入日本上智大学留学，先后获新闻学硕士和博士学位。1994 年与中国国务院新闻办公室创刊世界第一份宣介中国的日文周报《中国巨龙新闻》。

现任日本软银金融大学教授，世界孔子协会会长，日中经贸促进协会理事长，世界孔子基金会主席，中国画报协会副会长，中国巨龙新闻集团总裁，中国画报日文版总编辑。

其主要著作有《孔子全集》、《新孔子演义》、《中英日韩对译论语》、《日本人永远不懂中国人》等中日英韩文版书籍一百多部。为中日两国文化交流和孔子文化在世界的普及做出了巨大贡献。并且经常作为中日问题评论家出演日本各大电视台节目。

【本書発刊に関してご協力をいただいた中国の関係団体】

中国山東省人民政府　中国外交部新聞司　文化部対外文化連絡局
国家外文出版局　中国孔子学院　中国画報協会　孔子儒商学院
中国駐日本国大使館　他

1 世界孔子協会

　世界孔子協会は 2008 年に元韓国外相孔魯明氏とチャイニーズドラゴン新聞社社長孔健は東京で創設し、日本で登記した社団法人である。
世界孔子協会の趣旨は孔子思想を高揚し、儒教哲学を広め、国学の普及を促進し、孔子が世界へ向かう。"仁義礼智信"を中心して、"天下大同"を目標として、世界の人々は共同で平和・幸福の儒教文化経済圏を作り上げる。
　世界孔子協会は孔子子孫及び中国、外国の名人を招いて理事会を組織し、世界の各地に分会を設置し、理事長の孔健 (祥林) は 2010 年に東方ノーベル賞ーー孔子賞を創始し、毎年東京で授賞式典を行い、今まで 6 回授賞を行なった。
　孔子文化賞の受賞者は福田康夫、稲盛和夫、北尾吉孝、酒井雄哉、猪木寛至、山下泰裕など。

1 世界孔子协会简介

　世界孔子协会是 2008 年由韩国前外长孔鲁明和中国巨龙新闻集团总裁孔健在东京发起成立。并在日本政府登记注册为社团法人。
　世界孔子协会旨在弘扬孔子思想，推广儒家哲学，促进国学普及，让孔子走向世界。以"仁义礼智信"为核心，以"天下大同"为目标，争取世界所有的人们，共同创造和平幸福的儒教文化经济圈。
　世界孔子协会邀请孔子后裔和中外名人组成理事会，并在世界各地设立分会，理事長孔健（祥林）2010 年创始东方诺贝尔奖 -- 孔子奖，每年在东京举行颁奖仪式，至今已經颁发了六届。目前获得孔子文化奖的日本名人有：福田康夫、稲盛和夫、北尾吉孝、野村克也、山下泰裕、猪木寛至、酒井活佛等。

2 チャイニーズドラゴン新聞

　チャイニーズドラゴン新聞は 1994 年東京で創刊し、中国国務院新聞弁公室が主催、経済日報、人民画報、竹書房は共同で世界初の日本語の中国情報専門誌のパイオニアであり、創刊者：李源潮（前国家副主席）、会長：宮尾俊輔、世界に公認された主要な媒体であり、唯一日本の上流社会入り、対日発言権を持つ新聞である。
　チャイニーズドラゴン新聞は 25 年間で 1000 号を超えて発行され、日本の購読者が最も愛される、最も中国を知り新聞媒体である。
　今、世界ブロックチェーン合作組織の機関紙にもなっている。

2. 中国巨龙新闻集团

　《中国巨龙新闻》周报于 1994 年在日本东京创刊，由国务院新闻办公室主持，经济日报社、人民画报社、竹书房共同创办的世界第一份日语宣介中国的新闻周报，创刊人为李源潮（前国家副主席），会长为宫尾俊辅，现为世界公认的主要媒体，也是唯一进入日本主流社会，掌控对日话权的新闻报纸，目前 25 年来，《中國巨龍新聞》已经发行超过 1 千号，成为日本读者最爱最能了解中国的重要新闻媒介，今天又亦成为世界区块链合作组织的机关报。

3 世界孔子基金会

　世界孔子基金はブロックチェーンの技術を生かし、孔子精神を伝承、儒教思想を普及、孔子文化教育を発展、グローバル経済を促進、儒教経済圏の資源を統合、初めて中国聖孔子元と孔子記念金貨を世界に向け発行する。

　孔子元の経済圏を創り出す、先端なブロックチェーン技術で、先ず、アジアで百箇所の孔子儒商学院を開設し、孔子廟の普及を促進し、世界孔子名人館を創立し、孔子仁病院と孔子文化傳播センターなどの文化教育医療施設を作り、孔子奨学金を設け、アジアの貧困子供が充分な教育や医療を受けられるように、仁愛保険慈善を行い、孔子元で新時代を描き、数字化、協調化、共有化に金融ウィンウィン新しいプラットフォームを提供する。

3. 世界孔子基金会

　世界孔子基金会运用区块链技术，传承孔子精神，普及儒家思想，发展孔子文化教育，促进全球经济，开创世界孔子银行，整合儒家经济圈，首次向全球发行中国圣人孔子元和纪念孔子纯金币。

　打造孔子元经济圈，以先端区块链技术，在亚洲首先创建一百家孔子儒商学院，推进孔子庙的普及，扩展世界孔子名人会馆，创建孔子仁医院和孔子文化传播中心等文化教育医疗设施，并设立孔子奖学金，资助亚洲贫困学生的就学与医疗，拓展仁爱保险慈善活动。用孔子元书写习孔儒家新时代，为数字化、协调化、共享化、提供金融共赢新平台。

4. 孔子記念金貨と孔子元

　孔子生誕 2569 周年を記念するために、世界孔子基金会が世界に向けて、孔子記念金貨と孔子元を発行する。

　中央区築地 7-18-2-8F

4. 孔子纪念金币和孔子元

　为纪念孔子诞辰 2569 周年，世界孔子基金会将向全球发行孔子纪念金币和孔子元

　中央区筑地 7-18-2-8F

孔子元概略

　2018 年は数字通貨の元年であり、世界でブロックチェーンの巨大力を潜在していることが察知し、ブロックチェーンは人々の常識を覆し、ブロックチェーンは未来ビジネスの宝物であり、貨幣と金融世界も転覆する。ブロックチェーン技術は予測市場を生み出し、新ビジネスの真実性を証明して、ブロックチェーンは未来社会の主人公になるには違いない。

　今、世界孔子基金会が孔子元と未来の繋がる事を創建し、ブロックチェーンと数字資産の新時代を迎える。

孔子元経済圏を作り出し、孔子儒家を習う新時代を書き込み数字化、協調化、共有化の為、金融ウィンウィン新しいプラットフォームを提供する

　　孔子は東方の太陽であり、世界の四大聖人の一人である。孔子は 2500 年前の文化巨人として、彼は中国人を教化しただけではなく、人類の文明と発展に多大な貢献された。孔子は儒教思想のアジア創始者であり、初の儒教体系を創造され、アジア人々の精神柱となった。

　　"天不生仲尼，万古如长夜"、長い歴史の中には、誰一人も孔子のように中国の歴史に永遠かつ深い影響した人がいなかった、どの教典も儒教のようにアジアを照り渡る事を出来なかった。

孔子文化はアジア文化の核心となり、中国、日本、韓国、シンガポール、モンゴル、インドネシア、マレーシア及び香港、台湾などの国と地域は孔子と儒教文化の影響を強く受け、経済の発展を促進した。八十年代、孔子と儒教の影響で、日本と東南アジア"アジア四小龍"の崛起は東方を呼び覚まし、中国経済は過去 30 数年から発展続く、儒教は東アジア経済圏での地位を上げた。

　　中国経済は過去 30 年の継続的に発展で、儒教の経済圏での地位も上がった。

　　孔子文化と教育を発展、グローバル経済を促進し、儒教経済圏の資源を調合し、ブロックチェーンの技術で孔子元を発行することは深い意義がある戦略行動である。

　　アジアで儒教経済は世界の中心になった背景で、世界孔子基金会と世界孔子協会は孔子精神を伝承し、それを責任感と使命感して、孔子文化と儒教思想の推し広めてと普及を努力し、孔子元を発行、これもアジア太平洋の国と地域の協力をいただいた。孔子元の誕生は天時地利人和を全て揃った。

　　孔子元は世界へ、ブロックチェーンの技術で、孔子元の各有形と無形資産を数字資産に変わる。

　　数字資産ででアジアの人々と海外華人の間で、ユーザーとユーザー、ユーザーとプラットホームの間で価値を転換し、いち早くブロックチェーン＋人工知能に突入する。

　　孔子誕生 2569 年を記念するために世界孔子基金会が、孔子紀念金貨と孔子元を世界に向けて発行する。

> 世界孔子基金会 本部：東京都中央区築地 7 － 18 － 2 － 8F
> 电话：03-5544-8438; 传真：03-5544-8439；邮箱：kongziyuan1@gmail.com;
> 中国手机：13501201111；日本手机：08056418000；担当：孔偉

孔子元简介：

　　2018 年为数字货币的元年，世界已经察觉到区块链的巨大潜力，区块链颠覆了人们的常识，区块链是未来商机的宝库，将颠覆货币和金融世界。区块链技术催生出预测市场，真实性证明新商务，区块链将成为未来社会的主角。

　　今天世界孔子基金会开创以孔子元链接未来，迎接区块链与数字资产的新时代。

　　打造孔子元経済圏，书写习孔儒家新时代，为数字化、协同化、共享化，提供金融共赢新平台，创出孔子元造福人类的新平台。

　　孔子是东方的太阳，世界四大圣人之一。孔子作为 2500 多年前的文化巨人，他不仅

教化了中国人，更对人类文明的发展做出了巨大的贡献，孔子是儒家思想的创始人，首创儒教体系，成为整个亚洲人的精神支柱。

"天不生仲尼，万古如长夜"，在历史的长河里，没有任何一个人物能像孔子那样对中国历史产生如此深刻久远的影响，没有一门学说能占据国家主导地位，没有一门教典能像儒教那样普照整个亚洲。孔子文化是亚洲文化内核，东方人都接受着孔子和儒家文化的强烈影响，并促进了文化经济的发展。八十年代，受孔子和儒教的影响，日本和东亚"四小龙"的崛起唤醒了东方，中国经济在过去的三十多年的持续发展，则提高了儒教的经济圈的地位。

发展孔子文化和教育，促进全球经济，整合儒教经济圈的资源，运用区块链技术发行孔子元，是具有重大意义的战略行动。

在亚洲儒教经济成为世界中心的背景下，世界孔子基金会和世界孔子协会传承孔子精神，以其责任感和使命感，致力于孔子文化和儒教思想的推广普及，来发行孔子元，并得到了亚太国家和地区的大力支持。孔子元的应运而生，可谓占尽了天时地利人和。

为让孔子走向世界，我们坦言：运用区块链技术，让孔子元的各种有形与无形资产转化为数字资产。

以数字资产为纽带使得亚洲各国人民和海外华人之间实现用户和用户、用户和平台之间的价值转换，促进其快速步入区块链＋人工智能时代。

紀念孔子誕辰 2569 周年，孔子元的总发行量为 10 亿枚，数量恒定，不可增发。

世界孔子基金会 本部：東京都中央区築地 7 － 18 － 2 － 8F
电话：03-5544-8438; 传真：03-5544-8439；邮箱：kongziyuan1@gmail.com;
中国手机：13501201111；日本手机：08056418000；担当：孔偉

孔子儒商学院

孔子儒商学院は世界孔子協会、世界孔子基金会、軟銀金融投資機構、チャイニーズドラゴン新聞など協同で創立し、学長は孔子第 75 代目直系孔健氏、学院は中日首脳や世界の商業エリート、著名専門家、学者、教授を招いて講演する。

孔子儒商学院はアジアで唯一に政経文化界及び企業エリートにオープンする国学院であり、世界で唯一に儒士、修士、博士、貢士を進級が出来る世界孔子大学院である。

【宗旨】

学院は「明徳勉学，修身安人」を院訓し、「世界商業リーダーを育つ、孔子儒商の魂を鋳造する」を宗旨し、世界の商業界のリーダーをあつめ国学経典を学べ、帝王将相の国を治めることを探究し、同時に現代経営と企業管理を研修する。

孔子儒商学院は全国政協委員、中国僑聯常務委員潘慶林氏と世界孔子協会会長孔健氏が発足し、孔子元を発行すると世界孔子銀行を創立のチームが創立した、一帯一路を拡張、孔子は世界へ、優秀な伝統文化を高揚する目標であり、世界唯一の孔子教育思想を高揚と伝承で教育場である。

学院は世界の企業に向け、管理、コンサルタント、研修などのサービスを提供し、主に企業の発展戦略、人材資源、経営管理、ブランド戦略、企業文化、中国古典と現代企業管理など、世界商業界のリーダーの講演と各フォーラムを企画する。また、世界孔子協会と世界孔子基金会は共同で年度の"孔子儒商賞"を授賞し、"世界傑出儒商

孔子元経済圏を作り出し、孔子儒家を習う新時代を書き込み数字化、協調化、共有化の為、金融ウィンウィン新しいプラットフォームを提供する

孔子は東方の太陽であり、世界の四大聖人の一人である。孔子は 2500 年前の文化巨人として、彼は中国人を教化しただけではなく、人類の文明と発展に多大な貢献された。孔子は儒教思想のアジア創始者であり、初の儒教体系を創造され、アジア人々の精神柱となった。

"天不生仲尼，万古如长夜"、長い歴史の中には、誰一人も孔子のように中国の歴史に永遠かつ深い影響した人がいなかった、どの教典も儒教のようにアジアを照り渡る事を出来なかった。

孔子文化はアジア文化の核心となり、中国、日本、韓国、シンガポール、モンゴル、インドネシア、マレーシア及び香港、台湾などの国と地域は孔子と儒家文化の影響を強く受け、経済の発展を促進した。八十年代、孔子と儒教の影響で、日本と東南アジア"アジア四小龍"の崛起は東方を呼び覚まし、中国経済は過去 30 数年から発展続く、儒教は東アジア経済圏での地位を上げた。

中国経済は過去 30 年の継続的に発展で、儒教の経済圏での地位も上がった。

孔子文化と教育を発展、グローバル経済を促進し、儒教経済圏の資源を調合し、ブロックチェーンの技術で孔子元を発行することは深い意義がある戦略行動である。

アジアで儒教経済は世界の中心になった背景で、世界孔子基金会と世界孔子協会は孔子精神を伝承し、それを責任感と使命感して、孔子文化と儒教思想の推し広めてと普及を努力し、孔子元を発行、これもアジア太平洋の国と地域の協力をいただいた。孔子元の誕生は天時地利人和を全て揃った。

孔子元は世界へ、ブロックチェーンの技術で、孔子元の各有形と無形資産を数字資産に変わる。

数字資産ででアジアの人々と海外華人の間で、ユーザーとユーザー、ユーザーとプラットホームの間で価値を転換し、いち早くブロックチェーン＋人工知能に突入する。

孔子誕生 2569 年を記念するために世界孔子基金会が、孔子紀念金貨と孔子元を世界に向けて発行する。

世界孔子基金会 本部：東京都中央区築地 7 － 18 － 2 － 8F
电话：03-5544-8438; 传真：03-5544-8439；邮箱：kongziyuan1@gmail.com;
中国手机：13501201111；日本手机：08056418000；担当：孔偉

孔子元简介：

2018 年为数字货币的元年，世界已经察觉到区块链的巨大潜力，区块链颠覆了人们的常识，区块链是未来商机的宝库，将颠覆货币和金融世界。区块链技术催生出预测市场，真实性证明新商务，区块链将成为未来社会的主角。

今天世界孔子基金会开创以孔子元链接未来，迎接区块链与数字资产的新时代。

打造孔子元経済圏，书写习孔儒家新时代，为数字化、协同化、共享化，提供金融共赢新平台，创出孔子元造福人类的新平台。

孔子是东方的太阳，世界四大圣人之一。孔子作为 2500 多年前的文化巨人，他不仅

教化了中国人，更对人类文明的发展做出了巨大的贡献，孔子是儒家思想的创始人，首创儒教体系，成为整个亚洲人的精神支柱。

"天不生仲尼，万古如长夜"，在历史的长河里，没有任何一个人物能像孔子那样对中国历史产生如此深刻久远的影响，没有一门学说能占据国家主导地位，没有一门教典能像儒教那样普照整个亚洲。孔子文化是亚洲文化内核，东方人都接受着孔子和儒家文化的强烈影响，并促进了文化经济的发展。八十年代，受孔子和儒教的影响，日本和东亚"四小龙"的崛起唤醒了东方，中国经济在过去的三十多年的持续发展，则提高了儒教的经济圈的地位。

发展孔子文化和教育，促进全球经济，整合儒教经济圈的资源，运用区块链技术发行孔子元，是具有重大意义的战略行动。

在亚洲儒教经济成为世界中心的背景下，世界孔子基金会和世界孔子协会传承孔子精神，以其责任感和使命感，致力于孔子文化和儒教思想的推广普及，来发行孔子元，并得到了亚太國家和地区的大力支持。孔子元的应运而生，可谓占尽了天时地利人和。

为让孔子走向世界，我们坦言：运用区块链技术，让孔子元的各种有形与无形资产转化为数字资产。

以数字资产为纽带使得亚洲各国人民和海外华人之间实现用户和用户、用户和平台之间的价值转换，促进其快速步入区块链＋人工智能时代。

紀念孔子誕辰 2569 周年，孔子元的总发行量为 10 亿枚，数量恒定，不可增发。

世界孔子基金会 本部：東京都中央区築地 7 － 18 － 2 － 8F
电话：03-5544-8438; 传真：03-5544-8439; 邮箱：kongziyuan1@gmail.com;
中国手机：13501201111；日本手机：08056418000；担当：孔偉

孔子儒商学院

孔子儒商学院は世界孔子協会、世界孔子基金会、軟銀金融投資機構、チャイニーズドラゴン新聞など協同で創立し、学長は孔子第 75 代目直系孔健氏、学院は中日首脳や世界の商業エリート、著名専門家、学者、教授を招いて講演する。

孔子儒商学院はアジアで唯一に政経文化界及び企業エリートにオープンする国学院であり、世界で唯一に儒士、修士、博士、貢士を進級が出来る世界孔子大学院である。

【宗旨】
学院は「明徳勉学，修身安人」を院訓し、「世界商業リーダーを育つ、孔子儒商の魂を鋳造する」を宗旨し、世界の商業界のリーダーをあつめ国学経典を学べ、帝王将相の国を治めることを探究し、同時に現代経営と企業管理を研修する。

孔子儒商学院は全国政協委員、中国僑聯常務委員潘慶林氏と世界孔子協会会長孔健氏が発足し、孔子元を発行すると世界孔子銀行を創立のチームが創立した、一帯一路を拡張、孔子は世界へ、優秀な伝統文化を高揚する目標であり、世界唯一の孔子教育思想を高揚と伝承で教育場である。

学院は世界の企業に向け、管理、コンサルタント、研修などのサービスを提供し、主に企業の発展戦略、人材資源、経営管理、ブランド戦略、企業文化、中国古典と現代企業管理など、世界商業界のリーダーの講演と各フォーラムを企画する。また、世界孔子協会と世界孔子基金会は共同で年度の"孔子儒商賞"を授賞し、"世界傑出儒商

名簿"を公表する。

　学院は世界の各大学と商学院を交流を行い、企業の経営者と商業界のリーダーの研修を受け入れ、「孔子全集」と中外古典を勉強し、政商学界の有名人と共に勉強し、修身洗心の研修を行う。

　先ず、アジア太平洋地域で 100 個所の孔子儒商学院を創建し、孔子文化教育を発展と普及させ、先端なブロックチェーン技術で儒教経済圏を創り出す、孔子学ぶ新時代を開拓する。

加盟を募集している。

孔子儒商学院本部：東京都中央区築地 7 － 18 － 2 － 8F
电话：03-5544-8438; 传真：03-5544-8439；邮箱：kongziyuan1@gmail.com;
中国手机：13501201111；日本手机：08056418000；担当：孔偉

孔子儒商学院

　"孔子儒商学院"由世界孔子协会、世界孔子基金会、软银金融投资机构、中国巨龙新闻集团联合创办，院长为孔子第七十五代直系孙孔健先生，聘请中日首脑、全球商界领袖及著名专家学者教授来院演讲。

　【孔子儒商学院】是亚洲唯一对政经文化商界领袖和企业精英开放的国学院，是全球唯一由儒士、修士、博士、贡士逐步晋级的世界孔子大学院

【宗旨】

　学院以『明德勉学，修身安人』为院训，以『育世界商海领袖，铸孔子儒商精魂』为宗旨，聚集全球商界杰出领袖品读国学经典，探讨帝王将相治国 之道，同时兼修现代经营和企业治理体系。

　"孔子儒商学院"是由全国政协委员、中国侨联常委潘庆林和世界孔子协会会长孔健发起，由发行孔子元，创建世界孔子银行的团队创办，为拓展一带一路，让孔子走向世界，弘扬优秀传统文化为主要目标，以弘扬、传承孔子优秀教育思想为要义的全球唯一教育阵地。

　学院面向全球企业提供管理咨询研修服务，主要内容涵盖企业发展战略、人力资源、经营管理、品牌战略、企业文化、中国古典与现代企业管理等，并组织全球商界领袖讲坛和各种高端论坛。并且与世界孔子协会和世界孔子基金会共同颁发年度"孔子儒商奖"，公布"全球杰出儒商榜"。

　学院与世界各大学和商学院交流，接受研修的企业经营者和商界精英，让学员学习《孔子全集》和中外古典，与政商学界知名人士共同学习进行修身洗心的研修。

　首先在亚太区域创建一百所孔子儒商学院，发展普及孔子文化教育，以先端区块链技术来打造儒教经济圈，开拓红色儒家新教主习孔新时代。欢迎全球有识之士加盟合作，具体事项请联系！

孔子儒商学院本部：東京都中央区築地 7 － 18 － 2 － 8F
电话：03-5544-8438; 传真：03-5544-8439；邮箱：kongziyuan1@gmail.com;
中国手机：13501201111；日本手机：08056418000；担当：孔偉

■本書発刊に関するご協力をいただいた中日友人と孔子元の家人們

福田康夫、稲盛和夫、菅直人、海江田万里、猪木寛至、孫正義、郝平、石軍、王群、張江汀、王忠林、
楊軍、張叔平、孫立傑、周厚健、王若雄、孔繁保、孔繁俊、张英江、骆承烈、李大清、温紹康、
李建軍、牛廷涛、姜德春、露崎強、程显齐、孔祥金、孔衆、孔令謙、孔强卫、李然、黎波、杜建成、
牛静華、劉明清、姚遠、門荔荔、李保華、朱䴙、鄭圓明、高泽民、吴涛、吴偉祺、王立强、董天成、
袁飛、杜一鳴、劉少林、詹金龍、魯海軍、孔偉敏、劉蘭爾、孟鶴、王志芳、呂佩浩、胡永華、孔祥惠、
王健、馬丹、渡邉美樹、野村克也、鈴木敏文、北野武、一条真也、小野晋也、佐々木常夫、山下泰裕、
六平直政、福原愛、斎藤保、宮尾俊輔、日覺昭広、山内豊、國弘重、金城博和、山本裕治、梁凱恩、
鐘雪、孔令傑、權哲、朱玉彬、张艺馨、贾晓乾、宋文洲、国弘重、芳賀紀明、芳賀研太郎、
アンディ・ナーディル、曾祥林、石井登、深澤達也、土井功、大野智恵子、小池孝尋、寺尾勇、
杨金荣、那須久美子、杨晓琴、高橋芳子、孔祥清、李成秀、刘宏伟、陈玉玲、刘新伟、赵晓平、
吴越、Frankie、韩治平、汪紫涵、孔令發、孔令民、劉振勝、趙正濤、孔祥英、孔茂林、佘吉勝

【新版】日中英対訳三カ国語「論語」
≪「論語」（儒教伝播協会）2004 年発行改定≫

初版印刷　2018 年　9 月 28 日
初版発行　2018 年 10 月 28 日

名誉総編集：鳩山友紀夫、李源潮、孔徳墉
編 訳 代 表：孔健（孔祥林）
編　訳　者：北尾吉孝、唐国強、元元、羅伯翰、孫美嬌、高邑勉、王智新、瀋衛国、
　　　　　　龐博夫、龍潤生、芳賀元鑑、呂娟、崔暁軍、寿冠男、孔令昕
企　　　画：一般社団法人世界孔子協会
　　　　　　世界孔子基金会
　　　　　　孔子儒商学院、孔子元発行委員会
企 画 協 力：菅直人、杉浦正健、上杉謙太郎、宮尾俊輔、潘慶林、李大清、斎藤仁克、
　　　　　　三宅勇一、孔玉芳、孔偉、陳英、孔强衛、孔應佳、六平学史、
　　　　　　岡田盛、小坂喻、片谷崇、詹金龍、孔祥明、李广勇、壽冠男、孔令昊
　　　　　　世界孔子名人館、チャイニーズドラゴン新聞日中版権交流中心
　　　　　　上海坤倫翻訳公司 孔子文化出版社
発　行　者：佐藤 公彦
発　　　売：株式会社三冬社
　　　　　　104－0028
　　　　　　東京都中央区八重洲 2－11－2 城辺橋ビル
　　　　　　TEL：03－3231－7739　FAX：03－3231－7735
印刷・製本：新日本印刷株式会社

◎落丁・乱丁本は弊社または書店にてお取り替えいたします。
◎定価はカバーに表示してあります。
©Kong Xianglin
ISBN978-4-86563-038-1